启真馆 出品

哈钦斯的大学

芝加哥大学回忆录 1929–1950

[美] 威廉·H. 麦克尼尔 著
肖明波 杨光松 译

征服英雄

哈钦斯校长及其夫人于 1929 年 11 月抵达芝加哥。

抑或失败的莎剧演员?

哈钦斯将这张照片送给一位朋友时，在上面题了这样一段文字：“送给你的是一组照片中的一张，看起来像个正在凝视过去的退休的二流莎剧演员。我都不相信自己看起来曾是这个样子。”

Dear Bill:

I am having sent to you one of those pictures of me looking like a retired second-rate Shakespearean actor gazing into his past. I do not believe that I ever looked this way. The picture was taken by a professor's wife at Lafayette College after I had made a speech and got a degree there in 1929. The academic honor, the oratorical exertions and the personality of the professor's wife all weighed me down extremely.

As ever yours,

Bob

聘请哈钦斯的人

哈罗德·斯威夫特，1922—1949年任芝大董事会主席。

他请到芝加哥来的朋友

莫蒂默·J. 阿德勒，法哲学副教授。

以激进而成功的新计划迎接他的本科生院院长

昌西·S. 鲍彻，1926—1935 年任本科生院院长。

工作

1938 年在室内球场里举行的综合考试。

娱乐

1940 年在市区一家宾馆举行的正式舞会。

1938 年五一节举行的抗议活动

1938 年的学生年报《方帽与长袍》(*Cap and Gown*)上的一张拼接照片，给它配的标题文字是：“1938 年的和平罢工有 520 名游行者，打出了数目与此相当标语，连‘αδ’兄弟会的‘卐’符号也没漏掉。没几个人宣读牛津誓约，只有一个法西斯主义分子受到责难。”

黑披风剧社

男子歌舞队

1931 年的橄榄球队

到 1931 年，盛会式橄榄球从芝加哥大学传到了许多其他学校，斯塔格教练的球队不再打遍天下无敌手。

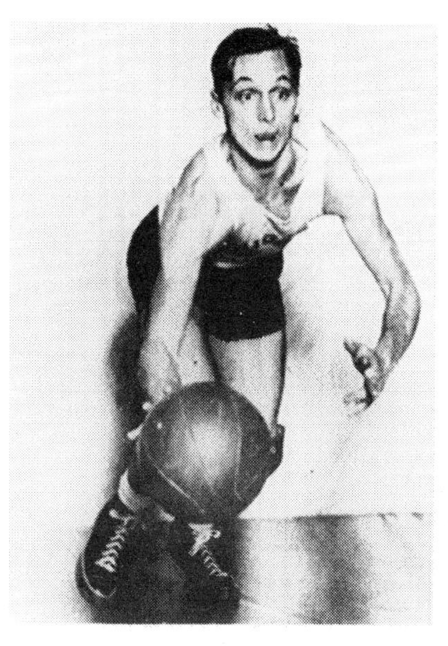

比尔·哈洛

哈洛得分，基本上能随心所欲，运球，回篮下，跑到罚球线上，然后往前跨步，转身，跳到最高点时投篮。这种策略在其他人纷纷仿效后被视为犯规，但在1938年，这一招使哈洛成了像贝尔万格一样的全美明星。

杰伊·贝尔万格

贝尔万格在1935年、1936年和1937年为球队跑动、传球、凌空抛踢，并像其他队员一样进行防守。他在四年级时赢得了首届海斯曼奖杯。

20 世纪 30 年代的学部院长

（上左）比尔兹利·拉姆尔，社会科学学部院长。

（上右）理查德·麦基翁，人文科学学部院长。

（下）罗伯特·雷德菲尔德，在拉姆尔离职后担任社会科学学部院长。

威廉·H. 托利弗，生物科学学部院长。

规划一次圆桌讨论节目

20 世纪 30 年代圆桌讨论节目的常客杰罗姆·克尔温、哈里·吉第昂斯和 T.V. 史密斯教授。

阿莫斯·阿朗索·斯塔格

芝加哥大学在世界上的声誉很大程度上来自于斯塔格的橄榄球队。甚至在他们不再经常赢球之后，斯塔格的声望仍然非常高，直到他在1935年不大情愿地退休为止。

诺贝尔物理学奖得主

1928年，阿尔伯特·A.迈克尔逊和阿瑟·H.康普顿在肯特实验室前，迈克尔逊是第一个获诺贝尔奖的美国人。

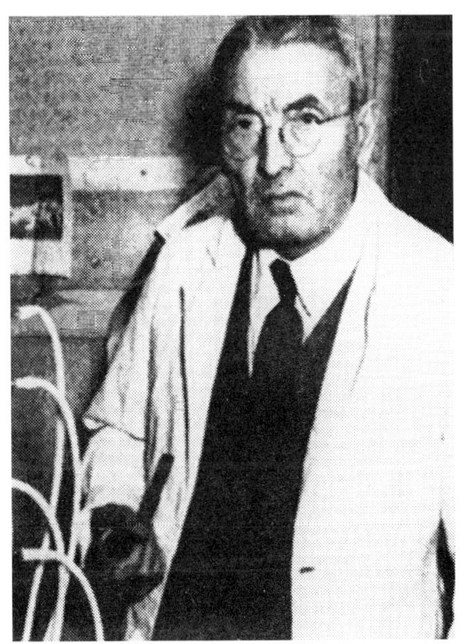

三个孤立主义者

（上左）罗伯特·哈钦斯，1939 年

（上右）威廉·B. 本顿，副校长

（下）安东·J. 卡尔森，生理学教授

1939—1941 年期间，对逐渐临近的战争，他们每个人都有各自抵制的理由。

走在科布礼堂前人行道上的本科生，约 1940 年

苏联与纳粹在 1939 年签订的条约突然改变了学生的政治基调，因为每个人都不情愿直面战争的来临。

二战来到校园

中途公园的仪仗队。在战争期间，成千上万的士兵和水手在芝大选修了特别训练课程。

中途公园南边的临时住房。已婚老兵在战后住在这里，给校园带来了战后的婴儿潮。芝加哥历史学会：由米尔德里德·米德提供照片。

原子能时代的到来

艺术家画的原子反应堆，1942 年 12 月 2 日在斯塔格运动场西看台下进行了第一次自持式核反应。因为安全原因，不允许使用原反应堆的照片。

建造它的物理学家们在十年后重聚

在 10 周年纪念日，原来参与实验的旧人们重聚在原址上，纪念他们的成就并对它进行反思。图中发表演讲的是劳伦斯·A. 金普顿，而恩里科·费米和阿瑟·康普顿坐在他身后等着发言。

詹姆斯·弗兰克教授

弗兰克是首批丰富了芝加哥大学学术的德国避难者之一，他来之前已经获得了诺贝尔化学奖。

克拉伦斯·浮士德院长

浮士德在1942—1946年主持本科生院的重组。

约瑟夫·施瓦布教授

四年制本科生院有争议的自然科学教工主席。

1950年前后的55号街

限定性契约在二战后被宣布非法，由此造成黑人进入芝加哥大学邻近地区，引发了种族关系和维持中产阶级生活标准等新问题。照片显示55号街上商店的正面，那时这种挑战刚开始出现。芝加哥历史学会：由米尔德里德·米德提供照片。

目　录

中译本序

谢　泳

明波兄将要离开厦大前，我们才相识于厦门一家旧书店，他对书的热爱，让我非常感动。一个从事专业技术研究的学者，能对人文知识有如此热情，在目前中国大学里还真不多见。明波兄到杭州后，我们仍时相过从，他每回厦门，我们都要见面聊天。有一天，他要我为他新译的书写一则序言，我没有犹豫就答应了，因为这是一本关于美国大学教育的书。明波兄可能也是想到了我曾对大学教育有过一点兴趣，所以想到要我来谈一点感想。

我看完了明波兄的译本，关于本书，我不想再多谈什么，因为美国大学的成绩，今天有目共睹。美国大学成功的经验，其实得益于她成功的政治制度，这是一个大制度下的文化教育问题，它们的关系是大制度决定小制度，大制度合理，小制度自然也不会有太大问题。这本书是写著名的芝加哥大学的，特别写了她的第五任校长罗伯特·梅纳德·哈钦斯。一个人和大学的关系，也是在大制度下才能发生作用，如果没有这个制度的合理保障，再有才能的个人，也发挥不出作用，我想中国大学的问题大概是在这里。

重提现代大学精神，是中国20世纪90年代中期以后的事情。20世纪80年代，现代大学精神还不曾进入中国知识分子的话语，更没有成为中国社会的公众议题。任何时代思潮的形成，均是当下现实生活的反映。现代大学精神，重新成为引人关注的时代话题，源于中国大学的现实状态。近20年来，中国高等教育发展的成绩有目共睹，但何以人们极少正视中国大学的成绩，而对他的负面影响极其关注？客观评价，近10年来，中国大学一再成为世人诟病的对象，在相当大程度上是因为中国大学的发展道路，远离了中国知识分子的历史经验和心理期待。

1977年，中国恢复高考制度以后，大学作为一种常态社会制度，重新回到了中国社会中，但作为一种职业制度，中国大学在整个80年代并没有像今天这样吸引知识精英，也就是说，在职业的意义上，当时中国大学的地位不高，教员的社会地位也不高。就人文社会科学研究领域观察，至少当时的社科院系统、省及国家部委的政研室系统、新闻出版系统、作家协会系统等，其社会地位不但不在大学之下，而且在职业的意义上，可能还要高于大学。20世纪80年代中国社会的知识精英，并不完全集中在大学，甚至可以说，多数还不在大学，比如李泽厚、刘再复等人。由当时的社会运动来观察，大学的影响似乎还在社科院、新闻出版及作家协会系统之下。而90年代中期以后，随着改革进程的变化，其他知识精英的职业空间多数萎缩，而大学的空间不断扩大，一个明显的事实是，80年代社科院系统、省及国家部委的政研室系统、新闻出版系统、作家协会系统的精英，有相当一部分选择回到大学，大学一家独大的格局，在90年代末基本完成。当这个格局成为中国知识精英的基本职业空间以后，中国社会对大学的期待自然也就提到了一个新的高度。如果说80年代，中国大学还没有完全回到社会中心，那么到了90年代末，这个过程已经完成。

80年代，在长期封闭环境下，突然打开国门，中国社会呈现一种热情高于理性的状态。中国知识分子在经历了长时期物质和精神双重压抑后，突然感觉新时代开始了。因为中国大学有10年时间没有严格意义上的学生（期间工农兵学员制度的形成、各类短期培训班的建立，也为突然出现的人才短缺起过正面作用，但这还不能视为正式的大学制度），突然出现的人才空缺状态，要完全恢复常态，其实需要很长的时间。

我个人观察，这个过程大约有近20年的时间，一个基本事实是：中国大学对教员职业资格的博士学位要求，大体是在2000年稍后完成的，当然这个过程伴随中国高等教育的大规模扩张。我想表达的意思是，改革开放以后，中国高等教育用了近20年时间，才恢复到了一个常态社会对大学制度的基本需求，大学的一般制度建设、教员待遇以及学术评价体系才基本完成。当大学成为中国知识精英的一般归宿时，社会对大学精神的期待自然也就提上了日程。

现代大学精神所包括的一般内容，已是社会共识，比如自由精神、独立思想、思想自由、学术自由、学术和政治分离等。按常理判断，一种早已成为社会常识的价值，还时时为人重新提及，一定是在抽象理论和具体实践关系之间出现了问题，这就是中国大学当下的现实处境。在抽象意义上我们不但肯定现代大学精神的基本价值，而且在正式的法规、文件和一般宣传中，也时时在提倡现代大学精神，但在真实的大学生活中，我们又不能切实感受到现代大学精神带给校园生活的活力，这是我们现实生活的困境。大学制度，在当下中国的现实中，不是一种可以脱离中国现实政治制度的独立体系。在这样的现实处境中，我们重提大学精神，更多是一种理想追求和心理期待。

我们的困境是真实的，不是虚幻的。改革开放后，随着大量对外交流活动成为中国大学教员的常态生活，他们对西方大学制度，不仅有知识了解，而是有真实生活感受，当这样的知识背景和生活阅历成为中国一般大学教员的基本素养后，他们对当下中国大学制度的感受，也就可想而知。同时，还有一个更为直接的历史经验在不断唤醒他们的记忆。

中国现代大学的历史，在近百年中产生了两个传统，一个是1952年前中国现代大学的传统，一个是1952年院系调整后的中国当代大学传统。

1977年中国恢复高等教育后，大学一度思想活跃，出现过短暂的生动活泼局面，但我们必须清醒意识到，新时期中国大学的短暂思想活跃，是在思想解放大时代背景下出现的，当时中国大学对现代大学精神的自觉追求意识，还没有觉醒，至少在制度层面，改革开放后的中国大学还是以延续17年时期形成的中国大学传统为基本特征。

中国现代大学传统主要表现在以下几个方面：第一，观念层面：教育独立。表现为校长身份与官员的严格区别。当时的《大学组织法》明文规定：大学校长不得由官员兼任："大学校长一人综理校务，国立、省立、市立大学校长简任，除担任本校教课外，不得兼任他职。"在中国早期大学制度设计者的理念中，教育独立观念已深入人心。1937年，胡适在庐山谈话上就多次说过，教育独立，官吏不能兼任公私立学校校长或董事长。1945年，蒋梦麟做了行政院秘书长后，他的北大朋友就劝他必须辞掉北大校长一职，在这些大学教员的观念中，大学校长绝对不能由官员兼任。第二，制度层面：主要体现为国立大学和私立大学并存为一般高等教育的基本格局，特别重要的是私立大学的概念里包含了外国人和教会可以在中国办大学，这是一种开放的世界眼光。1926 年 10 月公布的“私立学校规程”中就明文规定：“凡私人或私法团设立之学校，为私立学校，外国人设立及教会设立之学校均属之。”1929 年 7 月，国民政府制定的《大学组织法》明文规定，除了国立大学以外，可以设立私立大学。“由私人或私法人设立者，为私立大学。”对于这些大学，教育部一视同仁。而且对于办得好的私立大学，中央和省市政府都要拨款补助，或者由教育部转商各庚款教育基金委员会拨款补助。第三，操作层面：体现为尊重传统教育资源，在此前提下完成中国传统教育向西式高等教育的转型。20 世纪初，中国办大学的人都很开明，他们出去一走，就能敏感把握世界潮流，使传统教育向现代教育转型中呈现出很强的适应性，这是中西文化融合过程中较少障碍的一种转型，是中国现代大学教育能够迅速发展的基本前提。最早承担传统教育向现代教育转变职责的，是传统的士子，如北大校长蔡元培、南开创始人严修、南洋大学堂校长唐文治、交通大学校长叶恭绰和光华大学校长张寿镛等，他们都是科举出身。以上三个方面，可视为中国现代大学传统的核心价值。

1952 年院系调整后形成的中国当代大学传统，也体现出三个重要特征：其一观念层面：教育完整体现政党意识形态。其二制度层面：公立大学的绝对垄断地位。其三操作层面：长时期的苏联高等教育模式。

在中国大学的两个传统之间，毫无疑问，中国现代大学传统提供的不但是现代大学理念，更多的是历史经验。90 年代中期以后，中国大学弥漫怀旧情绪，稍有历史的大学，基本正面肯定了以往的教育传统，特别是西南联大在抗战期间的表现，更成为现代大学精神中的生动典范。而中国当代大学传统，现在需要反思的方面很多，苏式教育模式虽然已完全退出了中国大学体制，但它造成的深层影响还不可能完全消失。今天谈论现代大学精神的人，在一般倾向上偏重于向后看，也就是更注重从中国现代大学传统中吸取营养，而从中国当代教育传统中接受教训。比如人们常说的教授治校，在中国现代大学传统中就不是一句空话。当时大学的组织形式一般是董事会、教授会和评议会三部分。像清华大学，董事会的主要职能，主要是负责推举校长候选人和管理学校财务等大事，成员由教育部和外交部聘任，任期 3 年，任满后每年改聘三分之一，董事不能兼任本大学校长和教职员。教授会由学校全体教师组成，主要负责课程、学生训育、考试等与教学、学术相关的事务。评议会由校长、教务长、秘书长和教授会选举出的代表组成，主要负责制定学校预算、科系的建立和废止学校各种规程等事务。在清华校史上，这种制度非常成熟，积累了相当丰富的现实经验。至于在教学上，留给教员的空间则更大，没有统编教材，课程设置好大体范围之后，教员可以根据自己的兴趣和学术专长选择教材，教授的讲义通常就是自己的学术研究成果。没有统编教材，教授就必须学有专长。清华这套制度，肯定受美国大学制度的影响，但当时社会普遍认同教授治校这个现代大学的通则。行政在大学中并不主导一切，因为学校最重要的是教授和学生。而近年来中国大学的“行政化”现象，却成为社会舆论批评的主要焦点，“去行政化”成为追求现代大学精神时必议的话题，而这种现象的产生不是孤立现象，它是中国当代大学传统发展到一定阶段的必然结果。

中国现代大学传统中，在教员讲课自由方面，本来也有非常好的传统，但统一教材、统一课程、统一评估的学术评价体制完成后，教师就很难有个性了。现代大学教育不同于中学教育的一个显著特点就是自由和个性化，教员的风格不同，学术背景不同，学术兴趣也就不同，这在大学里都是极正常的事，教员讲授自己研究心得是中国现代大学教育中的普遍风气，也是中国现代学术繁荣的标志。

中国现代大学传统中，大学校长的来源，也体现现代大学的胸襟，这个问题解决得好，才能真正落实教育家办学，而不是官员办学。中国现代大学传统中，校长来源从来是社会声望优先。1945 年，抗战胜利后，国民政府发布命令由胡适担任北京大学校长，胡适当时还在美国，但这个任命历来没有争议，可以判断为是众望所归。

中国当代大学传统中，初期开始注重大学校长的政治倾向，但也还是非常在意校长的社会声望，如北大校长马寅初、复旦校长陈望道、厦门大学校长王亚南等，虽然时代变革后，学者的社会声望明显有了意识形态色彩，但看重学者社会声望本身的传统并没有立即改变。这个历史经验告诉我们，在中国现代大学传统向中国当代大学传统变革中，也积累了一定的正面经验，而且在事实上承传的非常自然。可惜现在大学校长来源的制度设计中，看重社会声望的传统基本消失了。

今后中国大学的发展，无论如何要面对既成的历史遗产，在两种大学传统交织在一起的现实中，如何既面对现实，同时又能从传统中选择有利于中国大学未来发展的经验，吸取历史的教训，这既考验我们的智慧，更考验我们的良知。

明波兄要我为他的译著写序，而我却主要谈了一些自己对中国大学的感想，虽有离题万里之嫌，但我内心的感受却是由明波兄这本译作引出的，我想他能理解我的这个苦心。美国大学给我们的启示，其实也不复杂，那就是我们必须有高远的政治理想，然后才能有合理的大学制度。

2012 年 9 月 4 日于厦门

前　言

1929年11月19日，沿着芝加哥大学校园新落成的洛克菲勒小教堂的过道，走过来一队衣着考究而传统的学术界人士。这数百位来自各个领域的学者，从四面八方聚到一起，是为了庆祝一位名叫罗伯特·梅纳德·哈钦斯（Robert Maynard Hutchins）的年轻人，就任芝加哥大学的第五任校长。3个星期前，股市崩盘，标志着经济大萧条正式开始，因此芝加哥大学的哈钦斯时代，刚好是美国（实际上也是全世界）社会经济环境发生剧烈变化的一段时期。 vii

在接下来的21年里，哈钦斯一直掌管着这所大学的行政大权，而世界局势也一直处于动荡之中。直到二战临近，美国还没有从经济萧条中完全恢复过来；最后还是大战引发的战备计划，才帮这个国家彻底解决了棘手的失业问题。20世纪40年代初，战时动员造成的物资短缺，取代了阻碍20世纪30年代经济发展的生产过剩。接着，战争结束，美国（以及世界）社会进入了和平时期，并开始呈现出一派崭新的相对繁荣的均衡发展气象。也就是在这个时期的 1950 年 12 月 19 日，哈钦斯宣布辞去芝加哥大学校长职务。

经济萧条、战争和军队复员，促使芝加哥大学在校内进行了一系列大幅度的调整；但是在中途公园*所发生的一切，不仅仅是对外部事物作出的反应，因为关于应该如何办大学，哈钦斯发展出了自己的一套思想，并且努力劝导身边的人实践他的理念。那个年代的其他大学校长，都满足于奉迎教职工、学生、大众、董事会、校友以及潜在的捐赠人等不同群体，尽量避免让自己执掌的大学与他们发生摩擦。但是随着时间的流逝，哈钦斯变得越
viii 来越不耐烦了，他的方针政策也遭遇到了越来越大的阻力。通过提出教育的目标和大学的目的等根本性问题，他让芝加哥大学的校园一直处于动荡不安之中。这也让哈钦斯 1929 年至 1950 年主政的芝加哥大学鹤立鸡群，跟其他高等学府形成了前所未有的鲜明对比。

在芝加哥大学内部，关于教育与哲学问题的辩论达到了白热化的程度。学生、教职工和董事会成员，都卷入了哈钦斯引发的

---

* 中途公园（Midway）是一条类似公园的大道，沿途有许多娱乐设施。它是芝加哥大学主校园所在地，本书常以此指代芝加哥大学。——译注

这些争论。芝加哥大学的成员们确信，他们热烈讨论（有时还交由教职工大会表决）的问题具有普遍的重要意义，因此常常显得心胸狭隘而又沾沾自喜。他们中的许多人都相信自己——也唯有自己——是在跟教育和真理追求之类的根本性问题进行近身肉搏。尽管这些事已过去了50多年，芝加哥大学那些辩论中所使用的措辞，在今天看来都显得有点古雅别致了，但是我仍然觉得哈钦斯，以及对他进行响应的那些教授和学生们，在努力对高等教育的目标进行明确化方面，是完全正确的。就这些问题所开展的严肃辩论，在其他地方既微弱又缺乏活力，而在芝加哥大学，几乎所有的教职工和相当一部分的学生团体——特别是本科生团体——都参与其中。

在这样一个时代，在这样一个地方，度过自己的年轻岁月，真是太美妙了。早在大一和大二时，学生们就开始大胆地探索人类生活与社会的大问题，在课堂内外辩论不休。哈钦斯很快就让芝加哥大学大多数的本科生确信：他们确实是这个世界的希望，因为他们受了如此良好的教育。因此，青春期的叛逆从来没有让这所大学的学生跟他们的校长分离。毕竟，哈钦斯本人也一直顽固地保持着大二学生那种状态——寻求真理，嘲讽妥协，不时还用他那独具特色的带刺的妙语，冲击已确立的权威。诙谐的自贬也是哈钦斯修辞武器库中的一件兵器，可以在一定程度上，迫使那些觉得他的大学计划骇人听闻，或与自己的职业毫无干系的人缴械投降。

我的目标是想通过本书阐明：正是体制与社会学环境，跟学术与个人抱负两相结合，才使得芝加哥大学在20世纪30年代与40年代成了如此特别的一个地方。打那以后，时代变了，但是对这个校园当时情景的回顾，可以让我们大致地描绘出那个远逝的年代。当然，就算是与别人的记忆进行过比对，回忆仍然具有欺骗性。但是，我确信它可以作为书面记录的一种补充——这些档案资料浩如烟海、观点迥异，要据此重构这所大
ix 学的精神，是非常困难的事。1933年至1939年之间，我自己是芝加哥大学的一名学生，后来在1947年，又以青年教师的身份回到了这所大学。因此，本书接下来的部分很多来自我个人的经历，作为其补充，还包括了我对雷根斯坦图书馆（Regenstein Library）特藏部收藏的芝大档案所作的粗略调阅，以及对哈钦斯年代尚存记忆的一些人，在1990年冬天与我进行交谈时，对往日时光所作的回顾。

本书初稿曾得益于莫蒂默·阿德勒（Mortimer Adler）、韦恩·布思（Wayne Booth）、唐纳德·莱文（Donald Levine）、爱德华·利维（Edward Levi）、道格拉斯·米切尔（Douglas Mitchell）和米尔顿·辛格（Milton Singer）等人的批评指正。对我根据他们的意见所作的修改，他们中没有一个人完全满意——虽然我

改正了一些错误，对一些判断进行了调整，并在他们的指导下对许多句子进行了改写。我非常感激他们提供的帮助，但是这只是关于哈钦斯的大学的一个回忆录，所以我不会为自己坚持了他们不赞同（在某些情况下甚至剧烈反对）的观点而心怀愧疚。

第一章　1929年的芝加哥大学

蓬勃发展的芝加哥市，在进入19世纪的最后10年时，诞下 1
了一对举世瞩目的“双胞胎”：世界哥伦布纪念博览会（World's Columbian Exposition）和芝加哥大学。1892年，芝加哥大学按原计划如期开课了；而哥伦布纪念博览会也在推迟一年后，于1893年开幕。二者都旗开得胜。世博会场馆的巨大展厅形成了一座“白城”——其外墙用灰泥模仿出大理石的效果，在建筑风格上带着古典气息——突然出现在芝加哥南部密歇根湖畔的沼泽地带。与“白城”毗邻的是一座哥特式的“灰城”，它以更为经久耐用的石灰岩建造，在设计风格上模仿的是牛津大学与剑桥大学。

为庆祝哥伦布发现新大陆400周年而举办的1893年芝加哥哥伦布纪念博览会，虽然受了一点经济萧条的影响，比原计划推迟了一年才开幕，但它最终还是办成了有史以来最成功的世界博览会。遍布全国的铁路网四通八达，便利了人们从美国各地赶到芝加哥；而展出的无数奇珍异宝——其中好些展品都是头一次在世人面前亮相——更是吸引了 2100 多万游客入场参观。比如说，电力探照灯，在夜晚将博览会那些用白色灰泥建造的场馆照得亮如白昼，令人目眩神迷。那个年代的人们仍然习惯于用火苗闪烁的煤气灯或煤油灯来照明，他们大多连电灯泡都没见过，更别提耀眼的白炽灯了。对于他们而言，探照灯无异于让人提前见识到了天堂的光华。

其他一些展览，有的让人感到刺激——比如中途公园里的巨型摩天轮；有的让人深受震撼——比如小埃及舞团的肚皮舞；有的则让人忧心忡忡——比如有感于西部拓荒地区那种自由气息对美国历史的影响日渐消退，弗雷德里克·杰克逊·特纳（Frederick Jackson Turner）表达了痛惜之情。而世界宗教大会上的对话，更是竭力想集兴奋、震惊与忧虑于一身。这样看来，本次博览会
2 最后不仅没有亏本，还给这座城市带来了可观的收入，也就不足为奇了。

1893 年哥伦布纪念博览会的成功举办，在一定程度上标志着美国中西部和芝加哥的发展进入了黄金时期。芝加哥刚刚超过费城，成了美国的第二大城市。芝加哥市的大部分人，都出生于中欧和东欧的乡村，信奉天主教，但是市内的商业几乎全部掌控在本土出生的新教徒手中，中西部的农场和小城镇大多也是如

此。在这种情况下，各种传统宗教意识相互冲突，相互混杂，最后日益淡化；因此一个自称维韦卡南达（Vivekananda）的印度圣人，在世界宗教大会上所作的演讲，就顺理成章地成了博览会的一大亮点。作为印度教在世界宗教大会上的发言人，他对听众的宗教偏见提出了质疑，断言基督教与世界上其他主要宗教所要传达的神圣信念，其实跟印度教并无二致，只不过印度教传达得最清晰而已。维韦卡南达这种新奇怪异的思想，对听众头脑造成了震撼与刺激，恰如小埃及舞团的肚皮舞对他们的感官造成了震撼与刺激。

有了这样一番经历之后，乡村与小城镇式的美国中部再也不可能保持原样了；而芝加哥要成为美国商业、工业与文化重镇的豪言壮语，似乎也得到了保障。天国的启示，以及对各种奇迹与世界多样性新近获得的体认，让参加这次盛会的数百万民众大开了眼界。狭隘的与世隔绝也许还未消失殆尽，但肯定受到了电灯的辉耀和所接触到的新思想的双重冲击。

至于博览会的主办方芝加哥，它已不再是一个未经开发的边远城镇，而是成了一个能以最快的速度将未来愿景变成现实的地方。也正是因为有了这样一些要只争朝夕去实现的梦想，哥伦布纪念博览才会被办成一场盛会；在博览会的临时建筑被拆除后，博览会的会场变成了一些漂亮的公园——一切都如原来计划好的那样。事实上，规划者并不满足于已取得的成绩，进而在整个湖滨地区设计了更多的公园，这样沿着密歇根湖的那片区域就成了芝加哥蔚为壮观的“前院”，这是令其他城市自叹弗如的。另外，随着博览会的举办，还成立了一些永久性的文化机构，其中最著名的要数菲尔德自然历史博物馆（Field Museum of Natural History），当初建造它的目的就是保存部分展品。

在中途公园近旁建起来的芝加哥大学（当那些临时建筑在1893年被拆走后，它就横跨在公园两侧），也取得了巨大的成功，很快就对人们的身体和心灵都产生了广泛的吸引力，足以媲
3 美让哥伦布纪念博览会对公众意识产生如此重大影响的那一切。在学术方面，这所新建的大学宣称自己是研究生学习中心——在这里，教授跟学生的主要奋斗目标是研究和发现新知识，而不只是讲授与传播已经确立的真理。

在学校创立之初，这种奇特的理想在当时最具争议性的方面，是圣经考证学（biblical criticism）。学校的第一任校长威廉·雷尼·哈珀（William Rainey Harper，1906年去世），是一位《旧约》学者，他在文献考证方面主张采用德国方法。他和他聘请到这所新学校来的其他圣经学者都认为：圣经里的话都是由人写下来的，写的人也会犯错误，而且就算是在上帝的启示下写作的，也难免受到所处时代的思想影响，而这些思想跟19世纪美国新教徒的思想差距甚远。

有些基督教和犹太教的信徒赞同这些激进的观点，但是大多

数浸礼会会员特别反对这种论调：传授给他们的圣经文本可能是错误的。这意味着原本想在新成立的芝加哥大学和浸礼教派之间建立的联系，很快就被切断了。虽然芝大神学院还继续与浸礼教派保持着适当的联系，但大学其他部门却丧失了刚开始时还存在的教派联系。在被放逐到世俗社会中之后，哈珀校长和他的继任者不得不在另外一种基础上，为这所新成立的大学寻找支持——这与迄今为止在美国其他大学盛行的那一切都大相径庭。

事实证明，哈珀在筹款方面取得了惊人的成功。一方面，他说服约翰·D. 洛克菲勒（John D. Rockefeller）在给芝加哥大学捐赠了首笔奠基款之后，又陆续为学校注入资金，帮助它在吸引大批学生涌入的同时，保持持续发展的势头。哈珀关于如何利用新发现的真理来提高人们生活水平的观念，也吸引到了其他一些捐赠者。学校的校训 “Crescat Scientia, Vita Excolatur”（益智厚生）*，言简意赅地表达出了哈珀校长的理念。不过，只有那些洞悉艰深难懂的被动语和拉丁语虚拟语气的人，才能真正明白这句话的含义。而对于那些不太懂拉丁语的人来说，只能将它简单地译成“增长知识，丰富人生”（Let knowledge increase, life be

---

* 芝加哥大学的校训拉丁文原文为：Crescat scientia vita excolatur。英译为：Let knowledge grow from more to more; and so be human life enriched。译成中文是“益智厚生”，意思是“提升知识，以充实人生。”——译注，参考维基百科：http://zh.wikipedia.org/wiki/ 芝加哥大学。

enriched）；不过这样的翻译显得太粗糙、太功利，无法准确地表达出拉丁原文的深刻内涵。比如说，“*excolatur*”源自拉丁语中“耕作”一词，据我的《拉丁语—英语词典》解释，除了有“通过好收成来丰富”的意思之外，还有“耕耘、改善、使高贵、使文雅和使完美”等意思。

但是，哈珀校长靠的还不只是这一条宣言：如果能获得适当的资助，且免受陈腐权威的束缚，学术活动可以改善人的生活，甚至可以让它变得更高尚、更文雅和更完美。拥有比小埃及舞团
4 舞者所袒露出来的肚皮更强壮、更灵活的身体，也成了这所新建大学的一种公众形象，并增加了它对大众的吸引力。哈珀从耶鲁大学请来阿莫斯·阿隆索·斯塔格（Amos Alonzo Stagg），担任具有完全学术地位的体育文化与运动系的教授与系主任——这种系在历史上还是闻所未闻的； 然后又以校长办公室的名义，将该校的橄榄球运动发展成了一项拥有众多观众的体育赛事。后来，市区的商人和市民球迷很快就开始模仿本科生，用斯塔格期望他的球队所取得的成功，来评判这所学校或这座城市的实力。芝加哥——这座诗人卡尔·桑德堡（Carl Sandburg）笔下的“巨肩之城”[*]，发现芝大的栗色球队（Chicago’s Maroons）很值得它

---

* 普利策奖的两届得主、芝加哥著名诗人、社会主义者卡尔·桑德堡在他 1916 年的《芝加哥》一诗中写道：“世界的屠宰场……巨肩之城……”自那以后，芝加哥获得了“巨肩之城”的别称。——译注

骄傲：在第一次世界大战前以及战后不长的一段时间里，这支球队无论是在体力方面，还是在敏捷性方面，通常都会远远超过球场上的对手。

一所大学既具有研究机构的身份——可以指望它发现新的真理与技术奇迹，又养着几支可供大众消遣的球队，这在19世纪90年代还是一桩新鲜事。因此，哈珀主政的芝加哥大学在当时是独一无二的。诚然，在中西部还有一些蒸蒸日上的州立大学，它们为本州选民服务，为他们提供师资培训，还为年轻人提供职业技能训练，使之胜任各种工作。但是，在大多数州议员看来，为追求新的真理而开展研究，似乎是件不着边际的事。因此，他们不太愿意资助预期成果的学术贡献难以评价的那些教授，也不太愿意支持这些人对已被接受的思想进行改进的工作，因为它们势必会挑起造成政治不安的宗教争端——要知道在那个时候，达尔文学说和圣经考证学仍然会让大多数的美国人感到震惊。

除了密歇根大学之外，中西部其他州立大学对发展一流的橄榄球队都没什么干劲。在普通农民看来，鼓励年轻人在绿茵场上彼此冲撞，根本就是城里人吃饱饭没事干的极端表现，因为他们在自己的田野里辛苦劳作，运动量已经够大了。此外，州立大学大都坐落在小城镇上，交通不便，无法吸引大批球迷前去观看橄榄球比赛。这就意味着，这些学校无法靠门票收入，来维持芝加哥大学那种规模的体育事业。

在州立大学规模都比较小的东部，约翰·霍普金斯大学和克拉克大学这两所私立大学，作为研究型大学，倒是比芝加哥大学还要早几年。但是，它们手头的经费没有芝加哥大学那么充足——这在相当程度上还多亏了约翰·D. 洛克菲勒的持续支持；另外，这些研究型大学的先驱，也从来没有以组织高水平橄榄球比赛的形式，与周围社区建立密切的联系。在 19 世纪 90 年代，
5 哈佛、耶鲁、哥伦比亚和普林斯顿这些大学的地位才刚刚显现。它们分别跟一神论教派、公理教会、英国国教和长老教会这样一些宗教派别，还保持着实质性的联系。但是这些学校为培养牧师而进行的宗教训练与准备已经萎缩，并日益边缘化。取而代之的是新出现的一种角色——让上层社会的年轻人尽可能优雅地初涉生活的艺术。哈佛、耶鲁、哥伦比亚和普林斯顿的教师们也很乐意支持这种新模式，因为他们不准备野心勃勃地在科研方面同德国展开竞争，也不指望能出现职业棒球赛那种火爆场面。但是可以肯定的是，常春藤盟校已经有不少人开始对橄榄球感兴趣了，甚至将它作为检验个人男子汉气概和衡量学校实力的标准。但是因为参加橄榄球运动的人是来自上层社会的，因此这些学校在参与人数和普及程度方面远远不及芝加哥大学。

后来，随着科研与研究生训练比重的增加，东部大学生活原有的平衡被打破，这种情况在哈佛大学和哥伦比亚大学显得尤为突出。但是将上层社会的年轻人培养成初步适应成人生活和职业

生涯的人，这一首要目标并没有动摇。实际上，这些私立学校都用本科生的学费来补贴日益膨胀的研究生教育；当然，也会依靠富有的校友所提供的捐赠，来解决一些困难。只有哥伦比亚大学，在著名校长尼古拉斯·默里·巴特勒（Nicholas Murray Butler，1901—1945）的领导下，才出现了研究生院和专业学院*的迅速发展，大有令本科教育黯然失色的危险。这样的发展让巴特勒又是喜又是忧，因为这样一来，这所大学的经济基础就变得更加岌岌可危了。

第一次世界大战为芝加哥大学及其兄弟院校所处的环境，带来了新的变化。首先，随着年轻人因战时服役而背井离乡，随着他们对生长地之外其他国土的了解，一个民族精英阶层开始出现。对芝加哥而言，这使得芝大越来越难从周边内陆地区的上层社会中，吸引到本科生源。在 1914 年之前，出于市民的骄傲，以及就近上大学的便利性，芝加哥市最富有的那些家庭都会把子女送到新成立的芝加哥大学。比如说，哈罗德·斯威夫特（Harold Swift）——肉制品包装家族的豪门子弟，1907 年毕业于芝大，很快就成了该校一位热心的校友，不久还当选为校董事会董事。他一生忠于芝大，继 1914 进入董事会后，又作为非常活

---

* 专业学院（professional schools）是指医学院、法学院等专业领域的研究生学院，不同于国内的职业学院。——译注

跃的董事会主席，从 1922 年一直努力工作到 1949 年，65 岁时才退休。

6 在 20 世纪 20 年代，像斯威夫特这种因在本地从业而对芝大忠心耿耿的情况，相比第一次世界大战前，变得更加稀罕了。本地人对高等教育的热心赞助在芝加哥已发展到了极致，成了民粹主义政客的一项特权，这在汤普森市长（“大比尔”）的吹嘘中，可得到了极好的体现：芝加哥将“让文化繁荣昌盛”。但是市长装腔作势的热情，在上层社会的年轻人中无法引起共鸣；他们的父亲也跟市长一样，以身为芝加哥人而倍感骄傲，但是汤普森的夸张却像漫画一样扭曲了这种骄傲。他们不仅不接受这座城市“我愿意”（I will）的精神，反而开始暗自怀疑芝加哥乃至整个中西部，是不是都缺乏适合上层社会生活的真正品味。

因此，在第一次世界大战后，许多出身高贵的富家子弟，都想离开家乡，去结交东部拥有祖传家产的人和正在崛起中的民族精英，以确保自身优势；这样，芝加哥的富裕家庭大多不愿送自己的孩子去芝大念本科了。与此同时，在 20 世纪 20 年代，常春藤盟校也开始有意识地在全国范围内招收上层社会家庭的学生，并限制来自东部城市的犹太学生的名额，以确保一个更具“代表性”的学生群体。[1]

不过，芝加哥大学的本科生院确实也没多少值得骄傲的资本。大多数本科生都住在家里，平时走读上学；因为在这个城市的天主教移民看来，芝大像是不虔不义与腐朽堕落者的老巢，它的本科生院招收的学生大多是中产阶级或中下阶层的新教徒，没钱去离家远的地方上学。芝加哥大学从来没有限制过犹太生源的招生名额，一方面是因为从哈珀校长的福音浸礼会信仰中，继承了残余的亲犹太思想，另一方面也因为多收点学费总归是好事。

从蓬勃发展的20世纪20年代进入经济萧条来袭的20世纪30年代后，芝加哥大学的本科生院遭遇了另一个压力。一个强有力的竞争对手——圣母大学，崛起并考验了人们对芝加哥这座城市的忠诚度；该校虽然坐落在100英里以外的印第安纳州南本德市，但它的橄榄球队已经开始在位于密西根湖畔的士兵球场（Soldier Field，新建的一个巨大的民用露天运动场）举行“主场比赛”了。当圣母大学的球队证明自己有实力击败由在美国占优势的新教徒组成的顶级橄榄球队时，天主教徒占绝大多数的芝加哥工人大众，都感到欢欣鼓舞；而斯塔格招募球员的方法，过于老套甚至带些绅士风度，从1924年开始就无法组建有夺冠实力的球队了，这意味着栗色球队逐渐失去了芝加哥市民的宠爱。于是，哈珀主政时期的芝加哥大学，赖以获得当地人支持和全国关注的一大支柱，在20世纪20年代末出现了严重衰败的迹象。但 7
是该采取什么对策（如果还有对策的话）的讨论，与一场广泛得多的辩论联系在一起，最后成了本科生院该如何教学，该招募什么样的老师，以及该吸引什么样的学生。

芝加哥大学的研究生部，将学术研究看得比什么都重，因此从来都不认同本科生自由散漫的生活方式，也不赞成他们在体育比赛时充当拉拉队。研究生们是冲着芝加哥大学在研究方面享有的盛誉，才被吸引到这所学校来的。他们来自全国各地，并与来自加拿大和其他国家的留学生一起学习。但是芝加哥大学的本科生几乎全部来自本地，而在20世纪20年代，越来越多在社交或学术方面表现突出的精英，都被常春藤盟校招走了。因此，上芝加哥大学念本科的学生，看重的往往是这所学校在体育方面的优势，而不是别的东西。

由此造成的后果是多方面的。有些认真的学生将大学看成是提升社会地位的阶梯，知道在学校里表现良好，可能会有助于提高自己今后的职位；但是对于大多数从一开始就没什么学习兴趣的人而言，敷衍了事的教学反倒证实了他们原本不高的期望。本科生的很多课程由研究生讲授，系里安排他们承担教学任务，并付给报酬，而不是向他们发放奖学金。因为最优秀的研究生都能得到奖学金，为承担教学任务而耽误研究生学业的人，在开拓精神与投入程度方面往往大有问题。

此外，芝加哥大学的本科生确实将很多的精力花在了课外活动上。有些活动甚至是幼稚的、无意义的——比如说，每次举行橄榄球比赛的时候，都会有训练有素的新生前往呐喊助威；每年春天，都会在博坦尼湖（Botany Pond）边举行灌篮比赛仪式。

还有些学生俨然半个老板。比如，《栗色日报》报社就是一个以盈利为目的的机构，采用了准专业的运作方式。每到年底，报社管委会的高级成员都会从一年的积余中分到红利；遇到经营得好的年份，他们分到的钱甚至会超过教授的薪金。与此类似，黑披风剧社*每年春天举行一次男性选美，需要在宣传、训练之类的环节上花费大笔金钱；有时，这个活动都接近了专业水准。

在更纯粹的社交意义上，大学兄弟会和女生俱乐部在本科生中，创建了一种组织严密的微结构，因为每个社团都会根据声望高低打分排序，拥有自己的一个位置。对于那些没能力或不愿意参加大学兄弟会和俱乐部的学生，校园舞会、音乐会、宗教团体以及几种政治活动，都可以为他们发泄课外精力提供多条途径。 8
除此之外，还会举行数不清的公开讲座，将各领域的名人请到学校里来与学生见面。

但是每年秋季，橄榄球比赛都会在很大程度上主宰本科生的生活。然后，要到秋冬之交，其他体育赛事才开始挤进学生报纸的头条新闻；这种状况持续到春季橄榄球队恢复训练为止，接着它又开始与棒球赛报道展开竞争，平分秋色。显然，不管是从个人的角度还是从集体的角度，芝加哥大学的本科生都觉得自己与

---

* 黑披风剧社（the Order of Blackfriars）是一个学生剧社。详情请见：http://lib.typepad.com/scrc/2009/05/university-of-chicago-blackfriars-records.html。——译注

栗色球队密不可分；在他们以及大部分市民的眼里，芝大的价值主要体现在体育事业的成功上。

这种价值观的倒置令许多教授恼火。芝加哥大学出色的研究生教育与水平可疑的本科生院之间长期存在差距；对此，一种极端的反应是完全废除本科生教育。这个想法已经被一些失去耐心的教授反复提出多次了，因为他们觉得本科生的可笑举动，愚蠢地背离了大学追求学术的正途。另一方面，本科生院又为研究生教育提供了补贴。本科生院的学费收入相当于直接教学开销的两倍左右[2]；如果不让他们承担本科生的教学任务，各系怎么有钱为那些需要特别关照的研究生提供资助呢？

与之相反的计划是努力提升本科生院的水平，使之能与常春藤盟校直接竞争。这就意味着要在全国招生，要尽可能从各地吸引上层社会的子弟，使之与研究生部各系的水平基本相称。但是，实施这项计划需要巨大的开销。除了引进优秀师资的花费，另外一个先决条件是建造具有合适氛围的学生宿舍，而要保证这种氛围还必须为各个宿舍配备经过精挑细选的舍监。如此大的投入让这个计划颇具争议性，因为它有从研究部各系抽走部分大学资金的危险。

另一方面，一个成功的本科生院，只要能吸引到美国部分富有的名门子弟，就可以给研究生教育提供稳固的财政基础，比芝大已获得的各种形式的资助都要稳固。毕竟，哈佛就是这样做的，而且取得了辉煌的成功，到 20 世纪 20 年代，它显然已发展成了美国的一流大学。而芝加哥大学早熟的研究生教育，在经费方面却依赖个人捐赠，而且越来越依赖慈善机构的捐赠。教授和系领导都习惯于跟捐赠人或基金会主管亲自接触，劝说他们资助自己想要从事的新研究。对于一个正在发展的学术机构来说，这 9
是一种很没保障的经济基础，因为一切都取决于教授们个人的能量和说服力，也取决于投资者在多大程度上愿意被说服。

而且，随着研究生教学与研究的理念传到美国的其他院校，包括中西部和加利福尼亚的州立大学，对经费的竞争就变得更加激烈了。芝加哥大学早先在这方面的领先地位，越来越难保持。基金会的主管——他们中很多人一开始就跟芝加哥大学有联系，也不好意思再将经费全部投给一所大学，转而倾向于将自己有权支配的经费像撒胡椒面一样，给每家都投一点点。他们喜欢采用的一种策略是提供“种子基金”，以启动某种类型的新事业，并希望受资助的学校，在它进展顺利时，再寻找其他财源进行支持。

在这种日益激烈的竞争环境中，芝加哥的专业“企业家”有时还是能确保一定的资金投入，至少让他们某些方面的研究能够继续开展下去。比如说，詹姆斯·亨利·布雷斯特德（James Henry Breasted），对探寻古埃及人良心意识的萌芽和一神论的起源非常痴迷，他劝说洛克菲勒家族的多位成员，持续开展古代近东地区的考古与文献研究非常重要，于是就建起了东方研究院，来开展这方面的工作。政治学教授查尔斯·梅里亚姆（Charles Merriam），以大致相同的方式，募集资金建立了公共行政结算所（Public Administration Clearing House），力图保证美国地方与州政府的不断改进。

1927 年，在中途公园建立了一所带附属医院的新医学院，这体现的是为使学校的研究制度化，而作出的一项更为野心勃勃的努力。有意思的是，建立这样一所医学院的想法，最初并不是由芝加哥大学的教师提出来的。刚开始时，芝大并不想建立自己的医学院，而是决定跟位于城西的拉什医学院（Rush Medical School）结盟。这是一所完全传统的、久负盛名的学校，里面的教师都是在私人诊所行医的医生。但是在 1910 年，亚伯拉罕·弗莱克斯纳（Abraham Flexner）在一篇报道中，严厉地批评了盛行于拉什医学院和其他美国医科大学的见习医生制度。接着，洛克菲勒家族就任命他为通识教育委员会秘书长，其任务之一就是对医学训练进行改革。

芝加哥大学很愿意响应弗莱克斯纳改革医学教育的号召，让医学训练更加科学化和系统化，但是拉什医学院那些地位稳固、受人尊敬的专家，反对外界对他们的训练方式进行改革。对医学教育进行彻底改革，最快的方式似乎是，在紧邻校园的地方新
10 建一所医学院。结果就是 1927 年成立的崭新的芝加哥大学医学

院，它更多地体现了弗莱克斯纳的理念和洛克菲勒基金会的意愿，而不是大学内部提出的任何倡议。尽管如此，所有相关人士都希望，研究生部生物科学系的研究人员与改革后的医学院中的医生，可以通过密切配合，发现新的治疗方法，将美国的医学完全科学化，并一举平息顺势疗法（homeopath）、整骨疗法（osteopath）以及其他一些见习制传统间的派系争斗。

受聘于芝加哥大学新医学院的医生们，被要求放弃收取诊疗费这种历史悠久的做法。取而代之的是，由医院的管理机构集中收取医疗费。从理论上来讲，这意味着拿工资的医生，可以集中精力进行研究和向有上进心的医学院学生传授专业知识，而治疗病人似乎成了附带的次要事情了。但实际上，不能把病人当实验品对待，而为了满足医院的开销也需要进账，这意味着临床查房与诊疗服务，都成为了一个沉重的负担。虽然新医学系的教授不再从他收取的病人医疗费中直接获取收入，但是医学院在整体上还是要靠病人支付的医疗费；另外，跟芝大的其他学院一样，它也要用科研经费作为补充，这些经费来自基金会或其他外部财源，资助特定的医学研究项目。

洛克菲勒的新方案，也是在社会科学方面推动制度化与提高研究和研究生训练的重要原因。在 20 世纪的前 30 年，围绕着两位关键人物——威廉 · I. 托马斯（William I. Thomas）和罗伯特 · E. 帕克（Robert E. Park），形成了社会学的芝加哥学派。他们从个体企业家入手，募集慈善资金，具体的方式是说服人们：只有认真观察并彻底理解芝加哥市的移民社区中究竟在发生什么事情，才有可能找到解决芝加哥社会弊端的途径。从邻里关系密切的欧洲村庄，移民到一个芝加哥这样的城市，会进入一种混乱而难以控制的无名状态，由此带来的紧张和压力，促使托马斯对人类生活的心理与文化状况建立理论体系；但是，他在巨著《在欧洲和美国的波兰农民》（五卷本，1918—1920 年）完成之前，就被迫离开了芝加哥大学。（一个宾馆侦探发现他跟一位年轻的波兰女子有私情，这桩丑闻迫使他逃到纽约去避风头。）

11 帕克不像托马斯那样偏爱理论，不过正是他继续扮演起促进作用的角色；在他的努力下，将刻意地用“科学的”方法对当代美国社会进行的研究，发展成了一项学术事业。托马斯和帕克关心的核心问题始终是道德方面的，尽管他们都反对像新教徒通常所做的那样，以讲道反对恶行和堕落的方式，来达到改过自新的目的。他们认为，如果对城市生活的真相缺乏准确的理解，那么一切在道义上无可指责的盲目激愤都是徒劳无益的。只有对这些真相有了清楚的认识，才开得出有效的救治处方。而了解真相的途径，不外乎走上街头，找些普通人进行问卷调查，并仔细地作好记录，也许还可进一步将它们作为统计研究的资料。[3]

在进行直接观察与数量化的所有工作背后，有这样一个假设：小城镇和乡村的新教徒严守着规范的道德观念。而以这种规范进行同化，则是移民（以及黑人）面临的一项任务。当同化过程受阻时，就会产生社会弊病。从这个角度来讲，芝加哥——阿尔·卡彭（Al Capone）曾在这个地方大做非法买卖，为这座城市赢得了黑帮猖獗的恶名，至今犹存——最适合作为“实验室”，来研究美国的城市到底在什么地方出了毛病。于是，社会学的芝加哥学派就勤勉地开展起工作：他们进行了精确的诊断，动员了大批研究生进行调查，并出版了几十本充斥着各种相关信息的著作。

虽然研究主力一直是社会学系，但从一开始起，心理学、政治学和地理学等学科的工作，也在这项任务中紧密地交织在一起。1929 年，新成立的人类学系也加入了其中，对需要研究的人类行为的范畴进行了扩展，将拉丁美洲偏远的印第安部落和其他原始社会也纳入了研究之中。[4]芝加哥大学的经济学家一直没参加进来，它们在致力于研究广义的市场理论和构建数学经济模型。历史学家们则在专注于美国和欧洲的历史研究，很少跟社会学家接触。不过，芝加哥大学的经济学家和历史学家，也以他们各自的方式，成了所在领域出色的代表人物。

多亏托马斯和帕克在跟学生和同事交往时，一视同仁地表现出了广泛的同情心和敏锐的好奇心，也多亏起步较早，才形成了后来被称作社会科学的学科群，并在芝加哥大学大放异彩。查尔斯·E. 梅里亚姆一直都在关注本地日常的政策，这样就使政治学系跟社会学芝加哥学派的理念完全吻合。他不仅参与政治实践与改革（他 1912 年竞选芝加哥市长失败），还对本地政治中谁得到
12 了什么、为何得到、何时得到以及从哪里得到，进行了多少有些公正的分析；二者的有机结合，不过是芝加哥大学品牌的社会学在公众事务方面的应用而已。

在 20 世纪 20 年代，从慈善基金处获到的经费，支持了芝加哥大学有创业精神的教授，使这所大学社会科学方面几个各自为政的系，得以发展成为整个国家的指路明星。但是，正如亚伯拉罕·弗莱克斯纳的例子所证明的那样，基金会主管不会完全满足于只当消极的捐赠者。特别是，比尔兹利·拉姆尔（Beardsley Ruml）这位年轻的芝加哥大学心理学博士，在成为斯佩尔曼纪念基金（Spelman Memorial Fund，这是为解决社会问题而新设立的一个洛克菲勒基金，它发挥作用的方式，与弗莱斯纳以前用洛克菲勒基金解决医治身体毛病问题时所采用的方式大致相同）的官员之后，就决定：社会科学方面最需要的是打破系科之间的壁垒，而不是其他什么东西。

芝加哥的教授们在这个方向上已经做了很多工作，很愿意接受拉姆尔的建议，将原来分散在不同地方的几个系，集中安置在社会科学研究大楼里。因此，在 20 世纪 20 年代末期，新的医学院和医院大楼在中途公园的艾里斯大道（Ellis Avenue）西面建起来之后，马上又在中途公园对面，靠近大学大道（University

Avenue）的一角，建起了社会科学研究大楼。该大楼在 1929 年股市崩盘后，又用了几个月的时间才竣工。在大楼投入使用后不久，比尔兹利·拉姆尔就应聘到芝大，担任新组建的社会科学学部的首任院长。

不管是在东方研究院、医学院，还是在社会科学学部，对科研进行制度化的努力，都没能真正地保证连续性，因为学校投入的资金满足不了教授们想要开展多项工作时的经费需求。为了保持学校的活力，芝加哥大学必须保证一条持续不断的经费与捐赠流，而所有这些资金基本上都是仅供某些特定研究项目开销的专款。随着慈善基金会的崛起，学校募集资金的方式，最初主要是教授与捐赠者个人之间的事务，后来就变得像是单位之间的谈判了。在这种新形势下，芝加哥大学扮演了主要角色，同时也面临着日益激烈的竞争。

刚开始时，大学的学术声望靠的是教授们个人的成就，他们要么单打独斗，要么跟几个助理教授或副教授合作。甚至在物理学方面也如此；芝加哥大学最早的那批诺贝尔物理学奖获得者——艾伯特·A. 迈克尔逊（Albert A. Michelson, 1907 年获奖）、罗伯特·A. 密立根（Robert A. Millikan，1923 年获奖）和阿瑟·H. 康普顿（Arthur H. Compton，1927 年获奖），都是靠个人努力，在一些相当简陋的设备上进行灵巧的实验，而最终获奖的。在其他领域，个人不懈的努力与敏锐的洞察力也是成功的主因。比如

13 说，约翰·M. 曼利（John M. Manly）编辑英国诗人乔叟的著作，靠的就是自己在校对手稿时的勤奋，以及在运用经过时间考验的哲学研究方法时，以高超的技巧对彼此不一致的文本进行取舍。

可以肯定的是，泛滥的学术个人主义，受到了一些思想学派形成方式的修正，它们都是围绕着一些特别有影响力的大腕形成的。我们在前面已经看到，社会学方面的情况就是如此——托马斯和帕克是其中具有促进作用的人物。哲学方面也是如此，先是约翰·杜威（John Dewey，直到他在 1904 年跟哈珀校长闹翻，去了哥伦比亚大学），接着是乔治·H. 米德（George H. Mead），使哲学系成了美国实用主义哲学的大本营。

这些人以及其他一些与他们水平相当的人，确实没有辜负哈珀校长的期望，作出了重大的学术贡献，使芝加哥大学的学术研究在诸多领域都处于领先地位。以记录在一本标准传记参考书中，有重大学术贡献的明星人数来衡量，芝加哥大学的排名在 1929 年已落在哈佛大学之后。其他一些大学，特别是哥伦比亚大学和加利福尼亚大学，都紧随其后，并在力争上游。但是在美国的学术界，特别是在芝加哥大学内部，致力于科学研究的芝大研究生院，无疑享有崇高的声望，可以毫无愧色地从学校分走最大的一块资源。

芝加哥大学的其他部门包括 5 个专业学院、一个在市区授课的成人教育计划、暑期班（有它自己的一套预算和管理体系）以及形形色色的附属单位——比如各种实验学校[*]，和拉什医学院之类的加盟机构。在这些部门中，数暑期班最为特殊，因为在芝加哥大学创立前，美国历史悠久的传统是，让学生在夏季放假回家，帮忙干农活，直到收割完毕，再返校开学。哈珀校长意识到，城市化已让这种教学安排过时，于是就决定让他这所大学全年授课，在夏季上的课也可获得完整的学分。这样，他将每学年的教学时间调整为 4 个学期，每学期 11 周，学期之间可有一周的假期，另外整个 9 月份都放假。

学校在暑期也开课有两大好处。首先，它招来了大批高中老师作学员，他们趁着暑假的机会，纷纷涌入芝加哥大学，来提高自己在所教科目上的水平。很快，其他高校也纷纷仿效，于是芝加哥大学的暑期班渐渐失去了它在初创时的巨大吸引力。但是，
直到 20 世纪 30 年代经济大萧条来袭，芝加哥大学暑期班仍继续 14
吸引着大量的高中教师；他们熟悉芝加哥大学的情况，有时还对它产生好感；这对学校招收本科生（特别是来自城市和郊区的本科生），是一个相当大的优势。

在整个夏季都开课的另一个好处是，那些每年只上 3 个学期课的教授，如果愿意，可以通过开几门暑期课程来增加收入。但

---

* 实验学校（Laboratory Schools）是大专院校教育系等为学生教学实习而设的学校。——译注

是，普通的教授很多都不愿意上整整一个夏天的课，于是暑期班的负责人只好到别处去招募一些老师，以便开出暑期班所需要的全部课程。这也给校园带来了一批稳定的暑期访问学者；他们跟自己的学生（高中老师）一道，成了学校的重要组成部分；特意从某些高校聘请任课老师，也有战略方面的考虑，因为这些高校可以输送毕业生来芝加哥大学读研究生。

法学院因为拥有詹姆斯·帕克·霍尔（James Parker Hall）、弗洛伊德·米切姆（Floyd Meachem）和厄恩斯特·弗罗因德（Ernst Freund）这些大牌教授，而享有很高的声誉。但是，商学院的本科却没什么特别的优势，事实上，它成了一些运动员学生的避风港，因为他们需要把主要精力放在体育训练上，又要保证学习成绩合格。与此类似，教育学院也将它的学术标准降得很低，甚至都得不到研究生部各系教授的基本尊重。另一方面，社会服务学院和图书馆学研究院，在它们各自的领域都是独一无二的。这两个学院是1929年刚成立的，都是本领域的首创，可以为各自的领域设立职业标准。

神学院跟浸礼会还保持着联系，但它关注的核心是，具有独特历史与普世愿景的基督教。基督教的中心教义是，上帝对人类的启示，总是传达给易犯错误的人类的，因此他们对宗教和其他形式的真理的理解都是历史的产物，反映了人们所生活的时代与地域的种种特色。从这个角度来看，基督教的信仰还在继续进化。教条的定义，不管以多么毋庸置疑的方式庄严地载入权威的文本中，也只能算是对上帝真理的片面把握。因此，各种关于基督徒到底应该信仰什么之类的教义之争，都是令人感到悲哀的误判。

至于教派分裂的美国新教，其教义既强大又具有抚平伤痛的作用。教会历史占据了中心地位。它不是作为护教学的一个分支，证明只有某个教派牢牢地把握了正确的教义，而其他教派则一个接一个地陷入谬误的泥潭；相反，它成了一种普世的宗教实践，证明人类是怎样持续不断地努力追寻神圣的真义，在跌跌撞撞的过程中，逐渐对上帝的意愿产生更好的理解。在 20 世纪 15
20 年代的神学院教授们看来，上帝的意愿就是基督徒应该帮助别人。因此，基督教教会是（至少应该是）致力于改良社会的。同时，社会学系宣称他们的研究成果会告诉人们应该怎样改良社会。

这种协同一致并非偶然。实际上，在 1929 年，几乎所有的芝加哥大学教师在年轻时，都受过新教式基督教教义的熏陶。他们大多已抛弃了父辈的宗教信仰；但这不一定涉及与有组织的宗教公开决裂。比如说，阿瑟·康普顿习惯了在周日去海德公园浸礼会教堂做礼拜；而罗伯特·A. 密立根曾经在大学教堂布道，解释在理解正确的情况下，科学和宗教将如何彼此兼容。

学校里残存着很强的新教气息。正如许多教师看到的那样，教学是对布道的改进，因为它给了理性应有的位置，并让人们的思想从陈腐的信仰中解放出来。实际上，对于大部分教师而言，作为学校的一分子，这就是他们要完成的主要使命，因为只有少数人有望通过自己的研究发现重要的新知识。而传播科学真理是一项世俗的布道，跟塑造了美国乡村和小城镇文化的基督教牧师职责完全类似。因此，芝加哥大学的教职工，抱着新近改变信仰者常有的坚定信念，投身到了这项世俗的布道事业之中；而作为理性的侍祭，很多教授仍怀有传统基督徒的希望，即任何人都可以通过聆听真理得到拯救。这样，小城镇的民粹主义精神，就在芝加哥大学的教职员中幸存了下来。在这里，他们发现自己要浑身不自在地跟城市中的躁动不安朝夕相处；这种不安来自这座城市的天主教移民，他们都是最近从欧洲迁过来的，仍在痛苦地适应着城市生活。

这就是 1929 年 11 月罗伯特·梅纳德·哈钦斯担任校长时，芝加哥大学的状况。而本回忆录的主题则是随后发生的那段众声喧哗的遭遇。

第二章　中途公园的蜜月期（1929—1931）

20 世纪 20 年代，芝加哥大学在政策制定方面遭受了两次突 16
然的中断；相继有两位校长，正准备全力以赴，为解决学校研究生与本科生工作的脱节问题放手一搏，却出人意料地销声匿迹了。欧内斯特·德威特·伯顿（Ernest DeWitt Burton）在 1923 年至 1925 年之间担任芝加哥大学校长，他成立了一个委员会来研究本科生院的改革之路，但还没来得及对任何事情作出决策，就遽然离世了。他的继任者马克斯·梅森（Max Mason）的任职时间是 1925 年至 1928 年。梅森校长说服了一位精力充沛的年轻历史学家昌西·鲍彻（Chauncey Boucher），前来担任本科生院的院长，并托付他为改变本科教育面貌做点实事。1928 年 5 月，在与多个教职工委员会进行了适当的协商之后，鲍彻准备将建议书提交给校评议会——由学校所有正教授组成的一个有裁决权的学术团体。要对本科生院的课程计划与管理条例进行任何修改，都必须先征得评议会的同意，才能生效。可是，正当评议会准备作表决的时候，梅森校长却辞职了，于是所有一切突然又陷入了停顿状态。[1]

选聘新校长的任务虽然落在董事会肩上，不过有好几位资深教职工都对此事非常热心。有人觉得自己是当校长的料；有人则不信任董事会和核心管理层，认为野心过大的本科生院计划，对研究生院各系保持重要地位不利。为了打消这些疑虑，董事们请求评议会成立一个教职工委员会，在董事会寻找新校长人选时，负责向他们提出建议。

这个举措实际上堵死了所有已站出来想当校长的人的野心。
17 教职工委员会的主流思想是，积极倡导各系完全自治的研究型大学理想。比如，他们不信任马克斯·梅森校长默许的继承人弗雷德里克·C. 伍德沃德（Frederic C. Woodward），虽然他已经出人意料地当上了代理校长。作为梅森手下的副校长，伍德沃德支持对本科生院进行改革；在此之前，他是一位法学教授。因此，他代表的是在校内跟研究生院各系竞争学校经费的那些部门。于是，作为研究生院各系的积极拥护者，教职工委员会否决了伍德沃德的候选人资格，这样实际上也就否决了本校的其他候选人。因为事情很快就变得非常明显，本校的任何候选人，只要是教职工委员会觉得可接受的，那些认为学校确实需要在结构和管理上进行改革的人，又会觉得不满意。[2]

因此，寻找新校长的目光都集中在校外人士的身上。在选中耶鲁大学法学院年轻的院长之前，董事会也考虑过几十个人选，并对其中的许多人进行了面试。对罗伯特·梅纳德·哈钦斯的考察持续了一年，因为他太年轻，又神气十足，让比他年长的人觉得难以接受，任命他当校长显然要冒异乎寻常的风险。但是正如罗森沃尔德基金会（Rosenwald Fund）的埃德温·R. 恩布里（Edwin R. Embree），在给董事会的推荐信中所写到的那样："一位常规的领导人或许能让芝加哥大学继续成为受人尊敬的高等学府。但是一个英明的抉择或许能让这所大学恢复它早年的角色——美国教育真正的领头羊。"[3]

选择哈钦斯担任芝加哥大学的第五任校长，教职工委员会和董事会都在赌他能给学校带来辉煌的未来，同时也在带着怀旧的情绪追忆过去。因为在 1929 年时，对于芝加哥大学的过去，人们仍沉浸在一些鲜活的记忆中：一个出类拔萃的年轻人威廉·雷尼·哈珀，如何让芝加哥大学迅速崛起，成为整个美国高等教育的领头羊。但是到了 1929 年，正是受了芝加哥大学在第一个十年期间所取得成就的刺激，许多其他学校都不失时机地成了科学研究（和一流橄榄球运动）的重镇，这样芝加哥大学就不可避免地失去了它最初的优势。为了重振雄风，这所大学大概需要一位新的领导人，一位像曾经的哈珀那样出色、傲慢而果敢的领导人。

董事会以及向董事会提出建议的教职工委员会，都觉得罗伯特·梅纳德·哈钦斯就是他们要找的人。顾虑仍然存在，但是在哈钦斯担任校长的头两年里，他威严的仪态和灵巧的政治手腕打消了他们的顾虑，因为他避开了校内各方之间的不和与分歧——他当初正是因此才获得任命的。在他就职期间虽然爆发了许多争论，尤其是在他任期快结束的时候，但还是出现了两年的蜜月
18 期；在这段短暂的时间里，哈钦斯以相当惊人的轻松自如，解决了一些主要争端，从而在这所大学的管理史上，留下了他不可磨灭的烙印。

那么，被寄予如此高希望的这个年轻人到底是何方神圣呢？

他叫哈钦斯，1899 年出生于纽约布鲁克林的一个年轻长老会牧师家庭，在家里 3 个儿子中排行第二。布鲁克林是威廉·J. 哈钦斯任牧师之职的第一个也是唯一的一个地方。8 年后，他已在聚集会众方面取得了令人瞩目的成功，并接受了邀请，去奥柏林神学院（Oberlin Theological Seminary）担任布道术教授。因此，在接下来的 10 年里，这位芝加哥大学未来的校长就生长在俄亥俄州。在那里，他父亲很快成了奥柏林学院及其附属神学院的头面人物。在奥柏林，哈钦斯的家人和学院社区一道，创造了一个有利于他成长的社会环境；这一方面塑造了他的习性，另一方面也决定了他会为自己和身边的每个人设定怎样的高期望。可以肯定的是，哈钦斯也参与过年轻人的恶作剧，以体验叛逆的滋味；

后来他还背弃了在自己童年时代占据中心地位的虔诚表现和宗教仪式。但是，受早年生活环境的熏陶而养成的工作习惯，以及对正义的根本性渴求，却从没改变过。尽管他效仿他父亲，先当教师，再当教育管理者，但在内心深处，他还是很像一位布道者。

那些不熟悉长老会的人很难想象，作为一位成功的牧师的儿子，过的是什么样的生活。首先要了解的是，在长老会教徒的心目中，牧师是最崇高的职业，所以牧师应得到普遍的尊重和服从。他毕竟是被授予了圣职的传播媒介，只有通过他，才能将记录在《圣经》中的上帝之声，传达给普通民众。为了充分履行这个职责，牧师必须懂足够多的希伯来语和希腊语，以便直接查阅用原始语言记录下来的上帝旨意。反过来，这也意味着牧师的训练是一个漫长而严格的过程。此外，牧师还必须是雄辩而有学问的，这样才能在每个周日以清晰、合乎逻辑而又有说服力的方式，来解说圣经的意思。他被理所当然地认为是体现了基督徒所有美德的典范。人们还能指望上帝的代言人是什么别的样子吗？

长老会教徒不迷信纯粹的宗教感情。这些感情是卫理公会教徒和浸礼会会员的标志，他们的牧师与众不同之处在于，更看重信仰的热烈程度，而不是他们对上帝旨意了解的准确性。作为法国宗教改革家加尔文（Calvin）头脑冷静、思路清晰的门徒，长老会教徒明白，救赎有赖于通晓上帝的意愿，同时也明白这些宝
贵的知识只能来源于《圣经》，而非其他任何地方。因此，从对 19

《圣经》的正确解读中，所获得的知识和真理才是最要紧的；而牧师在社会中扮演的角色就是提供这些知识，并在每个周日不断地宣扬获得救赎的真理。

威廉·J. 哈钦斯牧师不费吹灰之力就达到了这些高期望。他是一位优秀的牧师——口才好、逻辑性强、语气坚定且思路清晰，如果他对圣经是否足以指导人类生活中所有重要问题存有任何疑问，基本上也只会把它埋在心底。在这家人的心里，每一天都在祈祷和诵读圣经中开始和结束。这样一个父亲——学识渊博；令人肃然起敬；每天在与家人共同进餐或在公共场合时，都以祷告的方式跟上帝进行私人交流——对随便哪个男孩而言，都会是一个令人敬畏的角色，难以习惯他生活在自己家里。

我认为，父亲那种学识、那种明确的是非观以及与普通大众相比所具有的崇高地位——所有这一切从来都是他三个儿子心目中理想的标准。[4]但就是这个标准，他的二儿子罗伯特却一直没能达到，尽管他尽了最大的努力。他很快就获得了比普通大众崇高的地位，可以说是毫不费力就做到了这一点。但是，他表面上所有的成功都是空虚的，因为他对真理缺乏真正的理解。麻烦的是，在 1918 年离家后不久，罗伯特就摈弃了他父亲用来了解所有最重要真理的那条道路，并在余生中试图寻找一个东西，来替代他父亲的《圣经》，但一直没能取得太大的成功。因此，在这方面，跟在其他方面一样，他的人生是一个悲剧。

在哈钦斯的家中，一切都不是庄严肃穆的。当父亲的能跟自己和上帝完全轻松自如地相处，也能跟他的儿子们轻松自如地相处。远比这点重要的是，他妻子对荒谬的事情极端排斥。她讽刺性的俏皮话和偶尔的不敬，特别喜欢针对被露骨地表现出来的根深蒂固的家庭自豪感，因为那会驱使她的儿子们仿效父亲，追求社会上的领导地位、道德上的真诚和学识上的严格。但是在表面上，无论怎样看，都会觉得她一直非常满意自己作为妻子和母亲的角色，并为丈夫和儿子们所取得的成功感到高兴。她大概背地里也为这个家庭感到自豪，尽管她强烈抨击它流露在外的种种迹象。但是，她诙谐的话言和偶尔的不敬，也让他们在日常谈话时有所收敛，比如说，会迫使她的丈夫和儿子们不得不从旁观者的角度来审视自己，也会迫使他们不屑于在家里家外夸耀。[5]

罗伯特·梅纳德·哈钦斯尖刻的妙语，为他日后的生活赢得了无数的仰慕者，同时也结下了无数的仇敌，这明显是从他母亲那里继承来的，一如他从父亲那里继承了雄辩、简明的说话风
格。跟他们显著不同的是他的外形。他成年后身高 6 英尺 2 英寸 20
半*，高出他父亲和兄弟们一大截。非同寻常的挺拔身姿和引人注目的英俊脸庞，让他的身高优势更加显著。这样的体型外貌让

* 1 英尺约为 30.48 厘米，1 英寸约为 2.54 厘米，6 英尺 2 英寸半约合 189 厘米。——译注

他显得出类拔萃。在风头最劲的时候，他只需在不经意中走进一间挤满人的房间，就能立刻将人们的目光吸引过来；当他开始对身边的人讲话时，妙语和毫不吝啬的夸张性（半讽刺性？）恭维如泉水般喷涌；他如簧的巧舌，进一步增强了他外貌上的非凡吸引力。

在他职业生涯的早期，哈钦斯肯定得益于自己异常英俊的外貌。要是没有这一点，他也不可能升得那么快。但是，他也为此付出了代价。男人女人都摆脱不了他的吸引；不管他抑制得多厉害，他跟别人的许多（也许是大多数）交往，都免不了包含性吸引的意味。他学会了如何保护自己免受外表吸引力招致的烦恼，采用的方法就是如连珠炮般地发表诙谐的评论，让围绕在他身边的那些人感到震惊。他在一般情况下都显得很傲慢，结果是关系一般的熟人都会对他敬而远之。少数几个人得到他接纳，并形成了有点远的亲密关系；但是就连他们，也难免不时会被他的自我保护性机智刺伤。为了与他保持亲密关系而又不迷失自我，几乎有必要用讥诮的言词对他进行善意的回应，而这种唇枪舌剑有时也会演变成具有竞争性的交锋，每个回合都像是在刺激对方跨上更加肆无忌惮的新台阶。

哈钦斯用假面具将自己与别人隔离开来，他以假面示人的状况远比大部分人严重。他从不完全地袒露自己的心迹，甚至在最亲密的朋友和同事面前也不例外，他总是严密而又断然地将情绪控制在自己的内心。因此，他像古时候的悲剧演员一样，透过面具发出雄辩滔滔的言辞，借此吸引公众的注意。这是他为天生吸引人的非凡外表所付出的惨重代价；随着年龄的增长，它继续阻碍着他的发展；不过，他年轻时从外貌上获得的优势，也随着身体与精力的衰退而不可避免地消失了。因此，像一个伟大的运动员一样，他在有生之年眼睁睁地看着自己的名声下滑，这为哈钦斯的人生蒙上了一层新的悲剧色彩。

哈钦斯在一个由勤学好问的真理与正义追求者组成的社群里，上了两年大学，然后在1918年离开奥柏林去参军，开始见识外面的世界；不过当时的他风华正茂，还没经历过失败。在学校里，他在运动和学业方面都表现优异。他积极地参与彼此关系密切的学院社群的活动，但这一点也没有减弱他父母在他身上打
下的烙印。共同关心的问题以及观点的一致性——第一次世界大 21
战前的奥柏林学院就具有这样的特点——反而强化了他在家里学到的一切。他完全遵照家人的期望，在学业和选择参加的其他活动方面都成了佼佼者。

因此，两年的军队生活让哈钦斯深受震撼。他自愿担任战时流动医院的急救员，以列兵的身份在意大利前线服务，不过他实际出现在战场上的时间很短。他在军队里的大部分时间都是虚度光阴，先是等着去海外，然后是等着回家，而军官和中士们则胡乱地编派一些愚蠢的任务，免得列兵哈钦斯和他的英雄战友们无

所事事。漫长而极度糊涂的日子可不是他自愿参军时所向往的，这个年轻人有生以来头一次没能出人头地。他完全适应不了军队的习气，跟周围的人预期的一切都格格不入。因此，他日后每次回想起一战时的从军经历，就觉到极度反感。

不过，服兵役的经历还是给他造成了影响。至少，军队生活已开始侵蚀他从小到大那种清教徒式拘谨的生活方式。比如说，他学会了抽烟、喝酒和诅咒；这些恶习就算不是在军队里学的，也是在 1919 年进入耶鲁大学不久之后学的。他父亲是耶鲁毕业的，因此他离开奥柏林去耶鲁也算是子承父志了。另外，威廉·J. 哈钦斯正准备离开奥柏林，去肯塔基州的伯利尔学院（Berea College）担任院长之职，因此，就算罗伯特想回奥柏林，在那边也是无家可归了。

在一个更深的层次上，哈钦斯与广阔世界的接触——体现在战争的无聊和残酷以及战友的行为举止上——可能也促使他跟父亲的宗教方式分道扬镳。哈钦斯在以后的生活中，无论如何都不再相信《圣经》（即使进行明智的解读）能够让人类得到救赎或了解上帝的旨意。需要另外找一条通往真理的道路，而哈钦斯一直希望人类的理性或许足以替代他父亲的信仰。他究竟是在什么时候以什么方式摒弃了他父亲的信仰，如今已说不清楚了。这种事情在哈钦斯家里太重要了，不可能公开宣示，更不可能形之笔墨，留存下来。罗伯特和他的父亲没有公开决裂；威廉·J. 哈钦斯有可能在相当程度上，赞同他儿子对昔日加尔文教徒依赖圣经一事的充分性持保留态度，这使他至少部分地对他儿子的观点充满了同情。而从儿子的角度来讲，一直到进入芝加哥大学的第一
年，他才完全放弃上教堂，因为他发现洛克菲勒教堂的布道，跟 22
他青年时代浸润的基督教真理相比，充其量不过是些虚弱而颤抖的回声。[6]

在20世纪20年代早期，美国东部私立高中的毕业生为耶鲁大学本科生生活定下了基调。他们青春洋溢，公开违抗禁酒令——这是美国中西部正统派教徒聚集区（Bible Belt）改革者狭隘思想的历史遗存——并热诚地接受来自黑人下层社会的爵士乐。“万事成空”（Anything goes）是当时一首流行歌曲的副歌，耶鲁大学的本科生都渴望弄明白它的真实含义。他们探寻之后找到的结果大抵是，违禁喝酒，以及在舞池里跟穿短裙和丝袜的女孩们搂搂抱抱。很少有人将学业当回事。人人都只愿选修易学的课程，混个考试及格。通过结识最能帮助自己的人，作好发财致富的准备，才是真正要紧的事。罗伯特·梅纳德·哈钦斯后来宣称，就连他这种每天要干多达6个小时粗活以维持生计的外来人，也是如此。

他在耶鲁，就像在军队里一样，刚开始也不适应；但不同的是，他在耶鲁得到了认可，在陌生的环境中开始脱颖而出，这部分地得益于他在学术上的卓越表现，另外也部分地仰仗了他出众

的外貌、超然的举止和机敏的谈吐——在本科阶段，他这方面的表现已渐趋完美了。他在大四的时候，被学校里几个声名卓著的秘密社团中的某一个发掘了出来——这些社团决定了耶鲁大学本科生的社交空间；同时他还进了耶鲁法学院，在这里，他受到了在此前所有的正规教育中，从未遭遇过的某种智力挑战。那是因为法律学习中普遍采用的“案例教学法”，要求仔细留意在针对某些法律难点作出判决时，法官是如何进行推断的。这跟他的资质和偏好刚好相符。他父亲围绕圣经词句做过的事情，跟法学院学生要围绕司法意见做的没有什么差别——首先是研读所有的相关文本，切实把握其含义，然后再竭尽全力去化解矛盾。

此外，法律处理的是公平与正义的问题，需要根据大量具有权威性的法律条文对它们进行解答，其解答方式跟长老会牧师用圣经文本去解答同样的问题时，所采用的方式如出一辙。尽管没人宣称司法意见需要灵感，有时也未必会以优雅的或有逻辑性的文体表达出来，但是它们至少具有权威性，因而在处理日常事务方面非常重要。因此，法律学习很对哈钦斯的胃口，他觉得这才是真正值得他倾注心血的，比他在奥柏林学院以及耶鲁第一年期间，耐着性子听完的那些五花八门的课程都要强得多。事实上，
23 他后来宣称自己的教育是在21岁进入耶鲁法学院之后才开始的[7]。
对法律的热爱，以及想在美国法律与社会的交汇方式上留下印记的抱负，在哈钦斯的生活中始终是一股强劲的暗流；事实证明，

即使在他永久性地投身于教育管理以及后来的慈善基金管理工作之后，情况依然如此。

对他的人生产生更多不良影响的一件事，同样要追溯到他在耶鲁大学读本科的时候——进入这所大学的第一年，他就遇见了莫德·费尔普斯·麦克维（Maude Phelps McVeigh），并在1921年从法学院毕业后，和她结了婚。莫德是个独生女，而且在幼年时就成了孤儿。她的一个姑妈将她抚养成人，带着她一起生活在长岛上流社会边缘。莫德在和哈钦斯订婚时，才19岁，刚读完女子精修学校（finishing school），并想成为有名望的艺术家。和她丈夫一样，莫德身材高挑，面容秀美，谈笑风生，对自己的能力极度自信。她也非常习惯于我行我素，老想受到仰慕——实际上是想得到宠爱，这很可能是因为她的父母死得早，姑妈一直对她溺爱有加。

莫德·费尔普斯·麦克维另一项突出的性格特征，是从她来自长岛和维吉尼亚州的杰出祖先那里继承来的骄傲。她这种骄傲又因为她没从他们那里继承任何财产，而得到进一步的强化。果然，年轻的哈钦斯完全被她迷住了，因为她既有天赋又有美貌，而且还是她亲自相中的他；她完全有能力反驳哈钦斯，用自己的妙语对抗他带刺的妙语，只是经常会突破礼貌交谈的底线，进而演变成十足的粗鲁。比他更加激进的是，她觉得有必要让她眼里的下等人感到震惊，并将他们拒之门外。 这些下等人几乎包括整个人类，因为按她的定义，任何不机智或出身不好的人，都低她一等。因为哈钦斯只有机智，因此他也是下等人。刚开始，他还能接受对自己的这种定位，因为相对于他妻子成长的那些纽约上层社会圈而言，他确实是个圈外人。

然而，他们最初的彼此吸引，虽然强烈而不乏激情，作为共同生活的基础，却被证明是不牢固的；他们抵达芝加哥后不久，婚姻中就出现了摩擦，结果证明这对哈钦斯担任校长职务，形成了致命的障碍。在他们到达芝加哥的头几个月里，他妻子几乎拒绝跟任何教职员工、董事会成员和潜在的捐赠者进行社交往来，不遵守学校生活的所有礼仪和惯例。曾让他们共同生活的头几年生机盎然的那种才智较量，也很快蜕变成了无休止的争吵，这让哈钦斯在家里如坐针毡。

尽管如此，他们住在美国东部的这段时间里，在生活中占主
24 导地位的还是玫瑰而不是荆棘。在毕业和结婚后，哈钦斯在一所私立中学教了一年书，然后回到纽黑文担任耶鲁大学校长委员会（the Yale Corporation）的秘书。刚毕业一年就被任命到这样重要的岗位上是非常了不起的，因为这让他成了耶鲁大学校长的主要行政助理，全面负责校友联络，特别是从校友那里募集资金。这是一项全职的工作，但哈钦斯决定重新开始他的法律学习，因此，他实际上在同时从事两项工作——正如他读本科时，每天得打 6 小时的工，来赚取生活费一样。与此同时，他妻子也成了耶

鲁大学美术学院的学生。1925年，他们双双获得了成功：他在法学院的毕业班里名列第一，妻子也在一次文艺演出中获得了一等奖。不久之后，在他们三个女儿中的老大出生时，哈钦斯夫妇似乎作好了充分的准备，准备开始自己前程似锦而又交相辉映的职业生涯。

后来让他们俩都举步维艰的那种紧张关系，在当时还显得微不足道——只要莫德可以在一个由仰慕她的年轻学者和追随者组成的圈子里，安然无恙地尽情享受她那波西米亚式的冲动。她凭借祖先的地位，自命身份特殊，这在纽黑文市还是管点用的，而哈钦斯在学校的职责使得他在她那种社交圈中只能是新手。可以这么说，即使哈钦斯先是成为耶鲁大学法学院的教员(instructor，专业是“证据”)，接着又在1927年令人惊讶地当上了代理院长，他妻子一直都保持着对他的心理优势。然后，他在1928年成为耶鲁法学院的院长，并在第二年接受了来自芝加哥大学董事会的邀请，去担任这个学校的校长；他飞速上升的事业明显地威胁到了她的事业，大有盖过她的势头。但是莫德并没有打算放弃自己在婚姻生活中至今仍然占有的上风。因此，她通过耍小孩脾气和拒绝扮演校长夫人的种种公众角色，来维护自己。最后，她像被宠坏的小孩那样行事，不仅毁了自己的生活，也毁了哈钦斯的生活；但是很多年里，尽管她一次次地无理取闹，哈钦斯都纵容她的幻想，并一如既往地爱着她。

正是在担任耶鲁法学院院长的时候，罗伯特·梅纳德·哈钦斯成了一个在全国有影响力的人物。这一方面是因为他非常年轻，而另一方面也因为他在法律学习的改革中所投入的精力。实际上，哈钦斯在不得不讲授证据的规则时，对这些规则提出了他早先曾向他父亲的圣经神学提出过的同样一些问题。他开始怀疑律师在处理法庭案件时必须遵循的证据规则究竟是真的有效，还
25 是只不过是基于由来已久的司法意见？咨询心理学家和其他社会科学家——他们也许了解人类实际上是如何采取行动的——似乎是理智的第一步；因为只有从对人类行为的准确了解中，经过逻辑推理得出的证据规则，才能支撑法庭上真正的司法，而不只是做到形似。哈钦斯推测，建立在社会科学经验真理之上的逻辑性，可能要求对美国法律传统的司法程序和许多其他方面进行改革；他凭借自己法学院院长的身份，开始干劲十足地加速这一进程。

耶鲁法学院的教职工中有几位资深人士，支持这一背离职业传统的做法，而哈钦斯很快又招聘到了一些支持者加入教职工队伍，其中包括后来成为最高法院法官的威廉·O. 道格拉斯（William O. Douglas）。于是，耶鲁法学院（和哥伦比亚大学一道）很快就成了法律改革派的大本营，他们觉得法律已经而且也应该改变自身以适应社会；而不是用古老的司法意见所定义的那一组一成不变的规则和实务，利用法律专业的特权，将无知的外

人挡在门外。他说："跟哥伦比亚大学一样，我们的努力也集中在事实方面。"[8]哈钦斯还领头说服洛克菲勒基金会出资，在耶鲁大学建立了一个新的人际关系研究所，其目的是让医学和法律跟所有的社会科学进行卓有成效的接触。

这样一份履历，加上一系列的个人交情，打消了芝加哥大学教职工委员会对哈钦斯的顾虑。他表现出很愿意以尊敬的态度，对待社会科学研究的结果，这可以证明他对一般的科学研究，也会抱持一种恰到好处的恭敬态度；而这种态度正是芝加哥大学研究生院各系的捍卫者乐意见到的。他在资金募集方面表现出来的成功，让董事会很开心。哈钦斯强大的个人魅力更增强了（也帮助解释了）这些引人注目的成就，因为他潇洒而带贵族气息的举止，以及让人惊叹的外表形象，给所有接近他的人都留下了深刻的印象。特别是董事会主席——仍然年轻的哈罗德·H. 斯威夫特，完全被哈钦斯折服，成了他热情的崇拜者和坚定的支持者，并在 1929 年 11 月 19 日正式任命他担任芝加哥大学的校长。

从 1929 年 4 月接受芝加哥大学的邀请，到举行校长就职仪式之间这段时间，哈钦斯到斯威夫特位于芝加哥的家里和位于密歇根湖东部湖滨的夏日别墅做了几周客。斯威夫特介绍他认识了学校的几位关键人物，并尽力将芝加哥大学面临的问题解释给这个年轻人听，因为他很快就得处理这些问题。于是，哈钦斯获

26 得了一个很好的简况通报，可以用于他在洛克菲勒教堂的就职演说、随后面向学生们演讲，以及在市中心招待晚宴上给市民代表（leading citizens）所作的演讲。

就职演说以赞扬教职员工的奉献和能力开始，临近结束时，他宣称必须像哈珀当年那样给大家涨工资，这样才能“在与商业和专业行当进行竞争时，吸引到最优秀的人才”。经济大萧条的严重程度和持续时间，是他在演讲的时候完全没有预料到的，因此哈钦斯给教职员工描绘的诱人前景，听起来要比几个月之后的实际情况可信得多。这样一些情绪，加上对“卓有成效的学术活动”的称赞——大家都在“与芝加哥大学一起（同时也是为它）”工作，并展现出“一种试验探索的态度”——都是特意要向研究生院的教职工保证，哈钦斯满怀善意，并对他们所作的努力充满敬意。

但是这个年轻的校长也暗示了要作些改变，他觉得，如果这所学校还想保持领先的地位，进行一些变革还是必需的。他谈道：“我们正在研究或提议要研究一些问题，这些问题不容易纳入大学传统的系科模式中。我们必须把这所大学当作一个整体，并考虑学校计划的制定，而不是系或者学院政策的制定。”对系科各自为政的攻击相当克制，而比它激烈得多的是，哈钦斯进一步主张，需要对研究生训练进行彻底的整顿，要将对大学教师的职业培训和对真正研究者的训练区分开来。他接下来建议，应该授予不同的学位，“博士学位的主要作用还是跟现在一样，是授予那些要当大学教师的人的”，而在博士研究生的名字之后应该用另一组头衔符号，来表示其研究能力。

哈钦斯力图解决这所学校在研究生教育和本科生教育的适当关系方面长期存在的摩擦，他提出：如果要明确地将博士计划变成它现在这样，即训练大学教师，那么就需要本科生院，作为研究生事业的试验场所。“如果各系要试验培养教师，它们必须在这个本科生院里理出思路。这不只是适用于本科生院中的高年级：因为本科生院的前两年，一方面与高中有关，另一方面与本科生院中的高年级有关，而应该如何处理这种关系，则是摆在我们面前最令人困惑的问题之一。我们不能从这个领域中退缩，而应该大刀阔斧地继续进行试验。”[9]

哈钦斯上午对教职工进行了这样一通夸赞和挑战之后，接着
又在晚上的市中心招待晚宴上，向市民代表和芝大的赞助者施展 27
了他的魅力。他告诉他们：“在现时代，还从来没见到过一座像芝加哥这样的城市，从滩涂中崛起，又在火灾后恢复重建。芝加哥人仍然胸怀梦想，并让美梦成真……芝加哥在规划、公园、学校和建设等方面都在继续进步。它统领着美国西部的工业、金融、专门技术和艺术。”他认为，这所大学及其教师对芝加哥不断取得新成功是必不可少的，因为“他们的研究必定会改善这座城市的生活水平”。在一一列举了医药、工业、社会和教育等

方面，有望从大学正在承担的研究项目中获得的益处之后，他最后保证这所大学会支持为了“使芝加哥成为世界上最文明、最伟大、最智慧同时也最强大的城市”所作出的努力。[10]

如此不加掩饰的力挺，是刻意想让人联想起哈珀主政的年代——那时的芝加哥市，确实处处是奇迹，哥伦布纪念博览会和芝加哥大学的迅速崛起就是明证。结果证明，在 1929 年 10 月经济危机即将到来的时候，再怎么重提昔日的辉煌都已是徒劳。但是，在当时谁也没有料到，在最终从 20 世纪 30 年代的经济大萧条中恢复过来之后，加利福尼亚州和得克萨斯州会取代芝加哥和中西部，成为经济扩张的要冲之地。因此，哈钦斯向芝加哥商业和政治领袖示好，被证明更像“天鹅绝唱”，而不是进攻号角；但它仍然表明黄金岁月似乎还是有可能到来的，届时将恢复城市与大学相互支持、携手共赢的伙伴关系——这种关系在哈珀主政的年代至少断断续续地达成过。

尽管哈钦斯最初向芝加哥市民的示好，注定远远达不到他的期望，但是他对学生尤其是对本科生的吸引力，被证明是坚实而持久的。在向学生们作演讲时，他的特点是不吝谀辞，而他们则全盘接受。在正式就职典礼后的第二天，他在学生集会上发表演说时的开场白是这样的：“能够来到一所有如此众多、如此聪明——也许还要加上一句，如此俊俏的学生的大学，成为它的校长，对任何从事教育的人来说，都会感到心满意足的。”在提到教育政策时，他的纲领很简单：“我希望聘请最好的老师，采用为满足各人需要作了明智调整的课程计划，教授能够招到的最好的学生。”[11]

实际上，一份“为满足各人需求可作明智调整的”课程计划，已经为合适的出台机会等待了一年多时间，因为昌西·鲍彻院长为他自己所辖本科生院制定的计划，是基于这样一个理念：攻读文学士学位时，应该侧重由通过考试而不是通过累计课程学 28
分所展现出来的个人能力。是否去听讲，听由学生自便。什么时候参加某个考试，也由学生自行决定——只要在最初注册之后的一段适当时间内，通过一些考试，以维持住学生身份。考试由考试委员会命题和举办，因此各个教师不会再给他们所上的课程打分。取而代之的是，老师为每门课程拟定一个教学大纲，列出一些规定的阅读材料，设定一些基本的技能和信息，然后和专业的考官合作，设计考试方式，对大纲中规定的知识进行测试。

还是会继续开设课程，以帮助学生准备考试。这些课程会通过浏览教学大纲、解析疑难和作些简单的科学实验，让课程内容变得生动易懂。不过，个人的学习是选择之一。原则上，如果有人在进校时已具备足够的技能和知识，可以通过所有规定的考试，那他完全可以在第一次授予学位时拿到学位，也就是说在一年内就能拿到文学士学位。

这个计划受了欧洲大学实践的启发。就像芝加哥大学率先在美国开展研究生教育一样，鲍彻和他同事组成的委员会提出，要让本科生院成为高等教育的中心，将学生当作有责任感的成年人，相信他们在如何利用时间方面，可以作出自己的决定。不过，这个计划也施加了一些新的约束。在前两年，必修的概论课将取代五花八门的选修课——这些选修课来自美国大学19世纪末已抛弃的传统课程计划，是它的残存。

以前，美国的大学经常涵盖了欧洲的中等教育和高等教育——前者认为规定课程计划和对日常行为进行严密监督是必要的，而后者则赋予学生成年人的自主权，盛行的是专业领域的学习。在20世纪20年代，美国的大学还扮演着养父母的角色（对欧洲的中学而言，这种角色是理所当然的），却又像欧洲的大学那样，在学习课程的具体选择上几乎完全自由。实际上，鲍彻为本科生院低年级制定的新计划颠倒了这个模式：提供一个规定的课程计划，让学生基本上可以根据自己的需要，自由地选择和学习。但是，放弃对本科生的传统监督看上去有些冒险，因为美国
29 高中毕业生上大学的年龄只有17到19岁，而欧洲学生进大学时的年龄通常要大两岁。

此外，芝大教职工对于本科生在前两年应该学习什么，是否能或者是否愿意达成共识，这一点还很不明朗。很明显，美国高中毕业生缺乏欧洲中等教育所传授的技能和知识，因为后者的授课时间较长。鲍彻和他的委员会成员希望芝大教职工能够克服这

些差距，甚至可以通过在艺术和科学之间，找到一种平衡，优于普遍盛行于欧洲的那种平衡，对欧洲教育模式加以改进。这意味着存在这样一种共识：应该先让本科生学习某些通识知识，然后再设法将他们引入各系深奥的专业知识领域。教职工中很少有人对这一原则提出异议，但是愿意投入时间精力将它付诸实践的人就更少了。

尽管存在这样一些悬而未决的问题，鲍彻的方案还是吸引了哈钦斯校长。于是，他同意尽快实施这个方案。对于本科生院的高年级，各系的专业课程较多，现有的做法不需要作什么改变。准备一份课程教学大纲并帮助设计合适的考试，会需要教职工投入额外的精力；但是这跟他们已习惯的日常工作没有什么实质性的差别。

本科生院低年级的情况就不同了：必须开设一批新的概论课程。不过，鲍彻已为这些课程树了一个典范，即一门非常成功的自然科学导引课——《世界与人的本性》。这门课主要由生物学家讲授，已经为新生开了近10年了。开始的时候人数很少，但很快就吸引了大批学生选修这门课；毕业前夕，大四的学生在给学过的课程进行排名时，特别将这门课列为榜首。想在人文社科方面建设类似课程的努力并没有取得成功，尽管在20世纪20年代，为实现那个目标，呼声很高，也做过一些尝试性的努力。

鲍彻院长费了九牛二虎之力，也没能说服人文类各系的教师放弃或至少暂时中止他们的专业发展，以便设置合适的概论课程；于是，他提议要将通过通识考试（general examinations）作为获得文学士学位的强制性要求，这被当成了一项处心积虑想迫使教职员工采取行动的措施。大家都同意，必须有人为每门必考的通识考试开设对应的课程。但是，随着梅森校长的突然离职，这项计划中断了，那个尴尬的选择可能要暂时延期——也许是无
30 限期地推迟，都没来得及就如下事项达成一致意见：要求所有的学生通过哪些通识考试，本科课程计划应该要求学生达到怎样的英语写作水平和外语水平。

显然，哈钦斯校长就职的时机非常好。鲍彻相信，他的改革计划在逻辑上是合理的，而且花费也不会超过繁杂的专业课程，因为这些课程不少是由报酬很低的研究生讲授的。作为通识课原型，《世界与人的本性》表明了怎样做到这一点，因为这门课依次由若干老教授给好几百名新生上课，靠几个研究生批改课堂测验和准备演示实验就够了。这种教学方式令人开心地节约了成本；鲍彻相信，如果能说服教职工在其他学科领域，也开发一些受到类似欢迎而在知识上又具有一致性的课程，本科生院低年级的做法会成为其他院校纷纷仿效的典范，就像哈珀时代的研究生教学一样。

哈钦斯对此表示赞同。他在就职演讲中隐隐地暗示了要对本科生培养工作进行重建，因为他不厌其烦地夸奖了大班上课，这

些课面向的学生是在追求某个学科的通识性入门知识，而不是针对将来要学的专业进行基础训练。但是鲍彻的提案还得通过芝大评议会批准，而评议会里主要是资深教授，他们与各系的利益和传统有千丝万缕的联系。如何突破科系的界限，是谁也搞不明白的事。正是由于这个障碍，鲍彻在人文社科方面提倡开设通识教育课程的建议触了礁，因为没有哪个资深教授愿意不顾自己的职业尊严，去讲授一些自己专业知识以外的科目。

拯救方案来自于校外——哈钦斯趁着上任的机会，召集了一组管理专家来调查芝加哥大学的管理情况；这些专家指出：这所学校直接向校长汇报的自治群体和机构超过 50 个，而工商管理上公认的原则表明，任何人可以有效监管的下属部门数目顶多也就十来个。将以前处理学生事务的办公室和个人进行合并，交给一位教导主任（Dean of Students）负责，这很容易，也不需要教职工采取什么行动。而对 39 个独立的系和 5 个专业学院进行合
并，就有点棘手了。结果，专业学院保留了它们的自治权，由各 31
自的院长领导，直接向校长汇报工作；研究生院各系同意重组成 4 个学部，各由一位院长领导并向校长汇报工作。

面对这次合并，各系明显感觉自主权受到了威胁，因为新学部会起到预算单位的作用，院长将不得不精确地决定如何给相互竞争的各系划拨经费。但是这种权利握在院长手中，其实和握在校长手中没什么区别；院长是从研究生院资历较深的教职工中选

拔出来的，其研究专长和交给他管辖的那些系的研究方向相近，这看起来像是一笔不错的“交易”——对校评议会成员们的威胁，比让他们继续留在校长手下要小，因为校长在就职宣言和最初的管理政策中，同时混杂着对他们业已习惯的日常工作和专业实践的顺从和抵制，令人不安。

不管怎么样，1930 年 10 月 22 日，评议会通过了一项提案，在全校建立 4 个研究生学部——物理科学学部、生物科学学部、社会科学学部和人文科学学部，表决时很少甚至可以说没有人对此提出异议；董事会也适时地给予了支持。同时，也给本科生院赋予了同等的地位；几周后，又任命了一个管理学生事务的教导主任，并成立了一个新的大学考试办公室。这样就形成了一条经过理顺的管理链，由各学院的院长（研究生学部 4 个、专业学院 5 个、本科生院和学校附设机构各 1 个）组成的小团体，负责管理教职工；而教导主任和审计长则分别负责管理学生事务和学校财务。由这些人向校长汇报工作，这样校长直属的下级部门就比以前少了许多，尽管这所大学的组成结构仍然比工商管理原则规定的要分散。

将各系按这种形式组成 4 个学部后，作为行政改革的副产品，产生了一个制定合适的本科生院概论课程的新基础。每个新学部立刻宣称要在本科生院开设一门自己的引导性通识课程，很可能是因为这样一门课，对于吸引学生今后进入本方向更高级的系科课程学习，似乎大有必要。这就意味着要把《世界与人的本性》这门课一分为二，因为这门课程横跨在物理科学和生物科学之间。同时还向由多个系科组成的新人文科学学部与社会科学学部提出了紧迫的要求——要尽快确定让自己的学生学习哪些特别的知识。

实际上，人文科学学部将这个任务交给了一位年长的历史 32
学家费迪南德·谢维尔（Ferdinand Schevill），而社会科学学部则把这项工作推给了3个年轻人：社会学家路易斯·沃思（Louis Wirth）、政治学家杰罗姆·克尔温（Jerome Kerwin）和经济学家哈里·吉第昂斯（Harry Gideonse），之所以指派后者做这件事，是因为现有的教职员工没有人愿意为初学者讲授经济学。生物科学学部安排了一位年轻的植物学家默尔·科尔特（Merle Coulter），对《世界与人的本性》这门课程中的生物学部分进行扩充，同时保持原有的完整结构；而物理科学学部只是简单地给各系（军事科学系除外）在入校的第一年里分配几周的学时，具体安排由各系自行决定。

这些概论课程中有4门是所有本科生都必修的，加上要参加考试的英语写作和外语，本科生院的前两年还留出了两门选修课的空间。保持这种灵活性看来非常合适，因为本科生的生源在很大程度上依赖于这样一些学生——他们已经在其他地方开始了大学学习，后来（往往是出于经济原因）决定住在家里，并以走读的形式，到位于中途公园的芝大攻读文学士学位，这些人通常半工半读，时而能来上课，时而不能来。为考试作准备的那4门通识课，不能用在其他地方修的学分来替代，这对后来转学过来的学生会形成一个严重的障碍。也是因为有这方面的顾虑，哈钦斯关于通识教育究竟应该怎么进行的观点——即强制性地学习“伟大的书”4年以上——虽然已渐渐地初露端倪，却迟迟难以付诸实施。

但是在1930—1931学年期间，专为本科生院制定的所谓“新计划”开始成形，而哈钦斯的教育思想仍然没有明朗化。他打心底里同意鲍彻院长关于改革的总目标，尽管他很快就发现各学部开设的概论课程跟他的理想差距太大。但在当时，这无关紧要。改革还悬而未决，鲍彻院长提出的新教学大纲、课程和考试已得到了资深教职工的默许（当时他还没有得到他们的支持）。于是，在1931年的春季和夏季，几组仓促组织起来的教职员工，为4个新学部的学部级通识课程制定了教学大纲，新成立的考试委员会也忙于为与它们配套的考试命题。

所有的事情都得赶紧完成，因为新计划预定要在1931年秋季开始实施——那时距离这所大学的行政改组不到一年，距离新的学部结构对各系产生重大影响还很遥远。实际上，概论课程的创立，在芝大新行政组织所促成的各系合作中，无疑算得上是最
33 有意义的一项了——不仅在实施的第一年如此，在随后的岁月中

也是如此。日益加剧的专业化研究，在持续地对学术团体进行分化，分裂的倾向还在继续大行其道。因此，从长远来看，尽管哈钦斯手握大权，尽管他对统一和真理的热切追求也是苍天可鉴的，但还是无法扭转学术专业化的大趋势。不过，当时没有人能清楚地预见到，哈钦斯在学科融合方面的努力，会产生什么样的结果。

当然，尽管哈钦斯除了给鲍彻院长大开绿灯之外并没有做什么，但他的名字还是立刻就和本科生院的新计划联系在一起。[12]甚至早在第一批按新计划招收的学生入校之前，哈钦斯对新概论课程所持的保留意见，以及对进一步改革通识教育所作的安排，就已露出了苗头。但是在当时，因为教职工委员会效率低下，由哈钦斯的思想所引发的争论，还像种子一样继续深埋在地下；而新概论课程和综合考试则展现出了各自的生机活力，这在一定程度上要归功于，在新本科生院里开课和举行考试的那些教职工的既得利益，但主要还得归功于1931年推行的新计划，在学生中获得了积极而强烈的反响。

因此，总的来说，哈钦斯担任校长的前两年，是芝加哥大学发生深远变革的时期。本科生院的设置，也让研究生学习呈现出了新的面貌，虽然它对各系实际工作的影响深度还有待探究。物理科学、生物科学以及人文科学学部的第一任院长，都是受人敬重的老教授，他们无意行使手里的新权力，去改变他们已习惯的研究生培养模式。但是，哈钦斯任命了一个新人——比尔兹利·拉姆尔来担任社会科学学部的院长。拉姆尔没有像以前那样，将洛克菲勒基金提供给芝加哥大学（和其他学校）开展社会科学研究，而是将新获得的院长之职看作是推进交叉学科研究的一个大好机会，他相信用这种方式才能真正地理解人类社会。

拉姆尔一到芝加哥大学，就进了哈钦斯小小的（不算亲近的）密友圈。在私下的玩笑与逗趣中，他们萌生出要对研究生教育进行严肃变革的意向，拟采取的途径是将各系团结到一起，并坚持为人类行为的经验事实提供更多的理论、更多的逻辑和更多的意义——社会学的芝加哥学派大体上仅仅满足于对这些事实进行记录。像菲尔丁·奥格本（Fielding Ogburn）和欧内斯特·伯吉斯（Ernest Burgess）这些人，以及路易斯·沃思之类比他们年轻一些的学者，在对美国社会进行统计调查时发现了社会崩溃的
34 迹象，但是他们都认为决定对此采取什么应对措施，并不关他们的事。但是，1929 年 10 月的股市崩盘造成经济萧条不断加深，这很清楚地表明美国社会遇到了非常大的麻烦；在这种情况下，糟糕的描述性社会科学开始显得空洞而不够用。[13] 因此，哈钦斯最初对社会科学的兴趣也迅速衰退，因为他首先是个卫道士，而且像拉姆尔一样，是个实干家。[14]

哈钦斯的观点之所以转变，是受他的另一个朋友兼副手——莫蒂默·J. 阿德勒（Mortimer J. Adler）的协助和劝导，他对哈钦

斯和芝大的影响力迅速地盖过了拉姆尔。阿德勒在1930年秋来到芝加哥大学，并告诉该校的社会科学家说，他们应该为自己在逻辑学上的欠缺感到羞愧；他就这样开始了他在这所大学里风狂雨暴的职业生涯。阿德勒比哈钦斯小3岁，在公众场合高谈阔论时，也比哈钦斯轻率得多。他来芝加哥大学时，博士刚毕业，受聘的却是副教授岗位，而且拿的薪酬比大多数资深的教职工还多。这深深地冒犯了为这所大学服务多年、取得的研究成果远远超过阿德勒的那些学者。但是，真正让他成为格外强烈的争论焦点的原因在于：哈钦斯与他的私人关系让大家弄不清楚，阿德勒在大放厥词时，到底在多大程度上得到了哈钦斯的支持。

阿德勒从来没表示过他要做哈钦斯的代言人。让他感兴趣的只有真理——平实而具有逻辑说服力的真理，就像他在“伟大的书”——特别是亚里士多德的著作和托马斯·阿奎纳（Thomas Aquinas）的《神学大全》(*Summa Theologica*) 中遇到的那样。从哈钦斯这方面来说，尽管貌似欣赏阿德勒好斗的争吵在资深教职工中引发的沮丧，但他保持超然的态度，哪一边都不帮。此外，哈钦斯从没在公共场合反对过阿德勒；在1931年哲学系的任命工作出现尖锐的分歧时，他似乎准备用实际行动支持阿德勒。

哈钦斯与阿德勒的交情要追溯到1927年——时任耶鲁大学法学院代理院长的哈钦斯，邀请这位年轻的纽约人前来位于纽黑文的耶鲁会面，想听一下这位来自哥伦比亚大学的心理学家和逻辑学家，对证据的法律规则有什么样的见解。他们两人一开始就彼此倾心，尽管阿德勒没有接受哈钦斯请他前往纽黑文的邀请，但是他很快就和哥伦比亚大学法学院建立了联系，并在随后 3 年的业余时间里，致力于将逻辑学和自己的心理学知识应用到证据法则的研究方面。他在 1929 年获得心理学博士学位，并接受了哈钦斯为他提供的一份待遇优厚的职位——薪金差不多是他在哥伦比亚大学担任教员时的 3 倍；只有在那以后，他们两人才开始进行密切而持久的合作。[15]

35 因为在塑造哈钦斯成熟的教育思想方面，阿德勒比谁的影响都大，所以了解他如何形成那些有争议的观点，是件颇有意思的事。阿德勒的父亲是一位珠宝零售商，在曼哈顿下城区与人合开了一家不大的店铺。他的先祖来自一个德国犹太家庭，不过他的犹太出身只代表一种社会身份，他并不信奉犹太教。通过德国启蒙运动，他们摆脱了犹太教的生活方式，将它远远地抛在了身后。莫蒂默·阿德勒成长的纽约圈子，弥漫着一种想通过彻底融入周围世俗社会来克服犹太歧视的深切期望，以及一种朦朦胧胧的自由主义思想。

阿德勒的父母希望他能尽快开始自食其力。因此，在达到法定离校年龄（16 岁）之前，他就从高中退学，在《纽约太阳报》（*New York Sun*）报社找到了一份送稿付印的工作。阿德勒这份工作让他有空闲实施一项雄心勃勃的阅读计划，在此过程中，他发现并马上喜欢上了哲学。阿德勒思维敏捷，更重要的是他的思想很有条理。他喜欢舞文弄墨，很希望做到文从字顺，以便从整体上对真理进行排序和分类。他发现，这就是哲学家要干的活——至少是他们应该干的活；他在经典中碰到相互抵触之处时，会强烈地支持自己心目中的真理。

明晰、详尽和有逻辑性，对阿德勒的吸引力最大；但是在他的伪装中也有一丝卖弄的色彩。因此，当他被哥伦比亚大学录取(在高中未毕业的情况下)，并以一个本科生的身份开始学习哲学时，他很快就让人觉得厌烦了，因为他一再地在私底下或公共场合批判实用主义哲学巨擘约翰·杜威的观点。最后，阿德勒没能拿到文学士学位，倒不是因为受他那些观点拖累，而是因为他不肯上哥伦比亚大学学生必修的体育课。不过，当他想找一份教哲学的工作，以便继续研究生学习时，哲学系不肯收他。于是，他转到了心理学系，并以研究生身份担任教员，成了哥伦比亚大学有史以来第 3 位犹太教师。

阿德勒在哥伦比亚大学期间的 3 次遭遇，决定了他后来的职业生涯。其中的一次是选修了约翰·厄斯金（John Erskine）为优等生开设的一门课程，他在这门课上向本科生介绍西方思想的经典著作，并要求学生每周读一本书，然后在课堂上讨论阅读时所激发的思想。阿德勒很高兴能够这样全神贯注地感受抽象的思想和古今著名作者原汁原味的文字。有鉴于此，他很快就开始鄙视

起那些依赖教科书的课程，和只是对思想家的观点进行概括的讲
36 座，因为只要提供机会，思想家们原本完全可以很好地表达自己的观点。因此，在哈钦斯邀请他去芝加哥大学后，当哲学系请他接手一门以威尔·杜兰特（Will Durant）的《哲学故事》为教科书的新生导论课程时，他断然拒绝了。

不仅如此，阿德勒还在哈钦斯的提议之下，与哈钦斯合作，为从刚入学的新生中挑选出来的一批学生，讲授一门关于“伟大的书”的大课，其学时长达两年。因为要等整整两年才能拿到这门课的学分（学生要在学了两年后参加口试，来测试他们是否具有对所读著作进行合理论述的能力），所以这门课程与现有的管理模式格格不入。因此，这令本科生院的管理者很是尴尬，不过他们也不愿说新任校长无权以自认为合理的方式去教本科生。而他觉得合理的方式是，追随他的朋友阿德勒，将约翰·厄斯金列入“伟大”之列的一批书，介绍给自己以及一些精心挑选出来的学生研读。

从哈钦斯的角度来看，他正在做的不过是将耶鲁大学法学院的案例分析方法，应用到与那些律师所研读的文本不同，而且较之更复杂的文本之中。他要实现的目标在法学院已经实践过：理解论证过程，然后用简单的逻辑和细致的判断来评估其有效性。与阿德勒不同的是，在讲授亚里士多德或其他任何古今哲学家的学说时，哈钦斯批判起来都毫不容情。他在青少年时代已放弃了

以《圣经》作为真理与正义的可靠指导，在20多岁时又发现法律对真理与正义的表述，也混乱得令人悲哀，因此他终其余生一直在寻找其他文本，以满足他对形而上学真理与道德真理的渴望。结果证明这种寻求终归于徒劳。[16]不过，在开始的时候，他当然并不知道可能会找到什么；他与阿德勒的亲密关系，肯定让外界的观察者很容易将阿德勒不假思索的回答，与哈钦斯执著的寻求混同在一起。

最终的失败并没有影响哈钦斯对自己这种寻求的价值的评估。通识教育的核心，应该依赖于对那些塑造西方文化的著作进行第一手的熟读，这样的论断在哈钦斯看来是完全令人信服的；甚至在哈钦斯本人与阿德勒合作授课，并对从这些著作中精选出的部分了然于心之前，就有这样的想法。他对自己这种判断从未后悔过。这是阿德勒对哈钦斯和芝加哥大学最重要也最持久的影响。通过他们两个人的努力，约翰·厄斯金的著名课程得以在芝加哥大学重新焕发出强大的能量；在1937年之后，它又在位于马里兰州安纳波利斯的圣约翰学院产生了同样的效果。

在哥伦比亚期间，对阿德勒产生塑造式影响的第二次遭遇更 37
具争议性，因为他对亚里士多德哲学的拥护，以及他对阿奎纳的《神学大全》里用很大篇幅陈述的那种亚里士多德学说所作的机智辩护，对他在芝加哥大学里遇到的几乎所有人而言，似乎有悖常理，事实上还令人难以置信。[17]毕竟，芝加哥大学的大多数教授在年轻时就已经让自己摆脱了各种新教教义的束缚，因此当这个不守教规的犹太人，要求他们严肃对待天主教（从1870年开始认定）的官方哲学，并探索其本来面目时，他们都对这种怪事感到很诧异。但是，阿德勒在芝加哥大学露面时就是采取这样的立场；而他的辩论技巧，好斗的本性以及与哈钦斯的关系，都让人无法忽视他那令人吃惊的学术姿态。

不管在外人看来有多古怪，阿德勒的严肃认真和坚定信念都是不加掩饰的。阿奎纳的学术方法——先以相反的观点引出各个问题，然后在以清晰的逻辑反驳最初的反对观点之前，以同样清晰而有逻辑性的形式将真理表述出来——完全符合阿德勒的思维习惯。对人类可能问到的最重要的问题，他都在这里找到了合乎情理的解答；对圣托马斯觉得令人信服的答案所招致的大量攻击，这里也提供了防护。阿德勒确实很乐意亲自回溯，在阿奎纳的巨著问世后，一代代的学术争鸣所累积成的哲学辩论之繁复图景。这是最初一下子就吸引住了他的地方；此外还因为托马斯主义的经典是那样令人惊诧地新奇，又是那样令人愉悦地古老。因为在哥伦比亚大学以及后来的芝加哥大学，整个大学圈里几乎没有人[18]研究过《神学大全》里的篇章——将圣托马斯的伟大作品丢在一边，不予理睬，仅仅将它当作来自欧洲中世纪阁楼里的无用废物。阿德勒来到芝加哥大学后，很快就让大家无法再保持那种傲慢的忽视态度，尽管他一直都没能说服哪位教师赞同他的观点。

阿德勒在哥伦比亚大学读书时的第三次重要遭遇，是遇见
了海伦·博因顿（Helen Boynton）。她是巴纳德学院（Barnard
College）的一名学生，出身于一个富裕的芝加哥家庭；就在她
年满 20 岁之前，阿德勒与她秘密地结了婚。由于他们的成长背
景大相径庭，彼此都感觉对方既古怪又新奇；这成了他们相互吸
引的基础。此外，他们在存在这么大的社会差距的情况下结婚，
意味着与双方父母的决裂，这对于阿德勒来说，意味着他和那
些素来不与犹太人往来的非犹太世界有了联系。海伦·博因顿和
莫德·哈钦斯两个人都因为受到男方非凡品性与能力的吸引而下
嫁——按社会等级标准衡量。当哈钦斯与阿德勒在 1927 年相遇
时，类似的个人境况也许帮助他们在早期结下了牢固的友谊。后
来，当他们搬到芝加哥之后，两桩婚姻都在日渐冷淡，共同的家 38
庭困境可能也帮助他们保持了持久的联系。

这就是哈钦斯在 1930 年请到芝加哥大学的那位年轻人。阿德勒最初被任命到哲学系、心理学系和法学院工作，他明白每年要在 3 个院系各投入一个季度，开展教学活动。但是，阿德勒来芝加哥大学时，其志根本就不在使法学合理化和使心理学哲学化上面。相反，他对自己应该做些什么思路很清晰：在哈钦斯的支持下，对所有学科门类的学习，整理出一条有专业水准的思路。正如他向哈钦斯解释时所说的那样，他希望“为 20 世纪的科学与文化，做点托马斯在 13 世纪时做过的那种事情……这就意味

着要打破各学科的壁垒，‘辩证’地对待所有不同的主题——就像我已对心理学与证据规则努力尝试过的那样。”[19] 他感觉，要做到这一点，所需要的一切就是，将亚里士多德哲学应用于教授们在各自专业中已习惯遵循的所有教学过程中。

正如耶鲁大学和哥伦比亚大学的律师们，在试图让证据规则与关于人类行为的已有知识达成逻辑协调时，会（或多或少）欢迎外界专家的帮助，阿德勒希望其他学科也会欢迎或至少会容忍同样的批判。为了能完成这项改革，他提出应该请他的两个朋友来芝加哥大学帮忙：一个是哥伦比亚大学的理查德·P. 麦基翁（Richard P. McKeon），另一个是弗吉尼亚大学的斯科特·布坎南（Scott Buchanan）。似乎恰当其时，因为芝加哥大学哲学系有两位老教师——包括系里的元老乔治·米德——即将退休。哈钦斯将这看作是一个难得的机会，可以借此按阿德勒设想的方式去改变芝加哥大学哲学系。[20] 因此他拒绝了哲学系提名推荐的米德的继任者，转而推荐了阿德勒的两个朋友。哲学系对此很恼火。米德和他的两位同事愤而辞职，以示抗议，这在校内引起了广泛的争议，并在 1931 年 3 月闹到了教职工评议会那里。

一反常态的是，哈钦斯作出了让步——也许是因为他对自己的根基还没把握；[21] 他还同意放弃自己的一项法定权利，即不需要事先取得有关院系的同意，就可进行教职工的任命。而对这个规则的遵守，反过来又迫使哈钦斯对阿德勒最初的任命作出修改，因为直到如今，哲学系一直在坚决地拒绝接纳他。于是，他的职位受到削减，退回到法学院任职，而在这里，他一直处在可有可无的边缘地带——这大体是出于本人的选择。

很明显，阿德勒最初想在芝加哥大学发起彻底的高等教育改 39
革的希望，遇到了严重的阻碍。现阶段，他只能满足于一个更小范围的行动，并通过自己孤立无援的努力来开始革新。显然可以入手的地方是社会科学学部，因为那里有一位友善的院长，他年轻有为，在使证据规则合理化方面的成就，让他看起来像个学有专长的人。1930 年 9 月，阿德勒在芝加哥大学的事业刚起步时，他就在当地社会科学研究委员会主办的一次会议上，发表了一个题为《社会科学家对科学的误解》的演讲。按照他一贯的作风，他不厌其烦地进行挑衅，还宣称，要是没有真正的哲学（即亚里士多德哲学）的原理和逻辑，那么“原始经验主义”就会变成“糟糕的科学”。[22] 他的听众基本上都只是在令人困惑的惊讶中张口结舌。接着，当 1931 年的争吵事件在全校范围内引起反响之后，拉姆尔院长邀请阿德勒在长达一年的研讨班中，向教职工和研究生解释他关于社会科学改革的思想。芝加哥大学有几位社会科学家极力地进行反驳，但是在阿德勒选定的讨论范围里，他们完全不是他的对手，因为亚里士多德学说的词汇既丰富又复杂，只要简单地运用那些术语和他们争辩，阿德勒就可以像圣托马斯在他的《神学大全》中所做的那样，轻松自如而又富有逻辑地压倒反对派。[23]

阿德勒在对自己心目中的真理进行阐释时，不会忌讳新奇的事物。比如，在 1932 年，他在作一个关于心理学在科学中的地位的讲座时，开头就是亚里士多德所给出的灵魂出窍的定义，接着又为圣托马斯对亚里士多德哲学的详尽阐述进行了辩护——主张天国的知识是一种智能模式，可用来区分人类和神的获取知识的途径。[24]

随之而来的是巨大的愤怒和彻底失败的沟通。罗伯特·雷德菲尔德（Robert Redfield）是一位有思想的年轻人类学家，他接替拉姆尔担任社会科学学部的院长；几年后，他在写给哈钦斯的信中，总结了惨败的教训：“我遇到的困难集中在两个词——‘形而上学’和‘原理’上。我不知道你对这两者是怎样理解的……一段时间以前，我希望这种做法会对社会科学有帮助。然后我目睹了阿德勒先生在一个专门为此举办的研讨会上，对这种做法进行了测试。阿德勒先生的清晰程度令人感佩，他向我表明了这种方法对于社会科学是无效的。”雷德菲尔德很不情愿地下结论说：在社会科学领域，“直觉”对思考和研究的指导作用，胜过形而上学和原理。[25]

因此，到 1931 年底时，哈钦斯校长最初的魅力已荡然无存。
40 他为这所大学设定的进度安排与大多数教职工的都不一样，后者只希望不被干涉，可以自主地做已经在做的一切。尽管如此，当初那令人陶醉的气氛仍有残留。在就职典礼6周之后的1930年1月8日，在董事会为教职工安排的年度晚宴上，哈钦斯曾说过："你们所有的人都是如此的深思熟虑，如此的考虑周全，如此宽宏大量，以至我有时很难把你们当作是一个大学群体。你们在我所认识的人当中是最友善、最优秀的。"[26]

他再也不会那样说了，但是最初的争议在接下来的几个学期里变得更剧烈，因为阿德勒想要让比他年龄大两倍的人，将思想转变成一种全新的思维方式；这种不圆滑的举措一方面并没有阻碍本科生院新计划的启动，另一方面也没有断送新的学部结构或许会允许研究生学习在未来潜在的发展。哈钦斯刚开始仔细考虑在教育改革方面，他究竟想要走怎样一条道路。他在实施方面所作的努力仍然是实验性的，严格局限在少量选修他和阿德勒共同执教的课程的学生身上。按照他的个性，他最初与教职工发生的冲突——宽泛地说是在任命权上，具体而言是在阿德勒的课程改革计划上——只会让他变得更加顽固。他刚开始为根本性的教育改革奋斗，改革的轮廓在抽象层面来看虽然是清晰的，但细节方面却永远处于模糊不清的状态之中。因此，正如接下来的几年所证明的那样，哈钦斯的大学注定会比其他高等院校具有更多的学术严肃性，也会比那些院校更多几分喧嚣。

第三章　大萧条时期的黑白照
(1931—1936)

哈钦斯刚担任校长没几年，困难时期就开始肆虐了。尽管赫 41
伯特·胡佛（Herbert Hoover）宣称复苏“就在转角处等着”，但它硬是不肯按美国商业领袖预期的那样自然而然地降临。没有人知道该采取什么样的应对措施。1932 年，富兰克林·D. 罗福斯凭借“我们唯一害怕的是害怕本身”这句符咒般的口号，成功地继胡佛之后当选为美国总统。他在 1933 年 3 月就职后，主要效仿的是民主党在一战期间最后一次执政时，那种杂乱无章的做法。与此同时，德国正处在阿道夫·希特勒的邪恶统治之下，他比罗斯福极端得多——为了废除 1919 年签下的和约，恢复德国的大国地位，他已重新开始采取战时措施，要将德国的人力和物资都动员起来。

在一段时间内，对芝加哥大学的师生而言，欧洲发生的事件虽然很有意思，却只是一些遥远的景观。美国国内发生的事件让所有人无暇旁顾，因为大萧条在芝加哥造成了大量的失业，也让芝加哥大学的收入急剧萎缩。在 1929—1930 学年期间，芝加哥大学从各种渠道获得的赞助总计 1450 万美元，而在 1933—1934 学年降到了 200 万美元。来自捐赠和学费的收入也同步缩减；有鉴于此，哈钦斯在 1933 年估计“平均工资和奖金要降低 33.3%，才能达到预算平衡。”[1] 他真的给自己和其他管理人员降了工资，却劝说董事会，与其减少教授的薪水，不如赤字运行，并在必要
42 时动用学校的捐赠。哈钦斯以这种曲线救国的方式，的确兑现了他在就职演说时的部分承诺，因为随着物价的下降，芝加哥大学终身教授们在生活水平方面有所改善。当经济危机威胁到几乎所有人时，那些由芝加哥大学发放工资而享受特殊待遇的教授，是有理由感恩戴德的。

但是为了维持教职员工的工资水平，哈钦斯也付出了代价。因为在其他地方几乎没有工作机会的时候，芝加哥大学稳定的工资水平，大有让所有的事和所有的人都保持原地踏步的危险，因而给哈钦斯的改革计划造成了巨大的障碍。人事变动主要依赖于退休人员的人数。每当有人退休，都会让不堪重负的预算得到一点缓解，不过前提是没有聘用新的职员。实际上，还是聘任了一些新人，因为不可能将芝加哥大学的管理，完全建立在退休这种随机事件的基础之上。但在多数情况下，退休带来了持续的削减。

在这样的环境下，研究生院各系和专业学院的情况都很糟。研究经费缩水。要花钱的项目都很难维持，要启动新的项目就倍加困难了。多亏出现了一些非同寻常的情况，开拓精神才得以在某些系幸存。比如说，学校的天文学家们有幸与得克萨斯大学建立了联系，后者在耶基斯天文台（Yerkes Observatory）的设施由于过于陈旧而几乎派不上用场时，获得了大笔赞助，用于建造一个新的天文台。但是得克萨斯大学在获得这笔意外的捐赠时，没有天文学家。

在这种异常情况下，天文系系主任奥托·斯特鲁维（Otto Struve）看出这是一个好机会，可以让芝加哥大学的天文学家帮助得克萨斯大学摆脱困境，同时得以使用这些急需的新设施。斯特鲁维的想法立即得到了哈钦斯校长的热情支持。他给得克萨斯大学的校长挂了电话，两人同意开展合作。随后，斯特鲁维和得克萨斯大学谈判，签下了一份详细的合同，这实际上让得克萨斯大学不用支付任何报酬，就获得了一个一流的天文系，而芝加哥大学的天文学家则掌控了由得克萨斯大学出资建造的这个崭新的、设施先进的天文台。麦克唐纳天文台（McDonald Observatory）的建造始于 1932 年，历时 7 年；在整个建造期间，席卷全球的大萧条致使其他地区几乎完全陷入瘫痪状态，而芝加哥大学的天文系却获得了致力于最前沿技术设计的特权，并保持了其他系难以匹敌的上升势头。[2]

43 像阿瑟·康普顿这样一些著名的物理学家，继续获得了足够的资金，可以派遣科考队去偏远的地区收集宇宙射线方面的数据，有时也会将热气球送入平流层，以收集数据。但是像塞缪尔·阿利森（Samuel Allison）这样的普通教授，就只能用一间重新装修过的教室作为他的核实验室，并在几个研究生的协助下自行搭建复杂的实验装置。化学、生物和其他自然科学领域的研究，仅限于教授和学生力所能及的范围——他们也会得到人数很有限的（尽管很熟练的）技师的技术援助。

在大萧条岁月的早期，芝加哥大学在自然科学领域的水平或多或少得到了维持。其他院校也遭受了同样的财政紧缩；芝加哥大学从哈珀时代继承来的遗产，确保了它在研究型大学里排名很靠前。1933 年出版了一本广受重视的参考书——《科学美国人》(*American Men of Science*)；该书表明，在新近被列入各自领域杰出科学家之列的人数方面，芝加哥大学排在哈佛和哥伦比亚大学之后；而 1938 年版的这本书，已将芝加哥大学升至仅次于哈佛大学的第二名。[3] 这想必反映出了当时熟谙内情者的观点，似乎也是大萧条那几年，芝加哥大学研究生院各系在自然科学领域，可获得的最好运行状况的标志。

没有类似的排名，可用于评估人文与社会科学以及专业学院中所发生的一切。研究生院各系维持了很高的声誉，这可以从美国教育委员会在 1934 年所进行的一次评级中得到证明——在进行评级的 26 个领域中，芝加哥大学有 21 个被评为“优秀”。但是这样的评价往往落后于现实，因为这必定要靠特定系科在专家心目中留下的印象，而这种印象往往是在多年前就已形成。虽然如此，仔细看一下芝加哥大学在 1929 年到 1936 年期间所发生的一切，还是可以揭示出一些闪光点。比如，社会服务管理学院兴旺发达了。突然之间，随着公众和私人救助计划的大量增加，社会服务管理方面的工作机会激增；学生数量的相应增加，也让该学院成了芝加哥大学最大的专业学院。因此，该学院的创始人和精神领袖索弗尼斯巴·布雷肯里奇（Sophonisba Breckinridge），在 1933 年退休后，其活动并没有减少。相反，她的朋友兼接班人格雷丝·阿博特（Grace Abbott），对该学院在塑造一门正在出现的职业方面所起的作用进行了拓展，将公共救济管理从屈尊的、贵妇式的和业余的慈善基调中解放了出来——它从诞生之日起就一直被包围在这种基调之中。

但是社会服务管理学院的情况跟天文系一样是特例。在人文科学的其他领域处处弥漫着贫困与局促，像哲学方面的乔治·米
德（1931 年）、英国文学方面的约翰·曼利（1932 年）、历史方 44
面的詹姆斯·W. 汤普森（James W. Thompson，1932 年）、埃及学方面的查尔斯·布雷斯特德（1933 年）、神学方面的谢勒·马修斯（Shailer Mathews，1933 年），语言学方面的卡尔·巴克（Carl Buck，1933 年）和社会学方面的罗伯特·帕克（1934 年）等学

者的先后退休，加在一起致使芝加哥大学的学术水平显著下降，因为能替代他们的人寥寥无几。[4] 即使一个新的聘任被证明是可能的——就像约翰 · A. 威尔逊（John A. Wilson）接替布雷斯特德——那也是以一个年轻的、未经证明的学者，来代替一个拥有国际声誉的人物；事实上，布雷斯特德的东方研究院不得不大规模地缩减它的业务规模，放弃所有新的考古挖掘，转而集中精力出版已经在埃及、伊朗和巴勒斯坦完成的研究成果。与此类似，在威廉 · 克雷吉爵士（Sir William Craigie）在 1933 年返回苏格兰（他在那里启动了编撰苏格兰词典的工作）后，他发起的按历史规则编撰美式英语词典的工作，就转交给了一个默默无闻的，名叫米特福德 · 马修斯（Mitford Mathews）的年轻助手，虽然马修斯相当有能耐，但这项工作的进度还是慢了下来。

1927 年在身负众望的情况下创立的医学院，如今却成了个大难题。以前，医学院教授的工资定得比其他学院都高，而大萧条到来之后，哈钦斯觉得不得不对此进行削减。但是，这又会让开出的工资低于医生开设私人诊所的收入。其他的医学院，包括城西长期附属芝加哥大学的拉什医学院，让执业医生担任教职，所获得的除了金钱之外，更多的是名望；但是对于位于芝加哥大学南部的医学院，其创立的原则和存在的理由之一，就是将私人出诊与医学教学和研究分离。在这种情况下，一些医生继续留在学校，但是许多人选择了离开，因为他们留校的工资明显赶不上他们开设私人诊所的收入。

因此，医学系成了一个与芝加哥大学其他院系相去甚远的独立世界。每年要聘任高达 6 个新职员，以填补离职者留下的空缺，因为几个附属医院需要足够多的医生。在这种情况下，很难再坚持让教学与科研相结合的最初理想，因为每年新招的助理教授，在诊治病人、教几个班的课和私自出诊之外，很少有人愿意承担更多的任务。从预算的角度看，附属医院和医学院花掉了这所大学太多的经费，因为病人的治疗费和学生的学费一直无法完全抵住开销，而争取到的研究经费对医院的日常开支也没多大帮助。

毋庸置疑，地处中途公园的芝大确实在开展一些重要的医学 45
研究。比如，查尔斯·哈金斯（Charles Huggins），这个日后因为癌症研究工作而获得诺贝尔奖的人，从医学院创立的那天开始，就选择继续留在这所大学工作。但是像哈金斯医生这样专心研究的人很少，绝大多数的医生进进出出，无论是做教师还是当研究人员，都没有取得突出的成绩。这种状况着实令人失望，可是就因为在医院里诊治病人，本身已成为一项芝大无法放弃的事业——医院的收入还有赖于住院费，这种状况还没有改善的希望。

在马修斯院长退休前后，神学院在新教的圈子里保持了一种特殊的学术卓越性，因为它完全拥护一种每个教派和宗派都支持的关于基督教过去的历史观，强调他们公共的东西，而不是让他们产生分歧的东西。从这种普世基督教大联合里，许多人找到了消除宗派门户之见的途径。但是需要为此付出代价，因为神学院的历史观否定了教义的不变性。实际上，正因为神学院的教授将教义看作是人的发明，他们可能（也的确）会为长久以来把新教分成敌对教派的所有争端感到痛心。但是，探索神学方面的变化与社会方面的变化如何携手共进，这种关于基督教过去的观点会让真正的信徒深恶痛绝。这又让神学院与这个国家感情充沛的大多数新教团体隔离开来；而罗马天主教体系意在维护梵蒂冈会议（Vatican Council）1870年颁布的法令，因而宣扬的是永恒不变的基督教真理，并且非常憎恨神学院位于斯威夫特馆（Swift Hall）的新家所飘出的历史福音。

尽管任何为缺乏证据的思想而苦恼的人，都必须承认自从基督教创立以来，其教义在这么多个世纪里，的确发生了变化，但是就凭这一点，还不足以让这种历史观在神学院中广为流传，因为在已确立的社会标杆似乎都已发生漂移的年代，人们需要神学院所具有的道德权威，为实际行动提供指南。如果社会和神学的教义一样，都容易处于不断的变动之中，那么出现问题时，困惑的人们该怎么办呢？该去哪里寻求拯救之道呢？神学院的基督教教义并没有给出确切的答案。将和平主义的仁慈，与一个还处在发展过程中的相当含糊的信仰拴在一起，还是不够的。

社会学家和其他社会科学家面临着同样的困境。他们的工作是描述性的，分析性的，而不是历史性的；但是城市行为方面的事实——像社会学家调查的那种，以及经济行为方面的规律
性——甚至是经济学家用数学方法分析得出来的，都不能告诉人 46
们如何回答大萧条初期唯一要紧的问题，归根结蒂也就是列宁提出的那个著名问题：怎么办？

每个人脑海深处都隐藏着对农场旧式生活的回忆：在那里，人的所有需求都可以照例通过自家和邻居们的劳动得到满足；在商业萧条时期，自给自足的农场生产方式能够让农场中的每一个人，都支撑到市场经济恢复的那一天。那种伊甸园在第一次世界大战期间或者更早的时候，就已经从美国消失。芝加哥大学的专家们知道它已经消失无踪，但是仍然坚持从昔日田园生活中继承道德取向和期望。这种心态是产生犹豫不决、困惑和不幸的根源。它意味着芝加哥大学的社会科学家——以及与他们一样具有美国乡村和小城镇新教徒背景的广大教职工——前所未有地对自己毫无把握。由此产生的不确定性，反过来又在学生中为各种激进的新教义开拓出了一片天地，不管是托马斯主义还是马克思主义都不乏追随者。

在人文科学学部也潜藏着另外一种士气低落。语言学方面的学术研究——钻研古老的手稿，校勘文本，确定其编年与其

他事实的细节——会让人乐在其中，但是当这些技巧被应用于没有人觉得真正重要的文字和思想上时，这样的工作就近乎鸡毛蒜皮了。但是这就是正在出现的状况。在哈珀主政的年代，圣经考证学一直是语言学研究的活力源泉；这种状况一直持续到了20世纪30年代，但是一直没有出现真正重大的新解释，值得探讨的细节也变得越来越深奥，只有专家才会对它们感兴趣。单纯的世俗研究也开始受到了琐碎化的困扰。在20世纪第一个十年里，约翰·曼利将语言学技巧应用于乔叟（Geoffrey Chaucer）的手稿，这看上去似乎是可与圣经研究相媲美的有益尝试；但是当他在1932年退休时，乔叟的文本已经校订好，最多还有些小瑕疵，那么接下来做什么呢？将同样的方法用于愈来愈次要的作家身上，用于变化越来越少的文本上，因为它们都产自印刷术的时代，这样的工作是很难激动人心的。为什么要将毕生的精力花在奥利弗·哥尔斯密（Oliver Goldsmith）这样一些18世纪作家早期版本的印刷错误上呢？何苦来哉？

因此，总体上似乎可以公平地说，在大萧条早期，人文科学和社会科学的研究生学部已经开始走下坡路了，这部分是由于教师的退休造成的实力下降，部分是由于他们对所从事的学术事业失去了信心。对专业学院的运行状况进行整体评估，看来是不太可能的；但是，社会服务管理学院的繁荣一直是个特例——别的不说，光是预算的紧缩和学生人数的减少，就已对其他学院和各

个研究生学部，造成了随处可见的严重掣肘。艰难岁月在芝加哥 47
大学这些并非浪得虚名的部门，引发了自卫式的反应。教授们试图把握住已经到手的一切，捍卫过去的行事方式，并企盼未来的状况会有所改善。在 1932 年这个选举年，一次民意测验显示，这所大学的教职工一面倒地支持胡佛；这是不足为奇的，因为他刚好也是这样一个人——想把握住已经到手的一切，捍卫过去的行事方式，并企盼未来的状况会有所改善。[5]

芝加哥大学的本科生院则是另一番光景。就在大萧条走向最低谷的时候，该学院（在很大程度上是偶然地）实施了新计划，开始了改革。从 1931 年 10 月开始，校方对学生生活的管理以及本科生院低年级的课程都进行了彻底的更新。不久之后，这个本科生院总体上将呈现出引人注目的蓬勃发展。但是，正如我们已看到的那样，哈钦斯对教职工委员会在如此匆忙中开出的概论课并不满意，他希望对课程作进一步的改革，而且不是仅限于本科生院的低年级，而是在整个大学全面铺开。当然，与此同时，他还得全力对付这所大学的财政预算问题，并执行一项令人难过的任务——在任何可能的地方，进行迫人的削减。

1933 年 5 月，哈钦斯迫不及待地抓住一个对解决他的困境来说，貌似有建设性的方案。这项计划符合美国企业管理的宏大传统——正如约翰 · D. 洛克菲勒和威廉 · 雷尼 · 哈珀两人所示范的那样，因为哈钦斯设想的方案是合并西北大学和芝加哥大学——后来又将刘易斯学院（Lewis Institute）也加了进来——这样一来，整个芝加哥市的高等教育就可以在很大程度上得到理顺。通过消除大学间的重叠部分，这所新建的超级大学可以节省成本，同时可以通过结构调整本身，为哈钦斯非常渴望实行的那种激进的课程实验开辟道路。

在最后的计划中，哈钦斯的方案可取之处甚多，要是换个时期，换种舆论环境，他也许可以成功地克服体制上的既得利益。据说，他向西北大学的校长沃尔特·迪尔·斯科特（Walter Dill Scott）透漏合并的想法，是在去斯普林菲尔德（Springfield）的返回途中，他们此行的目的是，就即将立法反对私立大学中的共产主义一事，向伊利诺伊州议会作证。这个想法对斯科特很有吸引力，因为他也面临着严重的财政预算问题；于是，从 1933 年 5 月到 12 月，双方紧锣密鼓地进行了合并谈判。这项计划很简单。1933 年的 12 月 12 日，哈钦斯在芝加哥大学曼德尔大礼堂（Mandel Hall）的一次学生集会上，首次公布了整个方案；他当时是这样解释的："让埃文斯顿校区侧重本科教育，南部地区侧重研究和研究生教育，而市中心校区侧重职业教育和社会服务，
48 这样我们就有可能在这三个方面建成世界最有实力的中心。"[6] 哈钦斯还设想要在北部、西部和南部建成初级学院（也许可以与芝加哥市教育委员会合作，用现有的高中教学楼办夜校）。他甚至希望设立 3 个平行的技术学院，每一个对应一所初级学院，并开

始和刘易斯学院（它后来并入了伊利诺伊理工学院）进行商谈，以期在规划的合并中，增加技术培训方面的专业水平。

他心目中构想的是一种私立的、涵盖全市的高等教育方案，始于高中二年级（他由衷地感觉到，通识教育就应该从这个时候开始），一直延伸到博士后阶段。这样一所大学也许的确可以将整座城市包含在内，为它提供一种同时具有卓越性和多样性的模式。这个愿景可以比肩代表芝加哥昔日辉煌的一些宏伟计划——比如逆转芝加哥河的流向，建造公园体系，建起世界首批摩天大楼。但是，市领导对此并没有作出热烈的回应。西北大学的董事会反而退缩了，他们更愿意接受私立高等教育偶发的拆分，而不是哈钦斯为芝加哥大都市规划的那种宏大架构。

因合并造成的避税可能性，在很大程度上将水搅浑了，并引起政府当局高度的怀疑。这件事的起因是西北大学的特许状里写明，它有权免税，就算是将资金投资到固定资产方面也可免，而芝加哥大学在投资任何产生利润的财产时，都要向地方政府交固定资产税。既出于谨慎，也出于遵纪守法，哈钦斯说服自己提议，就算在合并成法律上所谓的“建立在西北大学和芝加哥大学基础上的芝加哥大学”之后，这所大学还是会继续为其目前拥有的固定资产交税。但是计划的这桩合并案是在西北大学的特许状下进行的，这样一来，通过逐渐变卖芝加哥大学收益较小的那部分资产，这所新院校就可以获得西北大学已享受到的税收优惠。

在公众场合，哈钦斯否认这个计划是一种堂而皇之的避税措施，但是在这计划被公开的时候，事实就是如此，芝加哥大学的发言人一直持赞成态度，而西北大学的校园里则传出了痛苦的呼声——那儿大多数的教职工和大多数的董事会成员，都选择将这个计划解释成要对西北大学进行“斩首”，让它变回一所本科院校。从芝加哥大学的角度来看，通过合并最终可能获得免税
49 这种财政好处，在私底下无疑作过算计。这就使得这项计划对芝加哥大学的吸引力会比对西北大学要大得多，也注定了政府官员会反对。

法律纠纷相当多。1933 年 11 月 23 日，市区一个律师突破重重障碍，为这桩合并案起草了一份协议。但是在这项计划被提交给两所大学的董事会正式审批前，专家们决定要让伊利诺伊州法庭对这项计划的合法性作出裁决。这要求将一切公之于众，于是在 12 月中旬公布了计划。埃文斯顿那边马上出现了强烈的反对声，不久之后就可以很清楚地看到，西北大学似乎只有斯科特校长一个人看好这个主意。因此，在 1934 年 3 月 12 日，两所大学的谈判完全破裂。于是，哈钦斯想创建一个多校区大学系统的宏伟计划就化成了泡影，虽然它领先于二战后在加州出现的那种遍布全州的架构。遭遇这样的惨败并不令人感到意外。正如哈钦斯在 12 月份首次公布他的计划时，对芝加哥大学的学生所说的那样：“整个提议可能被证明是不切实际的、决策失误的和不可

能实现的。如果真的如此，我自然会流泪，因为这个设想非常伟大，与你们母校的优良传统和光荣历史高度契合。”

实际上，哈珀在他主政的时候，就计划建立初级学院，作为他新建的研究型大学的附属机构和生源输送单位；这种对已确立的课程实践的大胆背离，哈珀曾在研究生层面上实施过，而哈钦斯希望能在一所经过修正、精简和变革的院校里重新开展起来。与西北大学的合并，本来可以让他将中途公园的教育机构塑造成他更喜欢的类型，因为接下来发生的总体变化应该会削弱整个董事会的既得利益，动摇他们的固有习惯。但是这种情况并没有出现，随着这个计划的失败，哈钦斯接二连三的胜利和他表面的成功都宣告结束。他没有放弃改造芝加哥大学的希望；但是只有借助第二次世界大战所造成的混乱，他才获得一次新的机会，让他可以再次向前推进，但是仅限于本科生院的层面，而且还为此付出了惨重的代价——激起了不依不饶的强烈敌意。

因为和西北大学谈判失败，哈钦斯在处理与本科生院的关系时，处在一个尴尬的位置上。他不赞成新的课程计划，但是结果证明，那些上过新的概论课和参加过新的综合考试的人，都认为它取得了巨大的成功。他在公共场合要尽心尽职地赞扬他私底下
感到痛惜的事物。他在写于 1935 年 2 月的一份《校友报告》中 50
说：“在我看来，它每天都展现出自己的智慧，因为它每天都在取得更大的成功。”但是新计划实际取得的成功，恰恰增大了沿

着哈钦斯和阿德勒提倡的道路对本科生院作进一步改革的阻力。对于一位校长来说，让自己的名字和一项本人仅负很小责任也很少同情的创新成果紧密联系在一起，真是一件令人泄气的事。

本科生院的成功具有双重意义。在预算方面，本科生院学生人数的稳定程度在整个芝加哥大学都是最好的，因而其学费（一直保持每个季度 100 美元）所带来的收入，几乎可以和最繁荣的 20 世纪 20 年代相媲美了。[7]

除了这个小奇迹之外，新概论课的花费也低于被它们取代的五花八门的大杂烩式系级课程。这是因为大班上课和每周一次的讨论课（按每班 30 个学生的标准），确定的师生比要比过去通常的高——此前开出的大量课程中，有一些只有很少的学生选修，却不能轻易取消，因为那样可能影响学生在攻读学位时要满足的系级要求。正如副校长埃默里 · T. 菲尔比（Emery T. Filbey）在 1932 年 2 月 29 日写给审计长的信中所说："由课程重组节省的开销在一定程度上弥补了收入的减少。"[8]

事实上，财务上的好处是其他高校对效仿芝加哥大学的改革感兴趣的最主要原因。一套课程计划不仅成本更低，而且还可以在知识体系上站得住脚，这对其他学校那些受到巨大压力的管理者而言，是具有难以抗拒的吸引力的。因此，芝加哥大学的概论课，特别是人文科学方面的概论课，产生了广泛的影响。事实上，西方文明史方面的入门级课程所提供的基本原型，成了无数院校和初级学院核心课程的重要组成部分，这种状况从 20 世纪 30 年代中叶开始，一直持续到了 20 世纪 60 年代中叶。

但是芝加哥大学本科生院在20世纪30年代初所取得的成功，不仅仅体现在金钱上。新的概论课，以及新的考试体系和不硬性要求出席的自由，很快就将数量空前的高水平本科生吸引到了中途公园。他们给本科生院带来的学术强度，不仅使之成了全美独一无二的学院，而且很快就在包括研究生院某些系在内的一些地方，开始大放异彩。

就因为哈钦斯和阿德勒两人对本科生院的期望，与它实际的
状况之间存在差距，哈钦斯主政的芝加哥大学成了哲学辩论与课
程计划争议的舞台，这让他心烦意乱。辩论并没有产生清晰、合 51
乎逻辑而又必要的真理，不能在道德方面直接用来革除美国社会
存在的种种弊端——尽管这是哈钦斯渴望获得的。相反，他设计
的那种通识教育，遭到芝加哥大学大多数教授的强烈反对；虽然
他仍然受到大多数本科生的崇敬，在教职工中也培养了一小批追
随者，拥护他对这所大学作进一步改革的宏伟计划（只是从来没
有就此达成过共识）。不同的改革派别极力宣扬各自的主张，这
反而更增加了旧体制维护者的反对。在这种情况下，争论有时会
令人怒火中烧。但是总的来说，大部分人在回想那段日子或者记
录自己对 20 世纪 30 年代初芝加哥大学的印象时，都觉得那是一
个黄金时代；它确实混乱不堪而且充满争斗，但是对于那些在就

教育和知识问题展开激烈辩论的过程中形成思想的人而言，它又是令人极度振奋的——黄金时代往往如此。

没有哪个人能在芝加哥大学呆很长的时间，而不在科学和社会的根本问题上选定自己的立场。毫无疑问，本科生的观点容易偏激，这是与他们阅历的浅薄程度相称的。但不管是否浅薄，每个人的见解还是不断地受到对立学说的挑战。真正充满探索精神的年轻思想，必需全力对付一些认识论和形而上学的问题，而在其他地方，却一如既往地被深埋在课堂教学活动和常规的假设之下。总之，这是一个年轻人的乐园。

芝加哥大学本科生院的独特性，可以用新生出色的入学成绩来衡量。比如说，在 1933 年，当新计划的大众关注度开始影响招生后，每 14 个新生中就有 1 个是高中毕业典礼的致辞代表(valedictorian)，每 8 个中就有 1 个当过高中校报的编辑，每 4 个中就有 1 个进过高中运动队。或许，一个更加有意义的数字是，芝加哥大学 47.3% 的新生，在高中毕业时成绩占班里的前 10%。确实，芝加哥大学本科生源的质量升得太高了，以致哈钦斯在 1935 年 4 月写给董事会的一份机密报告中都抱怨说："我们的学生这么优秀，获得本科生院文凭要完成的学业质量要求这么高，我很怀疑现在安排的这套方案能否产生深远的影响……我们的标准定得太高了，因此在将我们的计划推荐给大多数其他院校的时候，我们一开始就把自己打败了。"[9]

如果回想一下，在1931年以前，研究生院的教职工还曾满 52
腹牢骚地抱怨说，本科生在智识方面配不上这所学校；那么芝加哥大学本科生院在招生形势上发生的惊人变化就更明显了。这几乎完全是自发的。诚然，鲍彻院长和包括哈钦斯在内的其他官方发言人，投入了相当多的精力去宣扬这个新计划。但是，在招生方面，有组织的工作几乎完全集中在运动员的招收上。学术上雄心勃勃、智力上活力充沛、学习上积极主动的学生蜂拥而至，完全是出于他们自主选择的结果。在芝加哥大学，可以不去上课，可以按自己的（也许是加速的）节奏获得学士学位，可以尽情享受该校引以为豪的学术资源，所有这些诱人的前景，都对聪慧的高中毕业生产生了强大的吸引力。将本科生当作成人来对待，这种大胆举措在许多人看来非常冒险，但是却实实在在地为芝加哥大学招到了一批好学生，他们真的有能力处理好新计划赋予他们的自由和责任。

这种令人开心的结果也有负面影响——那些不会自我约束的学生，因为不知如何有效地利用时间去准备考试，很快就被淘汰了。在实施新计划后招收的首批新生中，差不多有一半人在攻读学位的道路上，落在了正常进度之后，有些是因为经济原因，有些是因为学习原因。到1935年7月时，只有52.2%的学生顺利毕业了，但是在正常时间内获得了学士学位的那些人里面，有不少于29%的人将毕业提早了一个季度或更多的时间。此外，按时或者在四年学制未满之前毕业的 363 个学生中，选择继续深造的超过 330 人。[10]

对 1932 级学生所作的统计表明，本科生院州外新生的比例在逐年增加，但还是有 62.7% 的学生住在家里，走读上学。将近三分之二的新生希望从事专业性的工作，只有 8% 的新生想去企业界或商业界。他们大都出身于地位较低的家庭。一份关于父母受教育程度的问卷调查表明，他们的父母中有 40% 的人高中没毕业，父母中一方上过大学的有 28.4%，父母双方都受过某种形式的高等教育的仅占 8.9%。黑人和东方人加在一起不到 2%；而 26% 的人承认是犹太人，72.3% 的人是非犹太人，其余 1.8% 的人没有表明自己的宗教身份。[11] 在下一个学年，当入学的学生更加充分地反映出了新计划的影响时，犹太学生的比例上升到了 29%。[12] 我没有找到有关芝加哥大学后来学生的宗教背景的统计
53 数据，但是在我印象中，整个 20 世纪 30 年代，校园里犹太学生的比例一直维持在这个水平上下。

这个社会学事实，确实让芝加哥大学的本科生院在美国显得独一无二。其他地方都没有聚集这么多的犹太人，并让他们和占绝大多数的新教徒大学生混杂在一起。理由很简单。其他的私立大学对犹太人的歧视，不只是体现在设定名额限制，更主要的是只录取那些家境富足、举止合乎中上社会阶层规范的孩子。[13] 像芝加哥大学一样，纽约市立学院也对犹太人敞开了大门，即使他

们不具备其他著名学院要求的富裕和优雅；但是纽约市立学院的学生都住在家里，这意味着芝加哥大学那种混杂，并没有真正地出现在曼哈顿。此外，对于那些父母在 20 世纪初进入美国的犹太人，他们在达到上大学的年龄后，大批涌入了纽约市立学院，都能在校园建立一个几乎独立的犹太社区。只有在芝加哥大学，那些有意进取的纽约犹太人才有可能找到捷径，进入某种接近美国主流的社会。数以百计的犹太人为自己争取到了这一机会，他们的出现使芝加哥大学的学生群体明显地不同于其他大学。

哈钦斯信奉的是任人唯贤，对犹太人不抱偏见。许多教职工和院长对此表示赞同，尽管不是所有人都如此。这种事从来没有在公共场合讨论过，也没有在私下里多加考虑。似乎可以很保险地说，犹太人在 20 世纪 30 年代初涌入芝加哥大学，与其说是由于政策或者原则的作用，不如说是这所大学的财政需要。在收入不断下降的时期，学生学费是非常重要的；正如我们已看到的那样，本科生院的缩减程度不如研究生院和专业学院那么严重——芝加哥大学要是也采用哥伦比亚大学或者其他东部院校那种入学政策，是不可能取得这样的成绩的。[14]

但是不管芝加哥大学敞开校门背后的动机有多复杂，实际的情况就是，从 20 世纪 30 年代初开始，在中途公园形成了一个锐意上进、头脑灵活的学生群体，其中接近三分之一的人来自犹太家庭。对于大多数犹太人而言，他们来芝加哥大学，就是为了逃离因为社会宗教背景而受到的限制。他们的目标是找到一份专业性的工作；而在学校里表现良好就是通往成功之路。占多数的非犹太人刚好也瞄准了同样的目标，跟犹太学生一样，他们往往会为自己选定一个新的身份，放弃或者至少改变父母信仰的宗教或宗教派别。芝加哥大学成了一个可以提升社会层次的地方，在这里不仅旧思想、旧习惯和旧偏见都被抛在了身后，而且还可以
54 依靠通过理性检验、以科学形式体现出来的世俗真理，来解放思想，同时训练一批自己挑选的学生，让他们为成功的职业生涯做好准备。

其他院校都没能重复芝加哥大学这种社会学混杂。常春藤盟校花了很大的力气去吸引上流社会的子女，他们为本科生活营造了一种相对宽松、文雅的氛围。芝加哥大学的某些管理人员本想达到同样的目的，但是受大萧条限制，这个实行新计划的本科生院反而吸引了大量来自中下阶层家庭的有学习天赋的学生，以至于正是这些人为中途公园的本科生活设定了步调、确定了内涵。

因为大家都很重视教育，所以生活的节奏是紧张的。尽管资金短缺，却一个个雄心勃勃。在学校里力争上游已经蔚然成风；而芝加哥大学希望学生们自主学习，并以自己选择的任何方式准备不掺杂个人因素的客观考试，这种令人陶醉的感觉又让课堂教学别有韵味。无论是老师还是学生，都可以将精力集中在感兴趣的科目上，而不必为别的事情劳神。巴结老师是毫无意义的，因

为考试安排和批改都是匿名的，而考分完全取决于考试情况。因为本科生院许多老师自己也是从卑微的环境中奋斗出来的，他们和学生们有很多共同语言，同样重要的是他们相信理性，知道它在作为生活向导方面，要优于继承来的宗教信仰。这的确是本科生院概论课的主旋律，虽然含而不露，却仍然能产生强烈的共鸣。

人文科学概论就特别明显地证明了这一点，它实际上是挑动苏格拉底与圣保罗（和摩西）争斗。因为几乎所有的学生都是安息日和主日学校的常客，对他们而言效果是很显著的。这门课是费迪南德·谢维尔创设的，他是一个在德国受教育、具有辛辛那提风格的人。他是芝加哥大学最早那批教师中的一个——早在1892年就凭新近获得的德国弗莱堡大学历史学博士学位，当上了教员。他在校园反德情绪日益高涨的1917年辞职，但一直住在附近；1930年，新成立的人文学部在找不到人愿意接手新概论课时，将他请了回来。

不出所料，谢维尔从历史的角度构建了这个课程，他以古希腊为起点，经过中世纪到现代，讲述了西方文明的故事。但是这是一门别具一格的历史课，涵盖了艺术、文学和（很有限的一部分）音乐，时不时会去与所讲主题相关的系邀请一些专家来授 55
课，但是主要还是安排大量的阅读（和观赏）。这为每周一次的讨论课提供了主题材料，讨论课交给从人文学部不同系里招来的研究生负责。谢维尔是主持人。他不仅负责大部分的讲课任务，还主持每周一次的工作会议，在会上和年轻的教员辩论如何才能最好地安排每周的工作。

如果一位研究生正忙于写作一篇关于 19 世纪德国政治或英国浪漫主义诗歌的毕业论文，再让他基于柏拉图的《申辩篇》、安瑟伦（Anselm）的《天主为何成为人》（*Cur Deus Homo*）或福楼拜的《包法利夫人》开展讨论，那他就要痛苦挣扎了。有一次，指导我的讨论教师花了一个小时，对着艺术学院的复制品，讲解几幅马蒂斯裸体画的意义，他肯定很难为情。但是那样一来，可以让师生几乎处于同一层面上。双方都可以从阅读、授课以及课程允许接触到的有限的艺术和音乐中学到很多东西。牵涉到的每个人，无论是老师还是学生，都致力于紧张的发现过程，这给《人文科学 I》这门课带来了非凡的活力，至少在最初的几年是如此。

我在 1933—1934 学年选修了这门课，那是我走向成熟的时期。周复一周，我不断获得新的视角。通过阅读安瑟伦的作品，我学到了基督教关于罪恶、恩典和救赎的教义——这是我的主日学校小心回避的一个主题。通过阅读福楼拜的作品，我遇到了一种不同类型的罪恶——这是我高中课堂上被小心回避的一个主题。马蒂斯的画让我深受震撼——人形的扭曲也许比赤裸的肌肤更令人震撼，不过二者都令人困惑，令人反感，又令人感到新鲜。一幅绚丽的往日全景图在我眼前展开，就像哥伦布纪念博览会上，被探照灯照亮的白城展现在数百万参观者面前一样，令人目眩神迷。学过或教过这门课的人都永远地发生了变化。世界呈现出了新的面貌，占主导地位的观念是，人类通过克服非理性的冲动和制度化的愚昧，在几个世纪里已经积累了惊人的知识和技能。谢维尔和他的同事必须提供的是自由化的个人主义信条，吸引我们去追求理性的真理，而不是盲从（宗教的或其他的）法定权威。教育意味着把旧偏见抛在身后，从而获得成为美国文明社会正式成员的资格，在这个社会里，工作只会也只应该提供给有才干的人。

其他的概论课也反映出了同样的信息，虽然没有表现得这么
明确。例如，在社会学的概论课上，哈里·吉第昂斯积极地捍卫
自由市场的合理性，并且讽刺他所谓的“症状思维”（symptom
thinking），不管这种东西是出现在《芝加哥论坛报》的头版（他 56
总会将它们标出来，并每天张贴在他办公室门外），还是出现在
为支持关税、社会主义和市场中其他形式的政府干预而进行的辩
论中。路易斯·沃思以一种远没有这么哗众取宠的方式讲授他的
价值中立社会学，而杰罗姆·克尔温的政治学就更没有给听众留
下什么难忘的印象了。社会学概论课指定的一些阅读材料产生
了巨大的影响。我印象特别深刻的是约翰·杜威的《人类本性与
行为》和《共产党宣言》；但是平心而论，许多的阅读材料都是

教科书式的，而且几乎完全忽略了马克斯·韦伯（Max Weber），卡尔·曼海姆（Karl Mannheim），埃米尔·涂尔干（Emile Durkheim）和西格蒙德·弗洛伊德等欧洲理论家。这在很大程度上是由这门课程的系科结构决定的——它们代表了经济学、社会学和政治学这三个系，而年轻的教员觉得他们有义务尝试，以教科书的形式对其授课内容进行全面的概括。

同样的情况也出现在自然科学概论课中，尽管在生物学方面，一门叫《世界与人的本性》的概论课已积累了多年的教学经验，可将各系的主题内容很好地综合在一起进行介绍。相比之下，物理科学概论是由天文学、数学、化学、气象学和地质古生物学硬搅在一起形成的一门课，没有花心思将一个系科中选取的信息或理论与此前此后的授课内容联系起来。

在某种意义上，两门课程都过时了，甚至在刚开出来时就已过时了。物理科学概论探讨的是牛顿宇宙，只是稍微暗示了一下最新的实验和理论——它们已对19世纪物理学中的确定性提出了质疑。类似地，生物科学概论详细讨论了有条理的宏大的林奈式动植物分类法，却跳过了生物化学，因为它太复杂（而且和相对论一样，也是扑朔迷离的）。不过，那是当时生物科学研究中最活跃的部分，此后多年也一直如此。但是，出于对简单明了而不是当前混乱的偏爱，这些课程忠实地体现了芝加哥大学教职工的普遍态度，即在艰难时期，努力坚守理性和进步这种代代相传的信念。因此，人文学科概论课所昭示的世界观，在其他概论课中却难觅踪影。令人惊讶的是，教职工委员会临时抱佛脚创设的新概论课，实际上却展示了一种出奇和谐的世界观。这是一种理性的科学的乐观的世界观，它使得运用合适的知识和技能去采取行动的责任，很干脆地落在了每个人的肩上。

这些课程在芝加哥大学本校以外，也产生了相当大的影响。
根据生物科学和物理科学概论课中各系的授课内容，写出了好几 57
本成功的教科书；正如我之前所说的，人文科学的概论课已成为其他大学难以计数的西方文明课程的样板。人们还用当时仍然非常新的媒体——电影和广播进行了有趣的实验。特别是一家名叫ERPI 电影*的商业公司，在与这些概论课的教学人员磋商后，着手制作了 80 段时长 10 分钟的录像。按照原定的计划，芝加哥大学出版社准备针对每门课出售一个课程大纲和一套 20 段录像，学校再从售出的录像中收取版税。但是在课堂上使用录像的开创性方案一直没有实施，实际上只给物理科学和生物科学制作了几段录像，就在 20 世纪 30 年代末遇阻终止了。之所以失败，部分原因在于其他学校的老师不习惯使用录像，而且放映机和屏幕也不够用。此外，实际投入市场的录像也只提供自然科学的一些孤

---

* ERPI 是美国西方电力公司旗下的分部电器研究产品有限责任公司，曾在电影配音方面取得垄断权。——译注

立片段，而且经常还要靠廉价的业余手法来表现。不过，ERPI公司没有取得成功的根本原因，还在于其他学校不愿意批量订购芝加哥大学的课程录像，就算是借用，也坚持要根据自己的需要进行改编。因此，这些概论课的教学大纲和录像，一直没有像鲍彻院长设想的那样，成为初级学院课程计划的支柱。[15]

至于无线广播，WJJD 电台从 1932 年开始，每周有 3 天会在下午 1:30 播放人文学科概论课讲座；从 1931 年开始，芝加哥大学的一些教授每周日会在芝加哥国家广播公司（NBC）电台 WMAQ，就当前大众关注或具重要性的话题展开圆桌讨论。圆桌讨论取得了巨大的成功，并在 1932 年向全美广播，当时给该节目取的名称是还不带政治含义的“NBC 红网”。在接下来的 20 年里，这档节目成了芝加哥大学有史以来能掌控的最强大的公共关系工具。它在对全国性问题阐释观点方面发挥了积极作用，其首任主持人史密斯（T. V. Smith）因此成了国会议员，而芝加哥大学的大名和声誉也在每个周日的黄金时间传遍了全美。

起源于中途公园的其他广播节目，在这档圆桌讨论面前相形见绌，不过另外还有一些持续时间相对较短的大胆尝试。对于当时的商业电台而言，如何安排满一天的广播节目，仍然是个难题，一些无线电台节目播音员希望将这种新媒体用作大众启蒙工具。因此，在 1934 年，芝加哥大学校园里每周制作不少于 10 档广播节目，包括一些定期专栏，如对洛克菲勒小礼堂“星期天早

礼拜”的广播，以及对一些一次性事件的广播，比如 1934 年 1 58
月牛津大学和芝加哥大学的学生辩论，就同时在美国 NBC 电台和英国 BBC 电台进行了广播。

1934 年，哈钦斯提议与西北大学和罗耀拉大学（Loyola）合作，以无线广播的形式为芝加哥市制作一套综合性的教育节目，针对从学龄前儿童到退休人员的所有年龄段；[16] 但是体制上的猜忌，不仅破坏了哈钦斯想与西北大学合并的激进计划，而且也使在全市范围协同行动这种温和的计划落了空。芝加哥大学太超前了，合作方案看起来总像是要由中途公园来主导才能实行。[17]

概论课在芝加哥大学以外受到的关注，更让本科生们坚信该校本科生院处于课程改革的最前沿。这促使许多芝加哥大学的学生因此产生了自命不凡、自作聪明的心态。作为其中的一员，我可以证明，我们觉得自己懂得比父母多，也比其他学校的同龄人多，甚至比大多数的教授还多，因为他们受到了系科门户之见的局限。哈钦斯对分系科学习的批评，很容易让我们受到感染；我们却很少注意，他对我们在本科生院中接受的通识教育也持有同样坚决的保留态度，一方面是因为他将批评限定在一个有限的内部圈子里，以免影响到学校的招生，另一方面也因为我们被概论课所体现的自由与理性信念冲昏了头脑，对这种声音充耳不闻。我们宁愿相信启动了新计划的哈钦斯校长，会真心地赞同它的实际执行情况；他在公众场合对芝加哥大学及其本科生院的出色表现所作的称颂，也很容易让人作出这种解释。

但是，虽然绝大多数本科生院学生深信概论课中所隐含的学术态度，但这并不意味着本科生院教职工所传授的自由主义与理性主义世界观会畅通无阻。恰恰相反。阿德勒主张的亚里士多德式理性，继续吸引了大量的注意力。的确，在1933—1934学年期间，他对芝加哥大学践行的社会科学和自然科学中存在的逻辑缺陷进行抨击的力度，在某种程度上达到了顶峰。这表现为两种形式。最引人注目的是，1934年2月9日在曼德尔大礼堂举行的一场辩论，它发生在阿德勒和生理学家安东·J. 卡尔森（Anton J. Carlson）之间，后者以喜欢在实验室向学生提问“证据何在？”而出名。这场辩论是由学生报纸《栗色日报》主办的。《栗色日报》的一位编辑约翰·巴登 (John Barden) ——他同时也是选修哈钦斯和阿德勒“伟大的书”这门课的一个研究生——对概论课发起了气势汹汹的反对运动。巴登自命为哈钦斯思想的捍卫者，并将自己对这些概论课的批评概括为，它们只传授事实，
59 不传授思想。《栗色日报》选用了简单化的标题“事实与思想”，它摘自1934年1月哈钦斯在董事年度晚宴上对教职工发布的讲话，不过是断章取义。达到的效果就是让本科生院的教职工在进行教学实践时，与多少有些神秘（至少也是受到误解）的哈钦斯发生争斗。

瑞典口音很重的卡尔森，是迄今为止将生物科学概论课上得

最绘声绘色的教师；他对《栗色日报》上的攻击看得很重，愿意与阿德勒——他被认定为哈钦斯的代言人——进行一场公开辩论。但是卡尔森没料到《栗色日报》成功地引起了广泛的关注。事实上，这场辩论让曼德尔大礼堂人满为患，而且还有很多容纳不下的人跑到隔壁的雷诺兹俱乐部（Reynolds Club），通过仓促中安装的有线喇叭收听。卡尔森准备得不太充分，在阿德勒的攻势之下显得粗鲁而笨拙。整场辩论尖锐而肤浅，相当程度上是因为《栗色日报》炮制的辩论主题"事实与思想"过于荒唐。因此，阿德勒使对手犯糊涂的能力，也让大部分听众跟卡尔森一样困惑，虽然没有他那么愤怒。[18]

为了澄清在阿德勒与研究生院各系前辈们之间造成分歧的那些问题，在比尔兹利·拉姆尔院长主持的社会科学学部讨论会上，进行了一次更为严肃的尝试。在整个1933—1934学年期间，阿德勒每周一次，抨击社会科学学部的教授和研究生不懂亚里士多德哲学。由于彼此间充满了不理解（有时还会因此怒气冲天），在第二年拉姆尔去纽约的梅西百货公司工作后，阿德勒放弃了将前辈们从错误道路上拯救回来的努力。

在1933—1934学年的巅峰期过去之后，阿德勒将越来越多的雄心转向了校外，因为在校内，他的辩才为他结下了数不清的仇敌，却没赢得几个朋友。他逐渐从自己引发的争端中抽身而出，并将对本科生院改革计划的讨伐，以及对教职工思想的澄清，交由其他人完成。他的主要接班人是他在哥伦比亚大学的朋友理查德·麦基翁。麦基翁在1934年以历史学客座教授的身份来到芝加哥大学，然后在1935年通过高明的手腕，迅速地转为希腊语教授和人文科学学部的院长。不过，与阿德勒相比，麦基翁显得谨言慎行。因此，他对其他人的影响过了一段时间之后才显现出来，而且朝向了不同的方向，这部分将在下一章说明。

在1932—1934年这段深陷大萧条的时期，另一股思潮也开始席卷了整个校园。一些人数不多但呼声很高且干劲十足的学生团体转向了马克思主义，他们相信只有马克思主义才能给出大萧
60 条的真正解释，才能提供救治办法。因此，校园里出现了一个小型的共产主义俱乐部，1932年4月还在曼德尔大礼堂举行了一个参加人数众多的公开会议。第二年，其他一些马克思主义者建立了一个社会主义俱乐部；这两个组织彼此敌对，相互谩骂，其劲头一点也不亚于对资本主义剥削者的攻击，这种状况一直持续到1936年共产国际颁布“统一战线”方针为止。这些俱乐部的少数成员和推选的负责人正式备过案，可以在教导主任那里进行登记，因此有权在芝加哥大学的建筑里举行会议、组织演讲或者在校园内安排游行示威。不过这样的名单基本上是为了敷衍。不管是在校内还是在校外，共产党人中真正具有号召力的人更愿意处于隐蔽状态。对于共产党员而言，一种得到许可的策略是“从内部分化”，他们以散布混乱的秘密方式逼迫社会主义者——他

们是共产主义者渗透的主要目标——沿着一条与之类似的半阴谋化道路发展。献身于其中的少数人将阴谋与反阴谋的较量，演变成了一场活生生的闹剧；他们的敌对也许产生了吸引更多人关注马克思主义学说的效果。

当然，更重要的是大萧条的残酷现实，而且谁也找不出一种有效的解决办法。华盛顿实行的罗斯福新政，通过组织公众救济工作，扩大政府对大部分经济领域的管理，的确防止了饥饿问题。但是国家复苏法案并没有带来复苏，而且在 1935 年还被宣布违宪。从芝加哥和华盛顿的状况来看，民主党政府好像真的解决不了贫穷困苦随处可见的难题；而无所事事的人们却徘徊在停工的工厂门口，徒劳地寻找着工作机会——这真是个奇怪的对比。整个资本主义世界都遭遇了类似的境况，而正当大萧条跌入最低谷的时候，斯大林却在 1932 年宣布，苏俄“超额完成了”第一个五年计划；就在美国政府不得不宣布银行休假一天——暂停所有的金融业务，以免造成恐慌和全国性的银行倒闭——之前，苏俄又向世界宣布了它在第二个五年里更加雄心勃勃的工业建设计划。

在这样的背景下，革命性的马克思主义开始显得像是一种可以将美国从水深火热中解救出来的可行方案。如果苏俄可以让数以百万计的人投入工作，我们怎么就不能呢？为何不接管工厂，让它们重新开工呢？到底为什么不这样呢？但是共产主义不符合

美国的理念；大多数学生和所有的教职工，都抵制从马克思主义
革命中寻求解决之道这种简单的逻辑。不过，要找有说服力的理
由来反对革命的拥护者，还相当费事。经济学家们——比如一直
61 积极地为自由市场效率辩护的弗兰克·奈特（Frank Knight）——
所给出的抽象理论，对大多数人而言是难以理解的。考虑到当前
的市场（当然只是部分自由的市场）实际运作得如此糟糕，要完
全靠信念来接受自由市场的优点就更加困难了。因此，芝加哥大
学的学生经常激烈地辩论到深夜。社会主义的拥护者和共产主义
的拥护者竞相争取归依者，而大多数人找不出什么有说服力的理
由去反驳马克思主义，只能满心疑惑，踌躇不前。

本科生院概论课宣扬的强大而未系统化的自由主义信条，与托马斯主义和马克思主义表述得极清晰的教义之间，产生了错综复杂且无处不在的相互作用。每个学生都遭遇了所有三类学说，尽管马克思主义和托马斯主义完全是从课外获得的——没有教授教过马克思主义，阿德勒也没教过托马斯主义，不过他为圣托马斯观点的合理性公开进行的捍卫，的确为芝加哥大学出现一群改奉托马斯主义的学生打下了基础，这些学生对托马斯主义的信奉程度远远超过了他本人。因此，一些狂热的托马斯主义者开始与马克思主义社团竞争，争取整个学生团体的忠心支持。就像在这样一些情况下经常出现的那样，出现了几例引人注目的相互反叛，某个马克思主义的领导人突然变成了托马斯主义者，反过来

的情况也有。绝大多数的人只是瞎混，不向任何一方表示效忠，而对双方的意见都会姑且听听。

从来没有哪所学校接近这样一种程度的观点混杂。诚然，马克思主义也传到了其他的大学——与它能在中途公园扎根的理由相同，不过在那些大学遭到的学术抵抗不如芝加哥大学这么强。因为只有在芝加哥大学，马克思主义者才需要与托马斯主义学派竞争，而托马斯主义学派的辩论技巧，是可以匹敌甚至胜过马克思学说的。这所大学中大多数人仍然没有表示效忠，仍然保持沉默，但这并没有降低争论的激烈程度。相反，通过反驳对手各种形式的错误，参与竞争的各个宗派都将宣传力度提到了新的高度，以期争取未归依者的归依——对此，1934 年到 1936 年的《栗色日报》给出了充分的证明。

一些比较传统的课外活动也呈现出了勃勃生机，对非凡的学术氛围作了有力的补充。兄弟会和俱乐部面临严重的财政危机，但是大多数都存活了下来，并且继续支持一系列的社交活动，这些活动（至少偶尔）会延伸到校园之外，到市区旅馆之类的地方举行。芝加哥的市民仍然对芝大的橄榄球队感兴趣；而有 32 个兄弟会参加的会际歌咏比赛，也是 NBC 在 1932 年 6 月广播的特
别校园活动之一。舞蹈和戏剧表演几乎像繁荣的 20 世纪 20 年代 62
一样充满活力，而演讲、音乐会和慈善活动较之以前可能还有增无减。

大学校际体育活动也火爆了起来。在1933年到1939年间，得益于在网球、体操和击剑这样一些体育项目上的显著成功，芝加哥大学在十大盟校锦标赛上获得了第二名，仅次于密歇根大学。这不是偶然的。与十大盟校中的其他学校相比，芝加哥大学提供了更多的运动员奖学金。因此，尽管斯塔格招募篮球和橄榄球新队员的方法，在20世纪20年代中期基本失灵（当时其他学校也开始重视这些比赛），芝加哥大学还是毫不费力地在一些次要运动项目中保住了它昔日的辉煌。[19]

从1933年开始，甚至在大学运动之魂——橄榄球方面，芝加哥大学也再度辉煌过一段，当时一个名叫杰伊·贝尔万格（Jay Berwanger）的球员参加了比赛，而且有出色的表现。他在跑动、踢球和传球方面能力非凡，在大三时成了全美最佳球员（All-American），大四时又获得了1936年颁发的首届海斯曼奖杯（Heisman trophy），因此引起了媒体广泛的关注。贝尔万格的名声比他所在球队大，但是栗色球队仍然努力赢得一些十大盟校比赛，并且轻松地击败了像达特茅斯学院和哈佛大学这样一些常春藤盟校球队。斯塔格在1932年退休——这在很大程度上是违背他本人意愿的；不过继他之后成为芝加哥大学足球教练的克拉克·肖内西（Clark Shaughnessy），似乎完全有能力继续发扬斯塔格的传统。因此，芝加哥大学的学生，在对社会主义和形而上学的辩论感到厌烦时，可以和全国知名的运动员一起上课，如果再花 5 美元买张季票，还可以到现场观看他们比赛。

因为以这种异乎寻常的方式，置身于几条对比鲜明的卓越追求之路上，作为一个整体的本科生团体，在校内也凸显出了一种新的优势。教育方面的辩论主要集中在本科生院的课程计划上，20 世纪 30 年代初刮起的意识形态风暴，在本科生中比在其他地方要猛烈得多，这主要是因为研究生和专业学院的学生都在忙于成为某方面的专家，没空将大量的精力花在抽象的理论问题上。在普通大众眼里，大学生运动员尤其是橄榄球队的成就，一如既往地决定着芝加哥大学的名声，在这方面只有圆桌讨论节目可以与之媲美。

但是，从 1934 年开始，芝加哥大学获得了另外一个名声，令哈钦斯和整个学校行政机构都觉得非常难堪。共产主义和社会主义团体在校内的活动，引发了与学校周边社区之间的冲突，因为一些学生试图在芝加哥市的穷人中煽动革命情绪，他们利用业余时间干的这些事，令公私机构的掌权者大为恼火。表明城镇居民和大学师生之间关系日益紧张的第一个公开标志是，1933 年 5 63
月伊丽莎白·迪林（Elizabeth Dilling）——芝加哥郊区一位美国生活方式的坚定捍卫者，在她 1933 年 5 月的《红网》（*The Red Network*）一书中，斥责芝加哥大学是一个颠覆者的堡垒。1934 年秋，语言化作了行动，3 个学生因为在黑人社区散发革命传单而被逮捕；在引起媒体关注并得到美国公民自由联盟（ACLU）

的支持之后，警方才释放他们。

但是，这些只不过是舆论雪崩降临到芝加哥大学头上之前隆隆作响的预警，真正的大发作出现在1935年4月13日之后——当时一家非常成功的连锁药店的创建者查尔斯·沃尔格林（Charles Walgreen）给哈钦斯校长写了一封信，声称要让他的侄女从本科生院退学，因为“我不愿意让她受到共产主义思想的影响，而如今她却经常性地暴露在这种思想的影响之下”。不等得到答复，沃尔格林就把他的信登在了芝加哥的报纸上。他伙同《先驱考察家报》（*the Herald Examiner*）的一位编辑（后者也许还促使他下定决心），发动了一场反对校园激进分子的运动；这位编辑受命于报社老板威廉·伦道夫·赫斯特（William Randolph Hearst）。从1934年2月开始，《先驱考察家报》上已经出现了煽动性的文章[20]，但是在拿到沃尔格林的信之后，这个编辑一下子有了许多貌似可信的根据，可以据此攻击芝加哥大学。在伊利诺伊州首府斯普林菲尔德，一个和赫斯特关系比较好的议员，马上提出了一项议案，宣布对那些传授共产主义思想的大学免税是不合法的，并安排在5月中旬举行听证会，号称要收集信息来支持他的议案。

在4月第一波轰炸和5月听证会的间隙，《先驱考察家报》的这个编辑派了一位没经验的年轻女子搬入国际公寓，充任秘密记者，处心积虑想让这桩丑闻继续发酵。她被指使去挖掘学生和教授的性丑闻，但是她不仅没有发现任何值得报道的东西，反而因为自已越来越具挑逗性的行为暴露了身份，并作了丢人现眼的招供。于是，“小贝弗莉”——《栗色日报》很开心地给她取了这个绰号——完全辜负了她的老板；但是她参与的这个阴谋闹剧，却在校内激起了对赫斯特报业及其所代表的一切进行抵制的反对声浪。

1934 年五一劳动节那天，举行了一次参加人数众多的户外和平集会，这表明大学生和芝加哥市主流舆论氛围之间已经出现巨大的鸿沟。发起这次集会的除了共产主义和社会主义俱乐部之外，还有许多校内的组织。集会的高潮是由一个名叫昆廷·奥格伦（Quentin Ogren）的社会主义学生领导，带领大家朗诵所谓的“牛津誓约”。* 参与者宣誓，永远不代表他们的祖国去打仗。几百个年轻人——他们中几乎所有的人随后都参加了二战——按要求 64
朗诵了这些具有颠覆性的词句，理所当然地被市区的报纸斥为叛国者。

结果证明，两周后开始举行的正式听证会，有点虎头蛇尾的味道。沃尔格林的证词明显受人指点过，不是完全发自内心。他控告政治学系的助理教授弗雷德里克·L. 舒曼（Frederick L.

---

* ERPI 在希特勒当上总理的前几周，牛津大学本科生就“本届议会绝不会为它的国王和国家战斗”进行了辩论，最后绝大多数人对此表示了赞同，因此发誓不代表他们的祖国打仗。——译注

Schuman）宣扬自由恋爱，本科生院教学大纲中有两门讲授马克思主义。但是他的侄女在被召来作证时，并没有怎么支持她叔叔的指控，而是公开承认，她从来没有上过舒曼教授的课。比较接近实际情况的指控来自一个右翼煽动者，他指控学生团体遭到了左翼分子的渗透；这个来自得克萨斯的学生曾试图在校内组织爱国游行，于是就将一些美国退伍军人领进了室内球场*，并在那里成功地引发了骚乱；但是他本人心理不稳定，减轻了他证词的分量。

实际上，沃尔格林的指控很荒谬。芝加哥大学的教授几乎都是保守派。学校工资名单上两个自称是社会主义者的人——经济学家保罗·道格拉斯（Paul Douglas）和梅纳德·克鲁格（Maynard Krueger），都不是革命者，甚至连马克思主义者都不是。马克思主义属于课外内容。在市区报纸看来，芝加哥大学的过失在于准许左派学生谈论和享受宪法保证的其他一些公民自由。哈钦斯和为大学作证的其他人在进行反驳时，指出并辩护说：社会科学概论课里包括《共产党宣言》（《英语 I》这门课中，包括了另一篇马克思主义的文章），是让学生有可能发现马克思主义错误的唯一方法。

---

* 室内球场（Fieldhouse）如今是芝大的一个室内体育馆。它也被学生组织用于展示，充当学生活动中心。——译注

对舒曼的指控不是完全没有根据的。他是个坚定的“同路人”，欣赏斯大林主政的俄国，而对他提倡自由恋爱的指控，确实是基于他在一个公开会议上发表的一次评论，不过那只是玩笑。与此类似，对英语教授罗伯特·洛维特（Robert Lovett）的指控——大意是说他常常宣称不信任美国政府和所有法定的权威机构，也确有其事；不过他是以公民的身份发出这样的言论，在课堂上没说过，而且这很符合他的新英格兰贵族血统，他拥护的是梭罗（Henry David Thoreau），而不是马克思。

当听证会在 1934 年 5 月 28 日结束时，伊利诺伊州立法委员会的议员除了一个之外，都投票反对继续深究此事。芝加哥大学正式洗清了宣扬共产主义的恶名；但是委员会还是建议解雇洛维特教授。哈钦斯断然拒绝为持有奇特的观点而处罚洛维特；但是 65
因为他好歹快到退休年龄了，委员会的建议与哈钦斯的反对，都有点打太极的味道。（洛维特 1936 年退休，同年，舒曼在威廉姆斯学院找到了一份工作；这样一来，两个在 1935 年引起了如此之多负面关注的激进教师，在随后的 15 个月里相继离开了芝加哥大学。）

但是令人讨厌的余波却久久难以平息。日复一日，芝加哥的报纸都在头版中对芝加哥大学横加指责，让芝大驳不胜驳。此外，虽然学校的教职工的确洗清了沃尔格林对他们的指控，但是芝加哥大学社区作为一个整体，却还在继续窝藏着一群活跃的马克思主义者，他们的确拥护革命，而且经常以一种极端的、天真得不负责任的方式表现出来。听证会最后的结局，让专业的爱国人士和迫害共产主义者的人感觉受了骗，而普通大众和学校董事会的一些人也觉得无风不起浪。

1935 年 4 月 18 日，在沃尔格林的指控结束后，哈钦斯为学术自由所进行的雄辩，通过 NBC 电台向全国广播；他的辩护反映了当时的紧张局势，因为他在其中说了这样的话："美国人民必须决定是否能更长久地忍受对真理的寻求……如果他们不能，那么就像一个伟大的政治学家说的，我们可以熄灭灯光，在黑暗中斗个你死我活，因为理性的声音一消失，就会听到机关枪的射击声。"但是他在同一次演讲中又断言："我从来没有发现一名红色教授。"——就算果真如此，也只会让芝加哥大学的敌人更为愤怒，因为他们感觉被当成了小孩，而不是得到平等的对待。[21]

毋庸置疑，哈钦斯在捍卫言论自由方面显示的果敢，确实为他赢得了支持。在学校里，他几乎成了教职工和学生心目中的英雄。他把董事会也拉了进来，尽管其中有些人还对他抱怀疑态度。1935—1936 学年期间，芝加哥大学收到的捐款急剧增加——尽管无疑受到了大萧条局部复苏的影响——也许也反映了一些捐赠人愿意对一所如此坚决地捍卫学术自由的院校予以支持。查尔斯·沃尔格林本人也改变了立场。他很快就意识到自己被赫斯特报业无耻地利用了。因此，当芝加哥大学的发言人指责他对这所大学造成了伤害时，他令人吃惊地表现出了悔意，最后同意捐款 55 万美元，设立一项沃尔格林基金，对美国的机构进行研究。事实上，他和哈钦斯成了真正的朋友（虽然关系不算亲密），后来他的家人还邀请哈钦斯在他的葬礼上讲话——在 1938 年成立沃尔格林基金会后不久，他就去世了。这是一次名扬四海的胜利，不过芝加哥大学还得继续顶着激进主义的恶名，让长期存在 66
的招生、募捐和公共关系问题在整体上更趋恶化。

面对这种困境，哈钦斯向他上耶鲁大学时的老朋友威廉·本顿（William Benton）寻求帮助。本顿在读本科时跟哈钦斯参加了同一个辩论队，毕业后进了广告业，不久之后就与另一个年轻的耶鲁毕业生切斯特·鲍尔斯（Chester Bowles）合伙创办了他们自己的公司。这两个年轻人专门从事无线电台广告，这在当时还是个新兴的不断扩张的行当，因此虽然处在大萧条时期，他们还是发了财。但是通过电台销售肥皂和其他类似的东西发家致富，没法令本顿感到满足。于是，他在财富累积到 100 万美元的时候，就急流勇退了。因此，1936 年时，他无牵无挂，正在寻求开创新事业的机会。哈钦斯不失时机地邀请他来芝加哥大学，对这所学校的公共关系进行研究。本顿满怀激情地投入了这项工作。不久之后，他就开始欣赏这所大学及其立场，并最终同意成为专门负责公共关系的副校长——他在 1937 年 10 月接受了这一职务。他的到来帮助塑造了 1936 年之后的岁月，将学校带入了一个独特的时代，这些将在下一章讨论。[22]

让 1936 年成为转折点的另一个里程碑是，哈钦斯出版了第一本书《美国高等教育》（纽黑文，1936）。这本书宣扬了关于高等教育的一些激进观点，都是哈钦斯在担任芝加哥大学校长的最初几年酝酿出来的。他的信念在很大程度上是通过与阿德勒的交谈形成的，有时也会因为与教职工发生冲突而得到加强与凸显——哈钦斯想在课程计划和大学组织架构方面进行试验，他们对此表示反对。

哈钦斯把主要精力投入了对本科生院的重塑，使之更符合自己的品味。这意味着要将中学的最后两年和大学的头两年合在一起，以便在人文学科的语法、逻辑和修辞方面得到系统训练。阅读和讨论“伟大的书”原汁原味的文本，似乎是达到这个目标的最佳途径。因此，在 1934—1935 学年期间，哈钦斯和阿德勒从芝加哥大学附属中学的三、四年级学生中，特招了一些人进入荣誉班级，在他们的亲自指导下，学习这些书，来试验如何教导年轻学生。这使得哈钦斯的教学工作量增加了一倍，因为他没有中断给本科生院学生上的课。这项中学试验获得了某种说不清道不明的成功，于是哈钦斯就将荣誉班级的课程，移交给两位中学英
67 语老师；自己集中精力劝说教职工委员会：沿着他和阿德勒在课堂上检验过的这条路线，去重新设定课程，是可行的和有益的。

但是教职工委员会讨论来讨论去，也没达成多少共识。哈钦

斯和阿德勒为改善通识教育所提的方案，受到了强烈抵制，新计划可感触得到的成功，进一步强化了讲授现有概论课的那些老师的既得利益。鲍彻院长极力捍卫他亲手开创的事业，这当然让他处在与哈钦斯作对的位置上。即使在鲍彻于 1935 年离开芝加哥大学，去西弗吉尼亚大学担任校长之后，由此造成的僵局还是没有打破。他的离开只不过使本科生院失去了强有力的领导。教育学系的教授阿伦·J. 布伦博（Aaron J. Brumbaugh）担任了代理院长，但是他一直没有赢得哈钦斯的信任，因此始终只是代理院长，尽管他在这个位子上一直待到 20 世纪 40 年代初。身处这样一个尴尬的位置，布伦博选择了扮演“诚实的掮客”* 的角色。他既不主动提出自己的主张，也不认真对待哈钦斯的计划，只是以主席的身份主持委员会的工作，任凭后者对激进的改革建议敷衍塞责——实际上委员会从来就没有在任何重要的事情上达成过共识。对于哈钦斯这样一个没有耐心的人，这可能比公然违抗更令他恼火。

哈钦斯在本科生院遭到了封锁，而在各学部的情况也好不到哪里去。在 1935 年时，他有能力为 4 个学部中的 3 个任命年富力强的院长，让他们锐意改革置于自己管辖之下的院系。但

* “诚实的掮客”（honest broker）是德国政治家俾斯麦的绰号，表示在国际事务、商务中充当调停人、调解人。——译注

是，社会科学学部的罗伯特·雷德菲尔德院长、人文科学学部的理查德·麦基翁院长和生物科学学部的威廉·H. 托利弗（William Taliaferro）院长，都不能或不愿贸然对目前在研究与教学中盛行的系科壁垒进行攻击，尽管他们至少都赞同哈钦斯的某些批评意见，认为这样会造成学习的碎片化。

这三个年轻的院长都是才智超群之士，不愿给别人当棋子。特别是德菲尔德和麦基翁，不久就跟阿德勒在理论和实践问题上出现了公开的分歧。因此，哈钦斯觉得驾驭自己的团队比同时管三台马戏还难——考虑到专业学院和各独立系也各自为政，难度就更大了。但是，他在就职演说中提到的博士学位改革计划，以及他在乐观时设想过的具有系统性的硕士学位培养方案，都得先等他在本科生院理出更多的头绪——至少在他看来如此。

68 同时，公众事件以及与妻子日渐紧张的关系搅在一起，让哈钦斯更加烦躁。在欧洲，斯大林的共产主义和希特勒的法西斯主义取得了明显的成功，受其威胁，民主政府和自由社会都跌跌撞撞地处于守势。在美国，新政的首要工作——对国民经济进行重组，在 1935 年被宣布违宪，而总统罗斯福在随后提出的最高法院扩充计划，也引发了激烈的争论，并最终失败。

哈钦斯非常关心法律与司法，可能还怀抱着有朝一日能成为最高法院一名法官的雄心，因此对他而言，在国内外、在芝大校内和在自己家里发生的这一系列事件，都令人非常不满意。在野蛮的暴力还没有占统治地位的地方，又充斥着混乱和僵局。很明显，这个世界需要理性的原则和果断的行动。但是上哪儿去找必要的原则，又怎样说服人们认同它们呢？显然，需要合适的教育；但是他没能说服他领导下的芝加哥大学的教授们，来赞同基本原则（甚至是任何原则），并据此开展教学活动。

哈钦斯的演讲也反映出了他内心的苦闷。他在 1936 年 9 月对刚入学的新生说："这世界似乎正在朝摧毁道德自由、信仰自由、言论自由和思想自由的方向急冲而去。"1935 年 6 月，在向毕业班发表演讲——他后来评价说他作过的演讲以这一次为最好——时说："我不担心你们将来的经济状况，我担心你们将来的道德状况。时间将使你们堕落。你们的朋友、你们的妻子和丈夫、你们的商业和职业伙伴会使你们堕落；你们在社会、政治和经济方面的野心也会使你们堕落。"他接着对 "对令人不自在的真理的抗拒" 和 "民族理性的衰退" 表示了哀叹，最后还满怀绝望地告诫听众要坚持操守，他说："相信我，你们以后再也不会像现在这样接近真理了。"[23]

哈钦斯以 "美国的高等教育" 为题，在耶鲁大学举行了四次演讲。这些演讲宣泄了他内心的挫折感，随后在 1936 年由耶鲁大学出版社出版成书。他勾勒了他四年制本科生院的理想，将中学高年级和大学低年级打通，连成一体；解释了 "伟大的书" 应成为扎实的通识教育不可或缺的食粮；在总结时宣称，应该开展高等的工作和研究，不是由壁垒森严的系科来开展，而是由形而上学、社会科学和自然科学彼此关联所形成的综合院系来完成。

这已经够激进了，但真正让批评家心烦的是，哈钦斯还断
69 言，可以将高等教育的正常秩序完全建立在形而上学的基础上，因为先辈们依赖的神学已经消失了。他评论道："我们是无信仰的一代，但是不管是'有意还是无意'，我们在试图回归首要原则（first principles）。"[24] 他其他的断言几乎也具有同样的挑衅性。比如说，"知识就是真理，真理放之四海而皆准。因此各处的教育也应当是一样的。" 或者说："只有通过一个真理体系，才能实现真正的统一。"[25]

哈钦斯没有解释他所说的形而上学是什么意思，实际上他在使用这个词的时候，心里可能也没有明确的主张。但是他同意阿德勒充满激情的论点，即形而上学的首要原则是实际行动合乎逻辑的必要基础，这一直是他追求的目标。正如他在试图解释这个意思时所写的那样："要是没有神学或形而上学赋予更深的含义，道德将退化为习俗。"[26]

哈钦斯显然也渴求他父亲那种明确的原则，就像他在提议用形而上学取代神学时那样。问题是形而上学被证明像神学一样难以把握，理性如同信仰一样，不足以确保他一直渴望的东西：一组关于对与错的明确规则，可以用来指导人们的日常行为。哈钦斯的父亲经过论证，从《圣经》里得出了这样一组规则，对他而

言，《圣经》的真理性当然是由上帝确保的。哈钦斯自己经过论证，在“伟大的书”里寻找同样的结果，其真理性只能由同样需要阐明的理性来保证。但是用谁的理性呢？如果有理性的人出现分歧怎么办？哈钦斯没有给出答案，但是他感觉必定有个答案。不然的话，道德就成了习俗；而“万事成空”——他在耶鲁读书的年轻岁月里，经常回响在耳边的那首副歌——就成了一个赤裸裸的、令人讨厌的真理。

大多数美国人对不确定性造成的紧张，在感受时都远远没有哈钦斯那么强烈，因为他父亲给他树了个榜样，而他妻子的坏脾气和阿德勒·莫蒂默争辩的劲头，触到了他的痛处。大多数芝加哥大学教职工完全被搞糊涂了，但是根据哈里·吉第昂斯，在题为《民主社会中的高等教育》的辩论中所进行的反驳：“从自由民主社会的两大死敌——独裁主义和专制主义中诞生出来”的思想，还是让某些人大惊失色。[27] 吉第昂斯声称：“不受约束的真理之争”，尽管可能是混乱无序的，却是对民主社会的一个必要支持；他还指责哈钦斯抓住“人类思想的某个阶段当作最后阶段”，即很久以来就名誉扫地的中世纪。[28] 但是吉第昂斯回避了哈钦斯的核心问题，因为他推荐的那种“有分歧的真理之间不受约 70
束的竞争”，不能提供实际的行动指南。根据各人自认的真理和正义行动，至少在逻辑上，只会引发一场混战。

哈钦斯想通过为所有的公民找到一种适当的、合理的教育，来防止这种事情的发生。但是，他从来没有阐释清楚，这样一种教育到底具备什么形而上学的与道德的原则，或者有什么具体内涵。他陷身于行政事务之中，没法凭自己的本事成为一个哲学家。他转而希望激发教职工承担起他放在他们面前的任务。但是，正如我们看到的那样，也正如吉第昂斯在辩论中重申的那样，芝加哥大学的教职工拒绝去尝试。分歧无处不在，人们怀疑哈钦斯会说到做到，动用他校长的职权，将他（或者阿德勒）稀奇古怪的想法强加给芝加哥大学，这种怀疑在恼怒并且常常不了解实情的教职工中颇有市场。

教职工对哈钦斯的怀疑在1936—1937学年期间，达到了一个戏剧性的高潮——当时他用芝加哥大学专门预留的一笔捐款，建立了一个人文科学委员会，并邀请阿德勒以前的几位朋友来芝加哥大学参与这项新事业。亚瑟·鲁宾（Arthur Rubin）成了这项事业的主持者，因为莫蒂默·阿德勒在经历了1933—1934学年的一系列失败之后，放弃了改造这所大学的个人努力。在这种情况下，没有专门职业的私营业主鲁宾挺身而出。鲁宾是阿德勒和麦基翁在哥伦比亚大学的副手，他一门心思要拯救真理的劲头，让阿德勒相形之下都像个走中间路线的调和派。但是，他设法筹集到了足够的经费，让哈钦斯为一些心存不满、惯于沉思的人提供合适的薪水，他们中最突出的是斯科特·布坎南（Scott Buchanan）和他的同事斯特林费洛·巴尔（Stringfellow Barr），后者是弗吉尼亚大学的历史教授，与布坎南关系密切。最初准备将这个委员会作为人文科学学部的一部分，但是新院长理查德·麦基翁很快就决定，不应该将它置于自己的管辖范围内，以免不可弥补地破坏他和该学部其他部门的关系。

这样被孤立的人文科学委员会很快就大难临头。问题是，来自哥伦比亚大学的这些志同道合者，一旦在芝加哥大学重新集结，对一些关键问题不再能达成共识。这让委员会在为数不多的几次会议中也效力大减。结果证明，单一的真理在阿德勒（和鲁宾）以前的朋友中间，也像在整个大学范围里一样令人难以捉摸。这种结果尤其令人尴尬，因为斯科特·布坎南、斯特林费洛·巴尔以及人文科学委员会的其他成员都是以一种隐秘的方式调入芝加哥大学的，许多教职工将其视作绕过了合法的任命程
序，而这个程序是阿德勒在 1931 年被迫离开哲学系时正式得到 71
过各方承认的。新来的人不属于任何系，却享受教职工才有的地位和额外补贴——而且所有这些人都是哈钦斯以个人名义邀请来的。

事实上，哈钦斯确实在寻求克服目前盛行的学习系科化；要是人文科学委员会真的成功了，他也许会试图创造一些新的有固定编制的跨系委员会，并沿着这条道路奋勇前进。正如我们将看到的那样，几个这样的委员会随后确实扎下了根，但是从短期来看，这个特定的试验遭遇了惨败。芝加哥大学教职工因为反对新

来者而怒火中烧、满腹狐疑，而这些新人一开始还与他们争辩，到最后也只能自己生闷气。于是，当布坎南和巴尔注意到有希望管理马里兰州安纳波利斯市的圣约翰学院时，他们决定抓住这个机会。他们很快就转到了圣约翰学院，并着手创设了一个主要基于“伟大的书”的四年学习计划。[29]

哈钦斯和阿德勒留了下来，这样就丧失了一个就本科教育实践他们的理论的大好时机。虽然巴尔和布坎南邀请哈钦斯去担任圣约翰学院的校长，但是哈钦斯拒绝了；阿德勒更愿意和哈钦斯携手，而不是和那些他不再完全赞同的朋友合作重塑本科教育。总之，结果证明人文科学委员会对于哈钦斯和阿德勒来说，就像小贝弗莉对于赫斯特报业一样，都是滑稽的失败之作。此后，哈钦斯低调了一段，因为他引起的不信任挫伤了自己的积极性，而那些极力违抗他的教职工对他的言论所作的解读也让他感到失望。

对整个芝加哥大学而言，它标志着一个时代的终结。水深火热的大萧条被抛在了身后；此后的一些年，将被逼近的战争所主导。在更广的范围里推进大学改革，这种动力继续存在于校园里；欧洲难民的涌入开始影响芝加哥大学学术传统中某些较狭隘的领域，尤其在人文科学和社会科学方面。这些变化得用新的一章来讨论。

第四章　逐渐卷入战争（1937—1941）

20 世纪 30 年代后期，欧洲发生的种种事件，在大西洋彼岸 72
产生了强烈的反响，使得芝加哥大学的生活也像美国其他地方一样，因为战争的阴影日益逼近而逐渐改变。随着希特勒在国内对犹太人展开攻击，然后从 1936 年开始，又以宣传、颠覆、军事威胁和政变等手段相结合的方式扩张德国的边界，法西斯主义狰狞的面目就显露无遗了。纳粹在美国没什么朋友，在芝加哥大学没发现一个；但怎样处理他们对政治均势的威胁——如果有办法的话，已取代（但还没有治愈）造成了持续失业的国内经济萧条，成了当时最急迫的问题。

和平集会之类的活动，在希特勒对武力的公然颂扬面前显得愚笨不堪。战争即将爆发，这一点再明显不过了。许多人期望美国能再次发挥它在一战时的作用，但又担心（也不喜欢）出现这种状况。怎么办？避免另一场世界大战，看来就像寻求能真正解决经济萧条的良方一样，超出了人类的能力范围。国内经济萧条无法解决，国际政治又不可避免地进入了一种注定的、可以预见的格局，这一切都动摇了人们对理性的信心。希特勒的成功引发了悲观主义论调：自由主义永远地失败了。

共产主义者一度摆出了视法西斯为死敌的姿态，但他们的事业也失去了先前的许多吸引力。在这个10年的前期，对俄国工业建设功绩的鼓吹，在深受经济萧条煎熬的世界中，吸引了一小撮干
73 劲十足的反叛者，效忠于主张革命的马克思主义。但是在1936年至1938年期间，莫斯科举行了一系列的公开审判，以昭示托洛茨基和其他一些杰出的布尔什维克，是怎样与国外势力勾结进行叛党活动的；他们的信心随之减弱，斯大林所取得的成就也黯然失色。被审判者在公开法庭上坦白了他们的叛国罪，有些人还要求（并真的）获判死刑。这已经够奇怪的了，而当他们的供词中的一些细节被证明全然虚假时——比如提到在某家丹麦旅馆的一次会面，而实际上它在所谓的会面时间前几年就已经被毁——就更让人难以相信审判没有受到操纵。共产主义警察国家开始显露出阴险的嘴脸：只有德国组织的攻击犹太人事件和1934年由纳粹发动的一场短暂而血腥的党内清洗活动，才可匹敌斯大林在莫斯科“叛国者”审判期间和之后所开展的旷日持久且更加血腥的清洗。

在美国舆论眼里，纳粹分子和共产主义者都因为这些事件而威信扫地了。纳粹从没有赢得多少追随者，但是共产主义学生在

20 世纪 30 年代初的校园里已成了一个人数不多、呼声却很高的派系，从莫斯科传来的消息让他们很尴尬。“叛国者”审判刚结束，就形成了一个新的托洛茨基小组。马克思主义、列宁主义和斯大林主义的效忠者间爆发了激烈的争论，一直到 1940 年托洛茨基在墨西哥被苏联特工暗杀后，这种状况才逐渐改观。

在那段平静期前不久的 1939 年 8 月，苏联与德国签署了莫洛托夫—里宾特洛甫条约 *，使两国成了盟友，并为二战的爆发铺平了道路，这几乎给了美国共产主义者致命的一击。自 1936 年以来，他们领导了一场组织反法西斯联合阵线的运动，试图与社会主义者、自由主义者以及任何可以被吸引到这项大业中来的人尽弃前嫌。一个名叫“美国学生联合会”（American Student Union）的新组织，在学生政治活动中扛起了联合阵线的大旗，并在接下来的 3 年里，在芝加哥大学得到了迅猛的发展。自由主义者在联合会中占据了所有显要的职位，但是几个铁杆的共产主义者经常设法进行幕后操纵。

1939 年秋，党的方针要求共产主义者为苏联与希特勒的合作进行辩护，于是这种形式的学生政治阵线就土崩瓦解了。方针

---

* 莫洛托夫—里宾特洛甫条约（Molotov-Ribbentrop pact）即苏德互不侵犯条约，是 1939 年 8 月 23 日苏联与纳粹德国在莫斯科秘密签订的；除互不侵犯条约外，双方同时还签订了一份绝密的附加协议书，划分了双方在波兰和波罗的海沿岸各地的势力范围。该条约使得德国能够集中较大的精力来对付欧洲各国，导致二战前期欧洲大部分地区的沦陷。——译注

指向的新目标是法国和英国的帝国主义分子，认定他们对短暂的波兰战役——其结果是希特勒和斯大林对这个不幸的国家进行了
74 瓜分——之后欧洲战争的继续负有责任。（斯大林在1939年还吞并了波罗的海地区的爱沙尼亚、拉脱维亚和立陶宛；在芬兰拒绝俄国军队入境后，他还发动了所谓的“冬季战争”，最后以芬兰在1940年3月投降告终）。

党的路线中出现这种突如其来的扭曲，也明白无误地表明共产主义者是在盲目地服务于俄国政府的利益，因为是由斯大林来选择对那些利益进行何种诠释。这是许多真正的信徒及其前盟友和同情者无法忍受的。因此，在1940年时，校园里的共产主义者和托洛茨基分子的组织消失了，“美国学生联合会”解散了，马克思主义的革命方式也几乎完全失去了吸引力。一些高明的辩护者确实成功地跟上了党的路线的每次扭曲和转变；但他们的话语缺乏公信力，在芝大校园里引起的关注变得越来越少，要知道马克思主义和托马斯主义曾在那里的课外辩论中势均力敌。

1936年后马克思主义逐渐退潮，不过它真正退出校园生活的时间很短，因为国际政治风云变幻，并没有随着1939—1940年间发生的那些骇人听闻的事件而放慢步调。相反，希特勒在1941年6月向俄国发起了进攻，接着日本又在同年12月偷袭了珍珠港，这让苏联变成了一个盟国；它与共同的敌人进行殊死搏斗，很快就开始在美国赢得了尊敬和同情。作为年轻人反叛当局

的一个载体，马克思主义在大战期间再度出现在校园里。但是，大萧条开头那几年——当时俄国在建造新工厂方面的成功，与美国资本主义无法提供就业的状况形成了鲜明对比——所出现的幼稚希望和宗教式信念，已经一去不复返了。对斯大林残酷镇压手段的记忆不可能完全抹去。此外，俄国政策体现的显然只是其国家利益，未必（甚至不一定冠冕堂皇地）符合马克思主义宣扬的国际团结和无产阶级兄弟感情。因此，在校园里（以及在整个美国），马克思主义大有退化为一种谴责当局的托词之势，而不再被严肃地当作一剂改进社会的良方。

同时，这些公众事件使得形成简单而完整的信仰体系——20世纪30年代早期的托马斯主义者及其对手马克思主义者都具有这样一种心态——远不如当初迫切了。首先，20世纪30年代的10年萧条已接近尾声，失业压力终于开始减弱。受重整军备的刺激，美国经济开始复苏。与此同时，对德国和日本与日俱增的
敌意，吸引所有人团结到了华盛顿政府的周围，而政府方面也积 75
极努力，寻求共和党人和商人的支持，而在刚实施新政时他们曾是挨批的对象。随着国家在经济和政治上以这种方式为战争做好准备，芝加哥大学的学生也像美国人民一样，越来越倾向于赞同现有的美国生活方式。对于将个人的信仰体系建立在首要原则基础上的尝试，他们觉得真的不再有必要了，马克思主义和托马斯主义也就随之开始衰落。哈钦斯的声明无疑还像从前一样雄辩滔

滔，但是他对形而上学基本原理的宗奉也变得含糊不清了——他1936年时还在宣称这种宗奉是必须的，而在1937年1月的董事会晚宴上，却解释说："回答这些问题不如提出这些问题重要。"[1]

1930年代末发生的公众事件产生了另一个更持久的影响，那就是一批欧洲知识分子为逃避德国和意大利的迫害，来到了芝加哥大学。避难的学生人数不多，没起太大的作用；但是几个获得教职的欧洲人，在一些系里确实产生了重要的影响，并广泛地影响了整个学校的政治基调。

大学的经费仍然很紧张，首批避难者能获得职位，多亏有些专门为此而设的捐赠。比如，乌尔里希·米德尔多夫（Ulrich Middeldorf）和路德维希·巴赫霍夫（Ludwig Bachhofer）就属于这种情况，他们在1935年加入艺术系后，让芝加哥大学艺术史的教学，在圆熟程度方面达到了一个新的高度。他们是首批在芝加哥大学获得教职的纳粹德国避难者，他们之所以能做到这一点，是因为得益于一位芝加哥富商兼艺术收藏家马克斯·爱泼斯坦（Max Epstein）的一项捐赠。3年后，诺贝尔化学奖得主詹姆斯·弗兰克（James Franck）得到聘任，靠的也是一项专门为此进行的特别捐赠。不过，以较低的工资聘请高水平人士明显变得可能之后，芝加哥大学就对其他避难学者也敞开了大门，甚至在没有外界特别捐资的情况下也照聘不误。

这样一些聘任当然抢了一些在美国受过教育的人的饭碗；在

学术职位远非唾手可得时，对他们造成了很大的伤害。此外，移植过来的教授并非都能成为学生们有效的老师，因为学生们总的背景和预备训练，都与德国最好的教育模式很不相同。但德国的学术声望取得了胜利，芝加哥大学和其他一流的美国大学一样，对避难者表现得特别友善。

外国人的涌入在总体上造成的影响，对每个系都各不相同。 76
艺术系的转变最彻底。米德尔多夫受聘后不久，就当上了系主任，还陆续吸引到了奥托·冯·西姆森（Otto von Simson）和彼得·冯·布莱肯哈根（Peter von Blanckenhagen）等一批德国学者。经他们之手，艺术史超越了此前美国在艺术欣赏方面的学术工作，成了学术与文化史一个异常博大精深的分枝。

另一方面，著名的古典学者维纳·耶格尔（Werner Jaeger）在1936年加入了希腊系，但基本上保持了独来独往的风格，以一种超然而私密的方式，追求自己的思想与学术道路。他预先假定学生熟悉古典语言和学术，高估了美国学校的训练水平，因而没吸引到几个学生；他在芝加哥大学任教时间不长，又保持了自负的隐逸派头，因而对同事也没产生多少影响。因此，在1939年离开芝加哥大学去哈佛大学时，他身后没留下多少痕迹。美国自己培养的教授依然如故，而他们的学生在语言学和文献学方面的修养仍然落后于欧洲。此后，芝加哥大学像美国其他地方一样，在古典学方面最好的工作，基本上集中在考古学及相关的调查方面——在这些领域，美国的训练与欧洲的最高水平不相上下。

在自然科学方面，直到1941年后才出现避难者大批涌入的情况。可能是因为芝加哥大学的物理学家、化学家和其他科学家与欧洲科学家交流充分，已经密切地跟踪了德国的最新研究成果，所以与人文学者和社会学家相比，他们在与欧洲顶尖学者进行更密切的交流时收获较小。无论如何，我评估不出芝加哥大学战前在科学领域的主要聘任——化学系的詹姆斯·弗兰克产生了多大的影响。

一股不同的增援力量在1936年注入了天文学系，当时的系主任奥托·斯特鲁维（他本人就是出生在俄国的），吸引到了瑞典的本特·斯特龙根（Bengt Stromgren），荷兰的杰拉德·P. 凯珀（Gerard P. Kuiper），以及印度的钱德拉塞卡（S. Chandrasekhar）——他是经由英国的剑桥大学过来的。这些人都算不上杰出的避难者，而是斯特鲁维挑选出来的一批特别有发展前途的年轻人，他们的工作是处理得克萨斯大学的麦克唐纳望远镜即将提供的新数据流。结果证明，他的选择非常高明，确保了天文系在哈钦斯时代及后续岁月里继续保持领先地位。[2]

任命能干的年轻人，尤其是比自己年轻的人，是哈钦斯在预算压力和必须为已退休的著名教职工寻找有价值的接班人之间，
77 进行调和的方式。他不断寻找年轻的英才，并尽全力说服相关院系聘任那些多少让他看得上眼的人。因此，比如说，哈钦斯在1936年访问英国期间，在牛津大学碰见了大卫·戴希斯（David

Daiches)，并当场邀请他来芝加哥大学工作，大概是因为他觉得有信心说服英语系，接纳戴希斯为年轻同事。这个年轻的苏格兰人是一位来自爱丁堡的犹太人，他在1937年秋如约到了芝加哥，发现英语系处于一种特别有生机的学术动荡之中。我在后面将讨论这种动荡状态。[3] 戴希斯在芝加哥大学只待到了1942年，而吸引哈钦斯眼球的另一个年轻人——爱尔兰古典学者大卫·格林（David Grene），在中途公园度过了自己整个的职业生涯，尽管他因为个性与观点冲突在20世纪40年代中期变得尖锐，而没有一直待在希腊系。另一个有才华的追随者是爱德华·希尔斯（Edward Shils）。他不是被哈钦斯挖到芝加哥大学来的，但是在他收到来自伦敦大学的邀请时，哈钦斯设法让他留了下来。[4]

哈钦斯显然能辨认出具有语言天赋的年轻学者，他觉得在语言占主导地位的学科领域，按他的个人印象和判断行事，是他的权力和责任。但人文科学和社会科学学部的一些系总怀疑哈钦斯动机不纯，对其特权妒火中烧，以至于他可能提出的候选人几乎全部遭到了否决，如果该人代表的路线远离了系科发展前景与实务，就更是在劫难逃了。在1930—1931学年经历了阿德勒聘任和离职的惨败之后，芝加哥大学的哲学家对哈钦斯特别敌视；因此，他们拒绝聘任法国天主教哲学家雅克·马利坦（Jacques Maritain），可能也没什么好奇怪的，因为是哈钦斯在他于1938年首次访问芝加哥大学后提出的聘任。

不过，与被他冒犯的某些教授不同，哈钦斯不会怀恨在心。在阿德勒于1931年离开哲学系去法学院时，努力达成的协议包括聘任芝加哥大学哲学系的一位毕业生——查尔斯·莫里斯(Charles Morris)，他在哲学上拥戴的一切都是阿德勒最讨厌的。5年后，可能也是为了作出一种挑战的姿态，哲学系提出要聘请鲁道夫·卡尔纳普（Rudolf Carnap）——来自布拉格的一位逻辑实证主义哲学家。考虑到卡尔纳普是欧洲哲学界的领军人物，哈钦斯同意了哲学系的提名，尽管阿德勒私底下对“那个愚蠢的卡尔纳普”表示了鄙视。[5]

在抵达芝加哥后，卡尔纳普启动了一个大型合作项目，意在展示实证主义专业术语中定义的那种科学统一。莫里斯担
78 任共同编辑。由此产生的最初两卷《统一科学国际百科全书》（*International Encyclopedia of Unified Science*）由芝加哥大学出版社出版，但是在1939年战争爆发后，这项工作只好停下，因为与主要撰稿人——欧洲哲学家的通信中断了。因此，出现了这样的怪事：一方面，阿德勒和哈钦斯忙于公开抨击实证主义为有害的学术错误；另一方面，芝加哥大学却在1936年后成了实证主义思想野心勃勃的综合基地。

但是，尽管享有很高的声誉，卡尔纳普对身边的校园生活却没有产生什么影响。他的思想（以及查尔斯·莫里斯的思想）促进了符号学在前不久的崛起，但在当时影响甚微。尽管被迫离开

布拉格，到芝加哥生活，卡尔纳普更愿意与一群持有相似观点的欧洲哲学家建立联系，对本地的论战几乎漠不关心。这些争论越来越取决于理查德·麦基翁的论调。

麦基翁在1935年成为人文学部的院长之后，在1937年劝哲学系同意他在系里担任职务。从那以后，卡尔纳普的实证主义——以及在哈钦斯到来之前主宰了整个系的实用主义，其代表人物是T. V. 史密斯和沙内·佩里（Charner Perry）——与用于哲学作品剖析和分类的麦基翁新式独门绝技，别扭地共存一处。但正因为存在如此根本的分歧，哲学家们拒绝彼此公开对抗，因为大家都太繁忙、太礼貌，不愿在公众场合下进行无益的争论。

容忍并在实际中忽视关于真理的这些分歧，对于阿德勒那种性情的人来说，是极其令人讨厌的事。他强烈地希望通过狂风暴雨般的辩论，让所有的对手闭嘴；通过选择自己的措辞，他的确可以获胜，但是他无法让那些被他压得无还嘴之力的人真正信服。经常获得的口头胜利，使阿德勒坚信自己是对的，而他对手的顽固——他们甚至在辩论失败后，仍倔强地拒绝接受他关于哲学事实的论证——使他讨厌整个学术界。于是，他从越来越多的校内事务中抽身而出，只是偶尔在远处干预一下，以招牌式的极端和挑衅性方式为自己卸下负担。

在退出哲学系之后，阿德勒在校内的主要亮相发生在1940年11月，当时《栗色日报》出了一个关于“新中世纪精神”

(The New Medievalism) 的特刊。这次不寻常事件的起因是，两个月前阿德勒在纽约参加一个会议时，发表了一个题为《上帝和
79 教授们》的演讲。《栗色日报》重新全文发表了阿德勒的演讲，同时刊登了罗纳德·克兰（Ronald Crane）、弗兰克·奈特、昆西·赖特（Quincy Wright）和马尔科姆·夏普（Malcolm Sharp，阿德勒给法学院学生上一门课时的同事）等几位教授所进行的有力反驳，以及学校公共关系专家米尔顿·迈耶（Milton Mayer）为整个争论创作的一篇讽刺作品。

阿德勒的恼怒是很明显的。他宣称："因为教授们参加这类会议，是为了表述他们的思想，而不是为了改变它们，有听的意愿而没有学的意愿，有乐于听到不同意见、讨厌全体一致的那种雅量，因此假定这种会议甚至可以开始实现那些为这桩事进行辩解的目标都是荒谬的。"然后，他摆出一系列关于哲学和宗教的命题——他认为那是所有人都需要去验证的简单逻辑。阿德勒没有像教授们习惯的那样，分辨出不同的"哲学体系"，而是断言：世上"只有哲学知识，或多或少地被不同人充分拥有"，而且"只有一种真的宗教，或少或多地充分体现在现存的各种信仰中"。但最让他在纽约的听众反感，在芝加哥也引起了同样强烈的反响的是他的结论："在清算完教授及其文化之前，现代的种种问题是不会开始得到解决的"，因为"民主国家对教师智力的担心，更甚于对希特勒虚无主义的担心"。[6] 芝加哥大学的教授

们被激怒了，而哈钦斯仍一如既往地拒绝与阿德勒的声明划清界限，于是遭了池鱼之殃，因为阿德勒在这次演讲中不厌其烦地夸奖哈钦斯失败的课程计划提案，给人留下的印象是，他这位伟大的好朋友对他所说的任何事情都是赞同的。

然而，这种披着逻辑外衣的极端主义得以短暂重现，并不意
味着阿德勒在校园内真的恢复了影响。恰恰相反，学术争论已越
来越集中到了麦基翁讨论哲学和课程问题的方式上。他与阿德勒
在学说的内涵以及讲授方式上都大相径庭。阿德勒没能在芝加哥
大学建立任何有影响的学术基地，大有沦为哈钦斯宫廷小丑的危
险。他永远是一个外人——一种在荒野中号叫的声音——按他
的性情和选择来评判都是如此。相反，麦基翁更喜欢在学术体系
内运作。在当上人文科学学部的院长后，他占据了一个举足轻重
的位置，可通过学术说服与行政手段兼施来影响他人。这使他有
机会在芝加哥大学独立地施展个人的权威。因此，在接下来的
10 年中对人文科学学部的课程计划进行重塑时，以及在 1942 年 80
后对本科生院课程计划进行重塑时，麦基翁的影响力远远超过了
阿德勒和哈钦斯。

麦基翁对芝加哥大学的影响，在很大程度上得益于他不像阿德勒一直偏爱的那样，对所有的异己都进行不计后果的攻击。他不为任何特定的学说或某组哲学结论进行辩护，而是提出一种据称可以辨析哲学家思想最深层结构的文本分析方法。在这里，一

种特定的学说是真是假并不重要；其任务是将思想家归入各自的讨论模式，从而分析和理解他们当初是怎样必然地得出结论的。麦基翁的方法似乎给那些运用它的人提供了一种极佳的洞察力，让他的追随者拥有一种学术优越感，不仅超越了他们分析了其论证的哲学家，而且超越了没能支持他们的方法或赞同他们的结论的任何人。

以这样一种间接的方式，一种新的教条主义——远比阿德勒那种简单地证实亚里士多德理论来得深奥的教条主义，逐渐扩大了势力范围。因此，在芝加哥大学其他院系看来，1937 年后哲学系里出现的各种思想学派，只有麦基翁的讨论与分析方法值得关注。这主要是因为几个文学学者，特别是英语系主任罗纳德·克兰，对麦基翁的思想进行了力挺。相比之下，卡尔纳普只受到一小群哲学教授的关注，而且他们几乎全住在欧洲。

为避难者提供了立足之地的其他系，大体跟希腊系和哲学系的情况类似——接纳新来者并尊敬他们，但没有对他们从大西洋彼岸带来的新颖学问与视野作出强烈的反应。经济学系明显属于这种类型，比如说，波兰社会主义者奥斯卡·兰格（Oscar Lange）在 1938 年得到聘用。他制定标准的工作——依据这些标准，社会主义管理者预期可以有效地分配资源，而无须求助于自由市场价格机制——引起芝加哥大学经济学系占主导地位的市场经济学专家一定的专业好奇，但双方都没能说服对方接受自己的观点。在罗马语言系，一位脾气暴躁的意大利人朱塞佩·鲍基斯（Giuseppe Borgese）在 1936 年来到学校，同样也只给校园生活增加了一道新的风景，并没有对为他提供庇护的这个系原先盛行的既有文学学术风格产生影响。鲍基斯的兴趣在公众与政治方面，而不是在语言学或狭义的文学方面，因此对他系里的同事几乎没有产生影响，尽管他 1937 年出版的书《格利阿特：法西斯 81
游行》（*Goliath: The March of Fascism*）在公众中获得了相当大的成功。鲍基斯以一种完全个人的方式憎恨墨索里尼，在对他进行攻击时，促请美国读者将意大利法西斯和德国纳粹当作同样暴虐和讨厌的政权对待。

在历史领域，汉斯·罗特费尔斯（Hans Rothfels）像鲍基斯一样，加入芝加哥大学时也抱着坚定的政治信念，因为他是个彻底的德国（实际上是普鲁士）保守主义者；并像许多其他被驱逐的德国教授一样，一直不习惯美国学生上他的德国与中欧历史课时所具有的薄弱基础。他最好的那些学生本身也是流亡人士，他强烈的德国爱国心——尽管是反纳粹的——使他和历史系的同事彼此隔绝，特别是美国在 1941 年再次对德宣战之后。

但是尽管种种障碍限制了欧洲学者和美国新同事与学生建立有效的学术交流，20 世纪 30 年代末涌入的避难者所产生的总体影响，无疑是一种有益的补充，最终推动芝加哥大学朝着比过去所知要广阔得多的世界主义学术方向发展。在 20 世纪二三十年代，美国大多数教授很少关注用英文之外的其他语言发表的成果，从这个意义上说，美国人文和社会科学方面的学术研究是很狭隘的。在1914年前，德国的学术声望吸引了许多美国人去德国大学深造，并尽他们所能吸收德国的学问，但是这种联系在一战时中断，此后就一蹶不振。实际上，芝加哥大学率先背离了在德国还在继续蓬勃发展的推测式社会理论，转而偏向于对人类行为——就像在身边的芝加哥市，或对人类学家来说，在北美和中美的印第安村庄——进行直接的观察与测量。

芝加哥大学的社会科学家对他们自己作为观察者的客观性，保持一种相当天真的信念，已受到阿德勒和其他哲学家的攻击，这可能也为卓有成效地重建与德国和欧洲推测式社会科学的联系铺平了道路。但花了一些时间，来突破将德国与欧洲思想跟美国
82 与英国学术传统分隔开的语言和概念障碍，建立有效的交流；而且，除开像艺术系那样进行照单全收式的移植，欧洲避难者和他们在芝加哥大学的主人遭遇的头几年并非特别有成效。

自然科学因为有数学和化学符号这种共同语言，已经是世界性的了。因此，避难者在融入自然科学系科时遇到的障碍要少一些，而且因为同样的原因，他们也不能提供那么多可以将研究引上新轨道的东西。至少在我这种外行看来是这样的，因为我们无法宣称自己真的明白物理、化学和生物的研究动力来自何处——不管是对芝加哥大学还是对整个美国都是如此。

实际上，大洋彼岸的新来者在社会科学和人文科学方面造成的影响，直到年轻一代开始接老教授的班时才能完全感觉到，因为前者在读研究生时就遇到了德国式的学问，那时他们的思想还具有可塑性，而后者的学术态度在20世纪20年代或更早些时候就已经定型了。退休缓慢而明确地产生了这个效果，一点点地改变了芝加哥大学各系的态度，最终让他们可以将德国与英美学术传统结合得比前人更牢固和全面。希特勒给德国学术造成了巨大的破坏，这意味着在战后，德国学术界不得不反过来向英语国家学习。只有法国还保持了一种独特的学术自立（至少在某些领域，比如历史），可以受到世界主义传统承继者充满敬意的关注——这种传统因为大量欧洲避难者的涌入，而得以在美国扎根并变得更为丰富。这构成了世界文化和学术景观的一个显著变迁，而芝加哥大学在其中担当了一个重要的角色，正如我们将在后续章节中看到的那样。

毫无疑问，正是这些公众事件以及明显迫近的战争，让1937年到1941年期间的芝大生活别具特色；但内部的潜流也发挥了作用。首要的是哈钦斯和相当部分的资深教师发生了持续的摩擦。自从1936年哈钦斯在耶鲁举行讲座，对形而上学表示支持引发冲突之后，思想辩论的激烈程度减弱了，这并不是因为各方设法达成了共识或相互的理解，而是因为哈钦斯也像阿德勒一样，开始对他想作出的变革绝望了。

正如他在一份标注时间为 1938 年 9 月 30 日、题为《给董事
会的年度机密报告》中解释的那样：“今年冬天，董事会一位成
83 员问我，为什么没有将我书中推崇的通识教育计划在本科生院付
诸实践。本科生院全体教职工及其委员会已经 3 次拒绝了我对
这个主题的推荐。”他接着说：“实际上，校长的权力是一种试
图说服教师接受他对人和政策的看法的特权。” 就像他承认的那
样，尽管一些大学校长就算受到了这些限制，还是作出了很多的
成绩，“我认为未来会发现，这些成绩要么限于校长任期的前几
年——在校长有时间作出不利的决定来疏离教职工之前，要么限
于财政和教育扩张的时期。”但哈钦斯没有处于这两种快乐时期。
他反而发现自己被锁定在“费力不讨好的位置上，不得不说服那
些他在生活的每一天都决定要与之作对的人”。只有在新的经费
进校时，“反对射击圣诞老人的正常规则”才有可能占上风。相
反，“芝加哥大学的问题是一个整体性的问题。这包括努力改善
我们已有的，努力从中找出某种意义，努力走出由联盟、课程取
消、人员、系科乃至学院形成的纠缠状态，并将我们正在做的所
有事情都放在一个可捍卫的基础上。这个计划……威胁到了既得
利益。”[7] 难怪当时教职工的反对，使得他不可能实施自己的教育
原则。

引发这段心曲的是围绕学术终身制发生的一次争论。当经济萧条降临时，哈钦斯试图通过尽可能将终身教职握在自己的手

里，来保持预算，以应付将来的银根紧缩和提高他的操纵权。因此，提为副教授不再保证给予终身教职；截至1938年，甚至有一些正教授也没有享受那种惯常的特权。美国大学教授协会芝加哥分部在1937—1938学年注意到了这种地位的下降，就拼命抱怨，使得美国评议会也决定指派一个正式的委员会，来研究终身教职问题，并为将来的政策制定提出正式的建议。

哈钦斯将这当作是针对他的特权和良好判断力进行的个人攻
击。行政管理问题实际上受到意识形态方面一种无处不在的强烈
敌意的歪曲，这在很大程度上是因为哈里·吉第昂斯已成为美国
大学教授协会芝加哥分会的精神领袖。吉第昂斯将自己假想为哈
钦斯的主要对手，在本科生院课程计划方面，带头抵制哈钦斯的
谴责，还急匆匆地在媒体上公开发表自己对《美国高等教育》一
书的批判。哈钦斯可能怀疑吉第昂斯和他的朋友们，将辩论主题
从教育方针转到终身制问题，是想故意在教职工中争取更多的人
支持他们的意识形态观点；而吉第昂斯和其他对哈钦斯的意图缺 84
乏信任的人，却担心没了终身教职的保护，教职工也许只能任凭
不负责任的校长宰割。

哈钦斯的确觉得终身教职是不明智的，也是不必要的。在他看来，终身教职保护了弱者，尤其是阻碍了变革。他对董事会说："我觉得，消除平庸和完成任务，是比保护教职工迫切得多的问题。"[8] 他头一次——但不是最后一次——抱怨了校评议会对

这所大学的无效管理，这使得一个个特殊利益小集团，可以否决任何背离现有惯例的举措，究其原因不过是大部分教授对任何不影响他们个人职业生涯的事情漠不关心，只出席那些多少会危及他们自身特殊利益的评议会会议。[9]

因此，哈钦斯的挫折感很强烈，但他对终身教职的反感，根本敌不过教职工对它的痴迷。经过一番深思熟虑，评议会建议采用一种正常的升职模式——教员每年一聘，4 个聘期后，初级教员必须成为助理教授，不然就会被解聘；接着在当了 2 个为期 3 年的助理教授之后，又重复这一程序，可以选择升为有无限期终身教职的副教授，或走人。不过，没有提议升为正教授的固定期限；任命具有更高地位的讲席教授，以及每个等级内的工资调整，这些事情都完全交给校行政管理层决定。评议会适时地通过了这条政策；1940 年，它获得董事会正式批准生效。

哈钦斯对任命工作的控制权并没有因为这个法案而削弱，因为自 1931 年以来，他一直被迫去说服院系，批准他想邀请到芝大来的每一个人；但那正说明很大一部分教师有权待在他们的位子上直到退休，这显然加强了令哈钦斯如此窝心的既得利益。因此，那是校长的一次失败，并让他在 1942 年铁心采取非同寻常的举动——正如我们将在下一章看到的那样。

至于吉第昂斯，他没有待在芝加哥大学享受胜利的滋味。毕竟，非升即走的规则有它伤人的一面；吉第昂斯在经济系的同事

们不同意将他提为正教授，就因为他太忙于教学和太热衷于在本
科生院担任领导职务，没有发表研究成果。这是一个具有讽刺意
味的结果，其讽刺意味因为下面这个事实得到进一步的加强：吉 85
第昂斯在成为纽约州布鲁克林学院的校长之后，与不服管束的教
师间发生了一连串的冲突——他们不满他专横的管理作风。

在我们关注的那段时期，专业学院发生了两个显著的变化，一个是正面的，一个是负面的。正面的变化是，法学院新开发了一个四年制课程计划，并从 1937 年开始投入实施。新的课程计划不再将注意力完全限于案例研究——哈钦斯自己在学法律时占主导地位的训练就是如此，而是设置了心理学、宪法史、伦理学、商业组织和理论经济学等特色课程，为掌握法庭上实际应用的法律细节提供合理的背景。为了给新课腾出时间，雄心勃勃的准律师们被期望在本科生院读大四时，就开始学习法学院的课程，而那些从别的学院转过来的学生，则继续使用经压缩的三年制课程计划。

法学院也吸引了包括芝大未来校长爱德华·利维（Edward Levi）在内的一批聪明的年轻教师；当毕格罗（Bigelow）院长于 1940 年退休时，哈钦斯给他找了一个精力充沛的年轻人——威尔伯·G. 卡茨（Wilber G. Katz）接班。卡茨接手时刚好赶上学生人数锐减，当时强制性的军事训练使得身体健康的年轻人在到征兵年纪后，很难或不可能置身于军队之外。不过，从长远来

看，这个新的课程计划取得了切实的成功，尽管短期来看，法学院在战争期间遭遇了一段时间的困难，当时大部分教师在为政府服务，而也几乎招不到学生。

当战争来临时，医学院没有遭遇类似的困难，因为医科学生免于应征入伍，他们的训练实际上还因为后来的强制性军事服务，反过来得到了军队的资助。但是也出现了不同类型的困难。首先，与拉什医学院由来已久的关系问题，致使双方在 1941 年以不太友好的方式分道扬镳。下面这个决定导致了这一结果：禁止医预科的本科生进拉什医学院就读，而让中途公园尽可能多地接受医科学生。拉什医学院在成为芝加哥大学的附属学院之前，就有自己引以为傲的传统。因此，教师和校友都不肯接受这样一种受到严重藐视的角色，特别是因为它来自南边。于是，拉什医学院重新确立了完全独立的地位，并成了芝大医学院的对手而不是伙伴。

另一个毁弃的盟约来自芝加哥南部为黑人贫民区服务的远见
86 医院（Provident Hospital），它之所以被疏离，主要是因为芝大发现很难劝导白种医科学生和医生去那服务，也不愿意接纳黑人医生和病人进学校附属医院——担心他们会让医学院财政赖以维持的白种病人望而却步。而另一方面，产科医院（Lying-In Hospital）这个曾经私有的独立机构，在 1938 年被成功地纳入了芝大的医院系统。

甚至在说服洛克菲勒基金会为解决医学院持续赤字，注入最后一笔经费之后，财政状况依然困难。找不到解决方案，可以填平学校工资与私人开业医生收入水平之间的差距。因此，医学系仍然像走马灯似的——每年新引进的人，只在学校里作短暂逗留，就自己开起了诊所。让医学院的教师全职进行教学和科研，仍然是一个没有动摇的理想，但是愿意为全身心投入教学和科研，而放弃更高收入的医生仍然是少数——尽管是受人尊敬的。

在大战前的几年里，专业学院没有发生非常显著的变化，尽管 1941 年的一段小插曲，引出了“本来可能会发生什么”这样一个有意思的问题——至少在回顾时如此。那年 4 月，一个叫沃尔特 · P. 默菲（Walter P. Murphy）的富翁，提议在芝加哥大学建立一个工学院，并表示可以捐资，至少是部分捐资来做这件事。但哈钦斯觉得芝大需要加强和专注于它最强的领域，而不应扩张到新的领域。困扰医学院的问题表明，一项新的冒险——就算在启动时具有明确的原则和远大的目标，结果还是可能非常分散精力。而且，哈钦斯对实际的事物有些轻视，也许觉得工程更像一门生意而不是一项职业，在大学里没有合法的地位。无论如何，他断然否决了这个提议，并且因此丧失了战后在波士顿和加州欣欣向荣的那种工程与物理间的联系。考虑到计算机已经开始在我们社会中发挥的作用，哈钦斯的决定可能是个严重的错误。当然，也不好指责他没有预见到计算机技术，会像现在这样与各种信息交织在一起，影响到各个学科领域。不过，他对工程学科的拒绝，如同他更为人知的对足球的抛弃，从长远来看，对芝大的影响，可能比他那么努力想完成的课程和体制改革更重要。

87 本科生院仍然是哈钦斯改革工作的重点，但在战争即将来临时，激动人心的事件和积极的行动反而集中在人文科学学部，因为那里有一群狂热的追随者围绕在罗纳德·克兰和理查德·麦基翁周围。英语系主任克兰是个头脑异常清醒的人，那无疑是将他吸引到 18 世纪文学领域的原因。通过研究通常那种历史、传记和文本方面的问题，他树立了一个一丝不苟的学者形象；他比大多数同事高明，因为他在致力于对二流作者进行研究时，感觉到了这种学问的琐碎之处。

因此，克兰对自己和同事的成就感到不满，并在听了麦基翁关于如何分析文本和分辨其内在结构与含义的解释之后，发生了新的转变。将麦基翁的方法应用在文学上，有望表明为何有些作品是文学巨著，而另外一些则难达此水准。相比于发现那些平庸之作作者更多的历史细节——这些作品理所当然地被英语文学研究者忽视了，这似乎是一个重要得多的目标。至少克兰开始相信这一点了，于是他很快就和身边的人，包括英语系的还有外面的，交流起他的新信念。

凭着信念转变者的热情，克兰的确在很长一段时间里，拒绝用历史和社会背景作为正确理解文本的主要途径；因为人文科学学部所有的系和社会科学学部大部分的系，都建立在这种或那种文本的研究之上，这一原理可能具有最为广泛的重要意义。早在1933年，在还没听说过麦基翁之前，克兰就刻薄地拒绝过一种历史研究——那是一种表达不严谨的艺术、文学和历史的综合，谢维尔曾以此作为本科生院人文科学课程的基础。他写道："如果综合意味着由一个人将专业研究结果放在一起，以便对文明的某个阶段进行统一的描述，那会是一些和学者本身毫无干系的东西。那是一个应该交给记者完成的任务。"而且："唯一可以严肃对待的思想史要由哲学家写，好的经济史要经济学家来写，如此等等。"[10]

克兰在1933年写这个备忘录时，实际上是在反对历史学家侵入他自己和其他学者的专有领地——那是一战前从德国移植到哥伦比亚大学的某种风格的历史写作和教学，即詹姆斯·哈维·罗宾逊（James Harvey Robinson）所谓的"新历史"。谢维尔直接
从德国人那里获得灵感，并得益于哥伦比亚大学树立的榜样，但 88
是他在芝加哥大学开始推行同样的东西时，没有得到历史系的支持；实际上，克兰反对的是幻想的敌人，因为对于本科生院人文科学课程所提供的那种限定历史的学术与文化史综合，各学部内部并不存在有组织的支持。因此，本科生院的教师受到了孤立；

在谢维尔于1934年退休后，他的继任者阿瑟·斯科特（Arthur Scott），作为本科生院人文科学课程的靠山，是个平庸而不善反思的历史学家，完全无法捍卫他所继承的一切。他只是一味地守旧，甚至都没试图对克兰的备忘录作出答复。

而克兰在了解了麦基翁的方法之后，更进一步地发展了他攻击历史的逻辑，作为理解过往政治之外所有事物的一种模式。实际上，他决定抛弃文学专家在学术工作中精心提供的历史背景细节，以及谢维尔示范的那种更松散的历史综合。他开始相信，两种历史学术研究对艺术作品都提不出什么重要的观点，应该将它们本身作为对象来研究。只有这样，才能发现一个文本真正的文学价值或缺陷。只有这样，真正的文学学术性才能从各种历史信息的瘴雾中凸显出来，这些信息都是英语教授们辛辛苦苦积累起来的——他们不去留意文本，而是舍本逐末，去追究一些细枝末节和往往是偶然出现的背景，从而阻碍了他们对打算研究的文学进行真正的理解。

大致而言，这成了后来被称作“文艺批评的芝加哥学派”的使命。英语系分成了两派，一派是克兰和麦基翁的支持者，他们致力于野心勃勃的文学学术改革任务，另一派固守背景和历史研究的老套。总之，埃尔德·奥尔森（Elder Olson）和诺曼·麦克莱恩（Norman Maclean）这批年轻人在追随克兰时最卖力，而他年长一些的同事，大多对于采用麦基翁的分析方法，将精确性引入文艺批评的做法，依然漠不关心，甚至持反对意见。

实际上，克兰和他的追随者在将他们的新理念付诸实践时遇到了困难。大卫·戴希斯在 1937 年秋抵达芝加哥大学时，发现自己很快就被由此产生的争议所包围。他写道：“在牛津大学，问这种基本的问题会被认为品味不高……在芝加哥大学，没有任何伪装，所有的问题都被直截了当地提了出来，你不能用草率的回答敷衍过去。”[11] 戴希斯对那些年的描述既生动又怀有同情心。戴希斯写到克兰如何将他拉到一边，大声地向他朗读自己的一篇 89
文章，并请他评价自己在辨析一个特定的文学文本的内在结构与价值时，究竟水平如何。从戴希斯的描述中，可以很清楚地看到，克兰急切地想邀请一个非常年轻的局外人（戴希斯当时还不到 30 岁）进行评判，而他对自己是否成功地剖析出了文学的优秀程度没有把握；也可以清楚地看到克兰在年轻的同事和英语系一流的研究生中，产生了多强的学术辐射力。

受爱丁堡大学和牛津大学温文尔雅的历史化传统的熏陶，戴希斯“对使用纯粹的文艺批评专业的技术词汇仍然持怀疑态度”；但是，“因为在争论中被迫对自己的观点进行前所未有的仔细界定，在某种程度上，我也有了长进。”[12] 总之，对年轻学者而言，这是个神奇的地方，可以让他们对自己的文艺品味进行提升和界定；正如本科生院，在那些对概论课程中体现的广泛学术传统感兴趣的人看来，依然是个神奇的地方。在 20 世纪 30 年代初，研究生都太致力于提高自己在某个特定学科分支上的专业水平，没怎么关注本科生中如此激烈的学理辩论；但是在 1936 年之后，英语系就不再是这个样子了，而在人文科学学部的相关系科中，只要文学文本的研究盛行，情况都多少有所改观。每个人都无法不顾及到克兰和麦基翁掀起的这股学理新风，虽然只在英语和哲学学科，催生出一个有相当规模的研究生与教授团体，让他们对这种新的文本分析方式没有满足于浅尝辄止。

麦基翁以及他在社会科学学部的同伴罗伯特·雷德菲尔德院长，心怀对他们继承的系科结构进行变革的大志。麦基翁的策略是创设具有学位授予权的跨系委员会。一个文化史方面的委员会，以及另一个叫思想分析与方法研究的委员会，是麦基翁在这个方面所作努力的主要结果；不过他内心还暗藏着（只是一直没有实践）一个激进得多的念头：对人文科学学部进行重组，以便通过将两条求知途径隔离在不同的学术部门中，让文艺批评有可能系统地与历史学术研究脱钩。

雷德菲尔德在如何更理性地组织社会科学方面，支持同样激进的观点，但是针对文科硕士应该采用什么样的学部课程计划，进行了旷日持久的讨论，最后结果还是僵持不下。该学部的文科
90 硕士计划没有变革，而是继续以它在 1931 年学部创立之初所采用的那种形式勉强运作，即各系都提供它自己选择的导引课程，而不管其他系如何操作。没有出现满意的社会科学入门课，但是

雷德菲尔德没法劝说他的同事们进行更系统的思考或者打破系科壁垒。和麦基翁一样，他也只能满足于设立几个跨系的委员会，比如国际关系委员会、人类发展委员会（与生物科学学部联合成立的）以及统计委员会（与物理科学学部联合成立的）。

因为这些委员会的成员都拥有系里聘任的职位，它们在改变芝加哥大学研究生训练的传统模式方面没有多大的作为。只要所有的研究生教师都必须赢得系里的批准——在1930—1931学年就哲学系的聘任发生争论之后，这成了一个令人嫉妒地捍卫成功的特权——就没有哪项行政部门的倡举，可以胜过现存系科壁垒在教职工中形成的思维定势。教授们觉得抛弃学科身份是不现实的，实际上对大多数人而言也是难以想象的，因为这种身份是他们在研究生院里辛辛苦苦赚来的，已牢牢地树立在专业协会、学术期刊、职业模式和专业词汇之中。

面对美国学术生活的基本现实，尽管哈钦斯的雄辩和改革派的雄心，得到了他为人文科学学部和社会科学学部选择的两个年轻院长的支持，但在研究生层面的跨系课程计划改革所取得的成功还是非常有限。跨系委员会确实允许一些学生在攻读博士学位时，走非同寻常的路子，但是其中并没有出现真正能跨越系科界限的综合性工作。涉及哲学和文学的文艺批评芝加哥学派，实际上差不多就是真正的跨学科研究生学习能做到的极限了；尽管它力度挺大，但这个学派从来没有赢得相关系科所有人的支持。不过克兰和麦基翁引发的白热化辩论，甚至连反对他们追求真与美的方法的那些人，思想也被激活了。正如戴希斯所言：所有的问题都被直截了当地提了出来，你不能用草率的回答敷衍过去。这使得人文科学学部在大战前几年就成了一个异常活跃的地方。

在 20 世纪 30 年代初曾是学术活跃中心的本科生院，如今相对沉寂了。哈钦斯希望进行通识教育的大变革，而那些实际讲授通识课程的人满足于他们正在做的事情，这二者之间的僵局
91 意味着直到 1942 年，本科课程计划都没有出现重大的变化。遵照董事会的一项正式法案，的确在 1937 年建立了一个四年制学院，包含了芝大附属高中的二、三年级以及本科生院的前两年。这个新的行政体制所涉及的高中老师，与本科生院中讲授概论课的那些人相比，进行试验的意愿要大得多。因此，罗素·托马斯（Russell Thomas）和另外一些高中英语老师，用哈钦斯和阿德勒引入高中的“伟大的书”开设了实验课程。社会研究方面的老师也使用原始档案，围绕公共政策的重大辩论，对美国历史研究进行了改组。但是这些改革只影响了芝大附属高中的部分学生，哈钦斯对“伟大的书”的支持，没能说服那些在传统本科生院中讲授人文与社会科学概论课的老师，让他们对教学方式进行重大的改变。霍布斯和洛克之类的作者确实代替了一些政治学的课文阅读；而为了将物理科学概论课各教学段串起来，所作的一项更持久的努力，寻求的是找出不同科学中共存的一种研究模式。但

是，人文科学和生物科学概论课程还固守着20世纪30年代初的模式，即使在主要负责它们最初构建的那些人退休后依然如此。在人文科学方面，谢维尔的接班人阿瑟·斯科特考虑到自己即将退休，只是萧规曹随。安东·卡尔森以及弗兰克·利利（Frank Lillie）和纽曼（H. H. Newman）在1940年退休，这也标志着曾在20世纪20年初打造了《世界与人的本性》这门原型概论课的那批生物学家离去了，他们共同在生物科学概论课上打下的烙印，跟谢维尔独自在人文概论课上打下的烙印一样深刻。他们指定的接班人——植物学家默尔·科尔特忠于他们的构思，一如阿瑟·斯科特对谢维尔的忠诚。两人都是追随者，因为他们（很正确地）认识到自己在学术上不及前辈，所以对他们从前辈那里继承来的东西就把握得更牢。

尽管沃尔格林调查产生了不利的公众影响，芝加哥大学本科生的质量和数量仍保持了很好的状况。这至少要部分地归功于为提高芝加哥大学的影响面所作的一些有技巧的、有干劲的努力，不仅通过电台——圆桌讨论在副校长本顿的用心经营下越来越红火了，而且也通过报纸杂志来提高知名度。

电台一直在芝加哥大学公共关系中占据了中心地位。在本顿说服斯隆基金会（Sloan Foundation）每年提供总计数千美元的资
助之后，圆桌讨论变得专业化了许多。这笔经费被用来聘请一位 92
全职的经理，而他的工作就是在外面寻找合适的知名人士，作为

芝加哥大学教授的搭档。标准的搭配是两个来自芝大的发言人配一个外来的专家。每档节目的发言稿，被打印出来，分发给成千上万的订阅者；随着人们因为战事的临近而对公众事件表现出更强的兴趣，圆桌讨论在华盛顿和整个美国发挥的作用也在增加。[13] 本顿为活跃气氛进行了一些尝试性的努力——试着回答听众来信中提出的问题，甚至试着让教授们提前对自己的思路进行整理，以便能写出发言稿，并根据稿子发言。但是教职工对本顿触及他们自由轻松的形式进行了抵制；本顿能发挥最大影响力的方面是选择要讨论的话题以及向谁提问。哈钦斯也对每周一次的节目表现出了浓厚的兴趣，他习惯性地向节目经理递条子，要求拿掉某些人，或对另一些人表示赞赏——根据他们在节目中的表现。

周复一周讨论的主题涵盖了非常广泛的范围，经理总是试图选出一个在某些重要方面有不同看法的讨论小组，以便让讨论变得活跃、真实而又具有自发性。这确实是这档节目成功的秘密。为了保证这种效果，校园中一些能言善辩的特立独行人士，在圆桌讨论中频频露面，有时都让本顿和哈钦斯感到难堪。政治家兼哲学家 T. V. 史密斯就是这样一个人；经济学家兼社会主义者在 1940 年提名的副校长人选梅纳德·克鲁格也是这样一个人。

随着战争的逼近，公众辩论的主题有集中于经济政策方面的倾向。这使得经济学家成了芝加哥大学最知名的发言人。当然经济学家变为大众预言家，是那个年代普遍存在的一种现象，反映了理论宏观经济学的实际成就和二战期间开始实施的新型国家管理。圆桌讨论在将经济学专业提升到一个新的地位方面，发挥了一种即便有限却也切实的作用。

背地里，也许还与本顿的影响有关。作为一位生意人，他对经济问题很有兴趣，习惯性地与芝大的经济学家在方庭俱乐部共进午餐。此外，因为他们大多是保守的自由市场捍卫者，通过让他们出现在圆桌讨论中，也可以削弱芝大思想激进的名声。这一直是本顿主要关心的问题之一；正如他清醒地认识到的那样，圆桌讨论是——而且在很长的时间里一直是——芝大向美国大众发表演讲的主要途径。在哈钦斯主政芝大的 20 年里，它一直很强 93
大，远远胜过了所有其他大学播出的节目。

本顿为圆桌讨论提供了一套补充节目——另一档名叫“人类冒险”（The Human Adventure）的辛迪加式系列广播。这档节目是有发言稿的，并且涵盖了比圆桌讨论广泛得多的主题。特别节目讨论了诸如达尔文、活体解剖、萨莫萨塔的琉善[*]、佩皮斯[**]、

---

* 萨莫萨塔的琉善（Lucian of Samosata）为 2 世纪罗马的叙利亚人，希腊文学讽刺散文家。——译注

** 塞缪尔·佩皮斯（Samuel Pepys，1633—1703），17 世纪英国作家、政治家和海军大臣。主要以其日记闻名于世。是 17 世纪最丰富的生活文献，成为继《圣经》和鲍斯威尔的《约翰逊传》之后，英语中的最佳枕边读物。——译注

麦尔维尔[*]和美国的游客之类的主题。在1939年至1945年之间，总共播出了300档半小时的节目。但是“人类冒险”从来就没有吸引到圆桌讨论那么多的听众；而它的制作请的是专业编剧和演员，从来不像圆桌讨论那样是一项大学的事业。作家们在准备剧本时确实请教过教授们；但是决定节目真正风格的是广播专家的品位和判断。教师们经常不满意在电台广播时对他们的专业知识所进行的改编和通俗化；电台编剧的职业化和芝大教授们的疑惧，一直都没能取得令人满意的调和。

因此，本顿为将大学学术的神秘性揭示给美国大众，而作出的巨大努力失败了。他试图将油和水搅在一起，因为在电台作家和节目经理对大众品味培养出敏锐的感觉之后，学术与电台的职业化就完全不兼容了。但是，本顿立足于两个阵营之中，一直渴望撮合电台专业人士和学术界人士。他对二者都有信心，从未放弃过他的民粹主义信念：美国大众具有可教性——只要运用合适的技巧，让学习变得有意思。“人类冒险”是他在这个方面所作的第一次野心勃勃的努力，但是我们在后续章节中会看到，这不是他的最后一次。它很有限的成功表明，就连威廉·本顿这样一个人，在让大众理解芝加哥大学已成了多么特别和专业的地方

---

* 赫尔曼·麦尔维尔（Herman Melville, 1819—1891），美国小说家、散文家和诗人。他依据其海上经历写成的杰作《白鲸》（1851），被认为是美国最伟大的小说之一。——译注

时，也会遇到困难。圆桌讨论胃口没那么大，也更具自发性，其经营状况却要好许多，但那只不过代表了芝加哥大学一个很有限的方面——几个教授对公共事件中的当前问题所表示的关切。[14]

本顿没有将他以芝大的名义所作的努力局限在电台方面。他在广告业中的关系，让他获得了机会去接近诸如《周六晚间邮报》（*Saturday Evening Post*）和《读者文摘》之类美国公众价值的坚定维护者。因此，哈钦斯在 1937—1938 学年就教育问题，在《周六晚间邮报》上发表了 3 篇文章（主要是枪手代笔的）；《读者文摘》也腾出篇幅发表了一篇文章，对芝大极尽恭维之能事。但是，本顿在努力改善芝大公众形象时，可以依靠的主要盟 94
友还是亨利·卢斯（Henry Luce）——《时代》、《生活》与《财富》的发行人。卢斯认识哈钦斯时，他们都还在耶鲁大学读本科。他的中国传教士出身背景，与哈钦斯的后长老会式诚恳产生了共鸣，让他准备对哈钦斯为道德行动奠定一个坚实基础的渴盼给予同情。因此，《财富》在 1937 年派了一名记者去芝加哥，对芝加哥大学在从事的一切进行了深表赞同的报道，并称赞哈钦斯为进一步改革本科生院所作的努力——想来这也不是什么令人吃惊的事了。

更重要的是，《时代》定期发表一些来自中途公园的消息，部分是通过本顿打给另一位耶鲁人的电话透露出来的，这个人名叫拉尔夫·英格索尔（Ralph Ingersoll），是时代公司的副总裁；

部分是通过与这家杂志一些级别较低的作者接触，他们中好几个是芝加哥大学的校友，而且即使在搬到纽约之后，仍然和留在中途公园的朋友保持联络。结果是，《时代》杂志上几乎持续不断地登出了关于哈钦斯和芝加哥大学的文章，还经常引用芝加哥大学教授的一些话。

读者肯定产生了这样的印象：在中途公园发生了一些重大而有趣的事情。确实，芝大是一个发生些无关紧要的事也会引人注目的地方。比如，《时代》就曾在闲聊栏目“人物”中选择记录这样一个事实——作者桑顿·怀尔德（Thornton Wilder，另一个耶鲁人）出现在曼德尔大礼堂的舞台上，参加了韩德尔一部不大为人所知的歌剧《薛西斯一世》（*Xerxes*）的一次业余演出，负责唱一个词！怀尔德当时是英国的一位访问学者，是哈钦斯的私人朋友和热烈的仰慕者，当然卢斯也认识他。一张由校友组成的网络，显然影响了卢斯的期刊对芝加哥大学的态度，因此本顿能前所未有地为芝大赢得更广泛也远为有利的公众关注。

他的努力无疑帮助了招生和筹款。此外，国家级出版物提及该校人物和事件的频度，以及哈钦斯校长继续享有的巨大公众声誉，让每个人都觉得自己正置身于一个非常特别的地方，大思想、大项目、大问题和有希望的解决方案都令人目眩地交织在一起。本科生总是倾向于以自我为中心，他们确实也面临着在学识和感情方面成长的挑战；但是回首往事，说我们中许多人（我毕

业于 1938 年）感觉并表现得好像宇宙在绕着位于校园中心的旗 95
杆转，似乎也不算太夸张。就算不是物理的宇宙，至少也是学识的宇宙——在那里思想和它们的实践才是要紧的。

哈钦斯贬低其他大学和断言芝大的优越性的习惯，被我们中的大多数人理解成对我们自己特别的智慧和美德——就因为我们置身于此地——给予的热烈赞赏。在外人看来，我们肯定显得特别青涩和自负，甚至按本科生的标准来衡量也是如此。但事实上，我们的确比进其他院校的同龄人要懂得多，当然我们以为自己知道得比实际的还多得多。所有这些都意味着芝加哥大学本科生院对一个年轻人来说，是一个可以见证自己成长的好地方，尽管战争的阴云在 20 世纪 30 年代末正笼罩着全校、全国乃至全世界。

本科生院的生活没有完全集中在学业方面。兄弟会和妇女俱乐部继续关心晚会和日常生活；所有通常的课外活动都帮忙吸纳本科生过剩的能量。按现金流衡量，黑披风剧社和《栗色日报》是两个最大的学生活动。但是舞蹈、讲座、礼拜联盟（Chapel Union）、基督教女青年会（YWCA）和其他一些宗教赞助的团体层出不穷；体育活动继续受到重视。网球队在 1938 年和 1939 年赢得了十大盟校冠军；继全美明星比尔·哈洛（Bill Haarlow）之后，在篮球方面又出了一个同样出色的运动员乔·斯坦普夫（Joe Stampf），他在 1941 年的得分名列十大盟校榜首，尽管他们队在那个赛季输了。

但是体育方面的核心事件是，芝加哥大学的橄榄球队在贝尔万格 1936 年毕业后就开始走霉运。十大盟校中的其他学校却在对它们的橄榄球队进行职业化，建造起宏大的体育场，并在周六下午，让里面挤满忠实的校友和其他球迷——多亏汽车提供了新的移动性。体育教育系[15]通过提供运动技能和知识方面的学分，为高中训练体育教练。这使得橄榄球运动员可以将几乎所有的精力都投入赛事，同时又保住合法的学生身份。

但是芝加哥大学必修的课程计划，并没有给职业化的运动员留出空间。橄榄球运动员必须通过和其他学生同样的考试。的确有几个老派的本科生院老师，比如教英语的特迪·林恩（Teddy Linn），以放橄榄球运动员过关而出名，他们在打分时更多的是基于这些运动员在周六下午的表现，而不是他们在课堂上的表现。但是运动员们只选特迪·林恩的课是没法从本科生院毕业
96 的。概论课及其令人生畏的综合考试，对所有想走捷径拿文学士学位的人都形成了一道无法克服的障碍。因此，那些想在学业上偷工减料的运动员，学会了远离芝加哥大学，尽管招生办公室手里有一些运动员奖学金。芝加哥大学还是可以成功地招到网球运动员、游泳运动员和体操运动员，因为其他十大盟校对这些只吸引较少观众而不会带来什么收入的运动项目，很少甚至完全不关注。但是橄榄球和篮球运动已经成了大赛事，芝加哥大学如不系统地降低对运动员的学业要求，就跟不上形势了。

在 1939 年时，如何处理这种情况成了急需解决的问题，当时橄榄球队在首场比赛中就被伯洛伊特学院（Beloit College）击败，在赛季结束时已接连输给了哈佛大学（61：0）、密歇根大学（85∶0）、弗吉尼亚大学（47∶0）和俄亥俄州立大学（47∶0）。《看》（*Look*）杂志将芝加哥大学橄榄球队称作“业余的全美橄榄球队”，令人稍感欣慰。[16]一群市区的校友，以及“C 勋士”会社（Order of the C）的会员，认定只有通过筹募“军费”购买球员，才能恢复芝加哥大学的英名。他们雷声大雨点小，但哈钦斯和体育部主任 T. 纳尔逊 · 梅特卡夫（T. Nelson Metcalf）很理解他们的心情和意图。

梅特卡夫来自奥柏林学院，芝加哥大学在 1939 年那个灾难性的橄榄球赛季还是设法击败了该校的球队。他致力于发展校内运动会和弱化体育项目。他在 1933 年就职时宣称：“没必要过分强调体育，以致影响到学业。我信奉负担较轻的安排——只和自然对手比赛，将缺课次数降到最低，缩短训练时间。”[17]其他学校一旦对它们的橄榄球与篮球队进行职业化，这样一种计划就让芝加哥大学没法继续待在十大盟校之中了。但是，正如伯洛伊特学院队击败栗色球队所表明的那样，在中途公园可以方便到达的范围里，找不到芝加哥大学不用太费力就可与之竞争的“自然对手”。被伯洛伊特学院队击败，跟被十大盟校对手一面倒地击败一样令人伤心；这些队曾理所当然地栽在斯塔格手里——当时芝加哥大学得益于地处市区的有利条件，在基于大学观众的运动项目方面，一直是整个美国的主要中心。

那些好日子已一去不复返了，哈钦斯觉得他应该彻底退出大学校际比赛，腰斩职业化芝加哥大学橄榄球队的努力。梅特卡夫表示赞同；已丧失斗志的教练团队也没有进行积极的抗争。于是，哈钦斯就向董事会提交了一份强势的律师简报，建议取消大学校际橄榄球赛。董事会出现了两种意见。特别是哈罗德·斯威
97 夫特，他疼爱自己的“加州男孩”和其他一些他帮忙招到芝大来的运动员，几乎像对哈钦斯的仰慕一样强烈。他投票反对这项建议——这是他极少公开反对哈钦斯的几件事情中的一件，尽管他只在一个秘密会议上提出了反对。但是大多数董事同意哈钦斯的逻辑，在这种情况下，斯威夫特忠诚地服从，并公开支持了这一动议，而私底下却对此表示遗憾。

在罗伯特·梅纳德·哈钦斯担任芝加哥大学校长的 20 年里，他采取的所有行动中，在校友中和全国范围引起最大反响的，要属 1939 年 12 月宣布的取消大学校际橄榄球赛了。大学体育运动的快速职业化已经引起了许多负面的关注，但是芝加哥大学的决定似乎特别引人注目——它刚好来自一所在将观众盛会式体育运动引入美国高等教育时最不遗余力的院校。报刊的反应出人意料地对此表示了支持；对芝加哥的举动发表社论的报纸中，约有 98% 的表示了赞同。[18] 另一方面，体育记者对这个决定表示了惋

惜和嘲讽。哈钦斯著名的俏皮话——其大意是，当他感觉有必要锻炼时，他的策略是躺下来，一直等到身体感觉好些——也没能平息他们的怒气。芝加哥体育记者的不快产生了一个副作用，那就是市区报纸很少甚至不报道芝加哥大学参加校际比赛的球队，尽管他们还在继续参加比赛。橄榄球运动给所有其他事物笼罩上了一层阴影，芝大被普遍认为是一个极端的学术追求扼杀了热血的全美明星赛的地方，这一名声与本顿对芝大的文化与大众作用的宣扬，形成了一种令人不快的、半隐蔽的对照。

回顾起来，可以很清楚地看到，退出盛会式橄榄球赛，对芝加哥大学造成了相当大的损失。斯塔格的常胜球队打造了与芝加哥市的联结纽带，这在哈珀时代及随后的时期都很重要。芝加哥的市民，包括许多富有的国内领袖，都倾向于以橄榄球队来代表芝大的形象。简化的逻辑会将一支成功的球队与一所了不起的大学划等号。由于圣母大学球队的崛起和栗色球队在1924年以后的衰落，这条纽带已经受到了磨损。它在1939年被切断，从此就没再恢复起来。

芝大当时的损失是实实在在的，而且至今仍然如此。如果哈钦斯愿意考虑与芝加哥熊队结盟，这种状况也许原本可以避免——这支球队在1939年时还徘徊在受到社会尊重的边缘，因为它只在周日比赛，而且是公开地而不是秘密地给球员支付报酬。熊队的老板和经理乔治·哈拉斯（George Halas）也许欢迎

98 与芝大发生某种联系。他还在努力让他的球队取得商业上的成功，还需要与一所大学发生联系时可能带来的尊重。一所研究型大学的一个研究生橄榄球队，原本可以成就一次对双方都有利的联合。在它不复存在之后，哈拉斯连忙获取了斯塔格用过的那个“C”图标，并在其他方面让他的球队有意识地吸收中途公园的橄榄球传统。他甚至雇佣了芝加哥大学橄榄球队的一些职员，包括克拉克·肖内西和为球员治疗扭伤和撞伤的队医。

1938 年，栗色球队曾不经意地建议芝大将斯塔格运动场租给熊队，收取门票的 1% 作为租金[19]，但是没有人将这个建议当回事，甚至连本顿也如此，他原本是应该能觉察到橄榄球对芝大的大众声誉有多重要的。在战后，电视的出现使得职业橄榄球赛成了让芝加哥乃至全美国痴迷的运动；从这个角度来看，芝大没能在 1938—1939 学年时与哈拉斯及其熊队建立联系——当时更紧密的联系对双方都很有利——实在是坐失良机。

芝加哥大学在公众心目中的崇高地位——尽管因为本顿的工作，以及他与电台老板和亨利·卢斯的个人关系，暂时得到了维持——还需要一个更持久更可靠的基础。考虑到橄榄球队的水平，迅速地在全美范围内成了一所大学优劣的常用度量，芝加哥大学原本就只能通过老实而公开地对橄榄球队进行职业化，来调和高学术水准与高知名度之间的矛盾。在熊队想奋力摆脱因为球员来自劳动阶层并且是兼职踢球，而造成的处于职业橄榄球赛边缘地带的状况时，对芝大和熊队双方而言，这机会确实太好了。

这是哈钦斯主政期间丧失的最大的一个机会。哈钦斯错失了良机，没能继续哈珀开创的体育传统，没能继续从大众对橄榄球赛的关注中获利；学生们也失去了对他们卓越的学术水平进行补足的机会——那是基于和著名的运动员关联在一起并为之喝彩，而获得的更本能但也非常有价值的一种集体身份，可以让他们自己以及整个芝大，与另一种相当真切的优越性关联在一起。

当时，哈钦斯有点希望其他一流院校也效法芝加哥大学，放
弃参加盛会式橄榄球比赛，但是那种情况并没有出现。1939 年 99
出现在校园里的是，一个政府资助的飞行员训练计划，接着在第二年又建立了一个军事研究所，预示着一种不同的事物即将发生，并开始改变校园生活。9 月，战争终于在欧洲爆发了。在预计到战争即将爆发的情况下，美国开始重新进行了武装。同时，法国和英国过来采购较大数量的军事装备。突然之间，大萧条成了历史；在一些战略性产业中，出现了商品和熟练工匮乏的情况，急迫的问题成了如何在不发生全面战争的情况下，遏制德国与日本的扩张。

哈钦斯发现公众事件的走向，和他面临的课程改革僵局一样令人沮丧。他与教职工的冲突，以及他对芝大管理的不满意，都因为终身教职问题所引发的争议而变得尖锐，这让他考虑转向政界谋求职业发展。他非常想成为最高法院的一名法官，而他的文

学与法律天赋确实也可以让他成为一名杰出的法官。但是他不愿意迎合罗斯福总统，而只有总统才有权进行这种任命。事实上，罗斯福向他提供了执掌国家复兴管理局（National Recovery Administration）的职位——就在它1935年被宣布违宪之前不久，但是后来又反悔了；当最高法院在1939年出现了一个空缺时，他任命了威廉·O. 道格拉斯（William O. Douglas）——罗斯福也许在哈钦斯和其他人面前都用这个职位当过诱饵。

无论如何，罗斯福很清楚最高法院候选人事件伤害了哈钦斯，于是转而向他提供道格拉斯空出来的位子——证券交易委员会主席。但是，令罗斯福吃惊的是，哈钦斯拒绝了，也许因为道格拉斯曾被他招到耶鲁法学院，然后又试图将他挖到芝加哥大学却没成，他不愿意步这样一个人的后尘。哈钦斯和道格拉斯是朋友，但也是对手。实际上，通过赢得最高法院的任命，道格拉斯逆转了他在耶鲁法学院时对哈钦斯院长的仰仗。哈钦斯头一次被人家后来居上地赶超了。他半真半假地考虑起竞选1940年的副总统，以便从挫败中恢复过来，但是他在民主党高层中争取支持的努力没有结果。罗斯福不确定哈钦斯是否真的是“他的人”，这是很要命的。[20]

1940年的竞选变得对罗斯福非常有利，他承诺让美国不卷入战争，而又保证希特勒不会获胜，方法是在“不参战”的情况下，向英国及其已溃不成军的盟国提供各种援助。（纳粹在1940

年4月和6月间已经征服了法国和西欧的大部分国家)。哈钦斯 100
听了罗斯福的话之后，觉得他实际上是在将美国扯进战争的泥潭。哈钦斯个人对一战的回忆，让他对罗斯福采取的路线深感遗憾；他寻求政治欢心却遭到拒绝，他对自己的委曲求全感到恼火，这也让他的反对更显尖锐。此外，本顿因为自己的原因，已经成为了一个坚定的孤立主义者（isolationist）——当时这样称呼那些反对卷入欧洲争斗之中的人。本顿很快就说服哈钦斯：对罗斯福处理国家事务的方式进行公开批评，以影响美国民意，是他的职责所在。

结果是两次在全国广播的电台演讲。1941年1月23日，哈钦斯通过NBC的红网发表了题为《美国与战争》的演讲。他在演讲开头时说："我今晚之所以发表演讲，是因为我相信美国人民将要自杀"，因为"总统现在要求我们对英国的胜利提供保障。"5月时，他发出了更具体的警告。他说：战争"将在这个国家导致破产和革命。我们知道，这场战争不仅不会帮助我们让民主运作起来，反而会断送我们在现时代实现民主的机会。"他继续说："我相信，我们将在战后拥有一个极权政府……当我们开始将我们思想自由的观念强加给世界的其他地区时，我们最终会建立一个帝国……我不愿意看到一个被德国奴役的世界，同样也不愿意看到一个被美国奴役的世界。"[21]

芝大校园中的意见分歧很大。哈钦斯的一些亲密副手，对罗斯福冒着战争危险，支持英国反对纳粹，表示理解同情。阿德勒和麦基翁属于此列，而安东·卡尔森在退休后，似乎是支持“美国优先”和孤立主义的。哈钦斯本人从未参加有组织的“美国优先”运动，正如他宣称的那样，他更愿意在“国家自私性不应该用于决定国家政策”的基础上，“参加一个人道优先的委员会”。[22] 在整个事件中，他有点像个不心甘情愿的斗士，在背后受着本顿和他妻子莫德的推动，后者成了罗斯福的仇敌，一有机会就要求弹劾这个总统。[23]

一些盟友谴责他对罗斯福的公开抨击，这让哈钦斯感到无趣；除此之外，他不愿意在政治上扮演活跃的角色还有一个原因。芝大在 1941 年举办了成立 50 周年的校庆，董事会决定利用这个机会发起一场声势浩大的募款活动。哈钦斯一如既往地领导了募款活动；但是许多人觉得他的政治立场会让捐款人敬而远
101 之，也许在某些情况下的确如此。无论如何，捐赠总数达到了 875 万美元，宣告募款成功——虽然低于 1200 万美元这个预定的目标，但远远超出了历年的数额。哈钦斯也许对自己作为一个募款人所取得的成功并不满意。但是，这笔款子很关键，它使得芝大在整个 1941 年维持了一个接近稳定状态的水平。

在珍珠港事件发生后，一切都变了。政府资助的研究和培训，在战前不算重要，现在却增长迅猛；学生人数锐减；教职工为参加战时工作四分五散。哈钦斯还是待在老地方——他在攻击

罗斯福时，就已经堵死了所有为政府服务的机会。他利用正常大学生活被打破的良机，强推本科生院的激进改革，因此开启了芝大历史上的新纪元，也引出了本书新的一章。

第五章　战争年代（1941—1946）

1941 年 12 月 7 日，日本偷袭了珍珠港；3 天后，德国又向 102
美国宣战。这迫使哈钦斯赶忙改弦易辙，公开支持他以前谴责过的一些东西。在敌对状态开始后的第一个月，他宣布芝加哥大学必须转变成“为全面战争服务的一个工具”。这就需要全体教职员工创立或开设“可帮助打赢这场战争的职业培训课程”。更重要的是，“制造有助于打赢这场战争的器械，也是这所大学必须从事且值得称颂的部分工作”。教学科研任务仍然“代表着我们必须坚守的那一切”，是我们不变的责任。但是在眼下，为战争事业直接贡献力量的责任，“将使它变得艰难，也许非常艰难，甚至不可能继续完成我们的基本职责。”[1]

结果，芝加哥大学实实在在地兼顾到了两方面，并取得了异乎寻常而又苦乐参半的成功。这所大学接纳了成千上万的水手和士兵，并安排他们学习了特别的培训课程。那在当时是件很平常的事情；但是在军用器械制造方面，芝加哥大学超出了所有的预期，一度还成了核能受控释放研究与试验的主要中心——有史以来为决定战争胜负而发明出来的器械，要数核武器最可怕。就在一群才华横溢的物理学家和化学家最终研制出原子弹的同时，一个新组建的教师团队提出了一套四年制本科生院课程计划；与这所大学此前采用的所有课程计划相比，该计划更符合哈钦斯的通识教育理念。

但是，这两方面的成功，也让哈钦斯和这所大学付出了惨重而长期的代价，因为物理学家希望将原子能派上和平用途，最后
103 却远远没达到期望，而芝加哥大学在战争年代开展的课程改革，也未能在其他院校得到推广。事实上，哈钦斯在芝加哥大学任职的第二个十年也增加了教育风险，因为他让这所大学的别具一格表现得更加明显。而与此同时，他个人在芝大的种种事务中所起的作用也日益边缘化。哈钦斯将在新的四年制本科生院中试验课程计划的开创性工作完全交付他人，而让自己致力于各种课外事业，这至少部分地减轻了他在处理校内事务时日益加剧的挫折感。

战争开始后，最明显的变化是，校园里到处是穿军装的人。事实上，芝大与军方签了许多合同，作为交换条件，芝大要在校内为军方开设各种特别的培训课程。有时候需要学校教职工担任任课老师，有时候只需提供一些教室和宿舍。有些项目周转很

快，水手和士兵在校园里仅呆几周时间。另外一些项目则涉及长时间的授课和相当传统的那种学术研究。在芝大校园里，3 个最重大的军事项目是气象学与天气预报、民政事务培训以及地区与语言培训——对象是被征服和被解放地区未来的管理人员。这些项目和许多其他培训课程，让成千上万穿军装的学生涌入了芝加哥大学；因普通学生数量减少而空出来的位置，都被军事项目和人员占据了，而且被占据的还不只是可用的空间。

截至 1942 年底，这所大学已经跟联邦政府签了 103 份不同的合同；正如哈钦斯在对校友和其他利益集团作的“芝加哥大学校情”年度报告中谈到的那样：“这所大学正在迅速地成为一个技术研究机构”。到 1944 年，年度预算已猛增到 3100 万美元，达到了战前水平的 3 倍；其中 2200 万美元来自政府合同。[2] 到目前为止，最大的政府资金流来自为抢在德国之前成功地造出原子弹所作的疯狂努力——在这项 1940 年开始的工作中，芝加哥大学的物理学家和化学家发挥了至关重要的作用。总计起来，这所大学从“曼哈顿计划”（原子弹项目的代号）获得了 300 万美元的经费开支。[3] 实际上，成本加成合同（cost plus contract）——这是战时工作的标准做法——解决了芝大这段时间的预算困难，但为此付出的代价是，这所大学前所未有地对政府项目和经费产生了依赖。

芝大校园进入了过饱和状态。在中途公园受训的水手数量之

104 多，让这所大学看起来都像是五大湖海军训练中心（Great Lakes Naval Training Center）的一个附设机构了。在中途公园南面和其他地方的空地上，木质的临时建筑如雨后春笋般地冒了出来。冶金学计划（芝加哥大学原子能研究的代号）很快就突破艾克哈特、肯特和瑞尔森（Eckhardt, Kent, and Ryerson）大楼，完全占据了东方研究院，并侵入到了学校的其他区域——尤其是斯塔格球场的西看台；1942 年 12 月 2 日，世界上第一次受控的自续核反应就发生在这里。保密和安全检查随之激增。每个人都心知肚明，那里正在进行一些重要的事情。局内人有所暗示；局外人有所猜疑。每个人——既包括局内人也包括局外人——都匆匆忙忙，对战争可能带来的东西既憧憬又担心。

在原子能方面，随后半个世纪的经历，使那个年代的精神很难再被重现出来；作为政府资助核能实验的主要承担方，芝加哥大学先是取代了哥伦比亚大学，然后反过来又被加利福尼亚大学取代，这种取代关系到底为什么会发生以及是怎样发生的，已经更加说不清道不明了。恩里科·费米（Enrico Fermi）在 1938 年离开他的祖国意大利后，在哥伦比亚大学首次尝试建立了一个受控的自续核反应装置；他兼具实践与理论的洞察力，这让他成为 1942 年 12 月 2 日在斯塔格运动场西看台下所取得的那次突破的关键人物。

起初，芝加哥大学发挥的作用不大。这所大学的第一个原子能研究合同起始于1941年1月，终止于同年8月，总额只有9500美元。它被用于资助塞缪尔·阿利森（Samuel Allison）教授的一项研究——使用铍来加快原子反应的速度。阿利森在获得政府经费前，就已经开始研究铀的裂变，但这些研究工作对外是保密的。芝加哥大学的其他物理学家，像罗伯特·马利肯（Robert Mulliken），阿瑟·登普斯特（Arthur Dempster）和威廉·扎卡里亚森（William Zachariasen）——据阿瑟·霍利·康普顿在1940年成为物理科学学部的院长后不久，写给哈钦斯的一份备忘录描述——都是“各自研究领域的佼佼者”[4]；这使他在华盛顿当局决定要尽快造出原子弹后不久，就得以吸引到额度越来越大的政府投入和合同。[5]

但是当时还有其他一些原子能研究中心，比如哥伦比亚大学、普林斯顿大学和加利福尼亚大学，后者是其主要代表；之所以在1942年1月作出决定，要集中主要精力在芝加哥大学完成一次链式反应，这在很大程度上得益于康普顿及其在美国物理学研究圈中的地位。他因为年轻时在X射线和电子方面所进行的相关实验，于1927年获得了至尊的诺贝尔奖。当时，原子能研究的领军人物大都是国外出生的，因此康普顿具有额外的优势，他是个地地道道的美国人——1892年出生于美国俄亥俄州的伍 105
斯特（Wooster），在普林斯顿大学获得博士学位，随后在圣路易的华盛顿大学担任教授，从1923年开始在芝加哥大学工作。20

世纪30年代，他在宇宙射线方面的研究工作没有取得什么成果，进展令人失望；但是在转入行政领导岗位后，却开启了第二次非常成功的职业生涯，他的工作是为以下三组不同类型且容易互不信任的人牵线搭桥：政府部门与军方人士、商业与工程界人士，以及仓促组织起来的一群从事学术研究的物理学家和化学家。

哈钦斯校长也对他充满信心，或者至少是对他言听计从。我们不知道，在1945年之前，哈钦斯对原子能事业究竟有几分了解。当康普顿在1942年1月，决定要将所有研究原子链式反应的工作都集中到芝加哥大学时，哈钦斯没有表示异议。（在珍珠港事件爆发的前一天，康普顿被指派来负责创建这样一个反应堆的全国性工作。）[6] 这包括从哥伦比亚挖来费米和他的合作者，以及从普林斯顿调来其他物理学家。在自己的健康出问题时，康普顿委任加州大学的一位放射学家*当负责人。在几个月的时间里，一群才华横溢的天才人物聚集到了芝加哥大学，在斯塔格运动场西看台下方一个阴暗的带石板墙的壁球场里，建造了第一座自续核反应堆。有警卫把守的大门，从用灰泥粉刷过的带有（怪异）雉堞的看台上那些伪哥特式开口中探出头来的一组排气管，都表明里面进行的工作非同寻常。但哈钦斯或芝大的其他高管到底知

* 指罗伯特·奥本海默。——译注

不知道那里在干些什么事情，或是否对核能与裂变物理有丝毫了解，我完全不清楚。

建造反应堆，控制中子的流动，对反应进行调节与测量，以及防止过度暴露在放射性活动中——同时做到所有这一切——是一项了不起的壮举；它在匆忙中完成，却以令人敬佩与满意的精度验证了理论计算。后来，又进行了规模大得多且同样冒险的建设，其目标是以工业规模生产可裂变的材料；这种建设让原来的反应堆相形见绌。为了达到这个目的，必须找到一些可获得充足电力的新位置。田纳西州橡树岭是第一个被发现满足条件的位置，田纳西流域管理局（TVA）能够提供所需的能量。作为备用，又在华盛顿州哥伦比亚河畔的汉福德（Hanford）另建了一 106
个工厂，使用一种不同的方法制备钚。曾被康普顿召集到芝加哥大学的物理学家、化学家和医疗放射学家继续发挥重要作用，充当了承建新原子能设施的杜邦公司的参谋和顾问。

但是在第一次世界大战之后，杜邦公司曾被当成“军火商”(merchants of Death)，遭到公众的强烈抗议；它出于对未来再次出现反弹的恐惧，不愿经营这个新工厂。于是，在 1943 年 3 月 10 日，负责曼哈顿计划的莱斯利·格罗夫（Leslie Groves）将军，邀请芝加哥大学承担起杜邦公司避之犹恐不及的这项任务。他在信中写道：“美国陆军部请求芝加哥大学签订合同，全面负责一家中试工厂（semi-works plant）的管理和运营工作，以生产出总量足够实验用的一种新产品。这家工厂位于田纳西州……陆军部已经对这个问题进行了仔细的考虑，认为芝加哥大学是最适合开展这项工作的机构；如果贵校觉得自己不能承接这项任务，那将是件令人非常遗憾的事。”[7] 康普顿在写给哈钦斯的一份注明日期为第二天的备忘录中解释说，杜邦公司已经拒绝了现在交给芝大的这个任务，他的科研团队将对该设计的健康危害以及物理与化学稳固性负起特殊的责任。[8]

对任何一所大学而言，管理和经营田纳西州一家大工厂（以及随后在汉福德建的那个更大的工厂），都是一项不同寻常的任务；但是哈钦斯和校董事会并没有畏缩。这样，芝加哥大学就成了一个中间机构，联邦政府的巨额资金通过它，流向橡树岭和汉福德，用于生产钚。这种安排一直持续到 1945 年 7 月战事结束时才告终止。这些合同极大地充实了芝加哥大学的预算经费；校园里的文书工作也成比例地倍增。但实际上，芝加哥大学成为两家大型原子能工厂的法定承包者后，校内的情况并没有多少改变。管理人员进行管理——基本上都在工作现场；他们当中的一些人时常出入芝加哥大学，以便对财会工作进行核查。对校园生活而言，格罗夫将军的邀请函以及哈钦斯校长的默许所产生的影响大致就是这样。

对于这所大学来说，更显著的一个变化是，在它附近建起了后来成为阿尔贡国家实验室的设施。在 1942 年 12 月 2 日取得初

步成功后，出于安全方面的顾虑——要是发生了某种事故，导致 107
西看台下的反应堆泄漏出放射性气体或其他物质，不知道会酿成什么严重后果——负责“冶金学计划”的科学家确信，应该将进一步活动和实验转移到更安全的地方。他们选定了芝加哥市以西约 20 英里处的一块公共用地，在那里建起了合适的建筑物，然后将原来的反应堆拆卸下来，并在新建的场所重新装好，这样有关核裂变的各种测量和进一步的实验就可以安全地继续进行下去了。

这套设施还是归芝加哥大学管理；战后，新成立的原子能委员会分派阿尔贡实验室开发和平利用原子能的任务，芝大仍然是它的主要项目承接者。当时，人们对廉价的原子能可以为这个国家提供的服务，普遍持乐观态度；在那个年代，继续维持这样一种互惠互利的关系似乎是完全恰当的。芝加哥大学的原子能科学家需要联邦经费，以维持规模大大扩展了的运作——对此他们已经习以为常；而联邦政府的管理者也急切地想用某种可供大众使用的东西，去补贴他们在秘密地继续生产的核弹头。因此，这样的安排在哈钦斯离开芝加哥大学后还持续了很长一段时间。

然而，尽管阿尔贡实验室和芝加哥大学还在继续参与核研究，但是芝加哥大学的领头羊地位早在战争结束前就已经旁落了。对大量危险有毒且具爆炸性的物质进行实验，需要比美国中西部地区更开阔的空间。因此，在 1943 年 3 月以后，当另一个新的实验室在位于新墨西哥州一个偏僻的平顶山上的洛斯阿拉莫斯开始运作时，芝加哥就不再是与制造原子弹密切相关的研究与测试中心了。来自加州大学伯克利分校的罗伯特·奥本海默成了洛斯阿拉莫斯的首席执行官，而加利福尼亚大学也成了那个实验室的主要项目承接方。来自芝加哥大学和许多其他大学与科研院所的专家齐聚洛斯阿拉莫斯，正如他们此前在芝加哥大学做过的那样；时隔不久，他们就在 1945 年 7 月 16 日，在新墨西哥州阿拉马哥多沙漠引爆了一颗测试炸弹，从而宣告原子能时代的到来。阿利森和费米两人都出现在试验现场；事实上，阿利森还负责进行了最后的倒计时。

在原子能科学家看来，随后在广岛和长崎爆炸的原子弹是令人大跌眼镜的；他们当中的很多人都觉得完全没有必要摧毁日本的这些城市。他们更乐意相信，在无人居住的近海岛屿上进行一次演示性爆炸，像他们在阿拉马哥多沙漠目击的那次一样，就
108 足以让日本人停止顽抗。由此在二者——一方面是政府和军队，另一方面是原子能科学家中的精神领袖们——之间造成的裂缝，至今都没能完全弥合。

而且，大政府和大科学之间的战时结合并非是完全和谐的；“曼哈顿计划”所取得的辉煌成果——远远超出了普通人的预期，甚至出乎专家们的想象——也没能减轻科学家为军方服务时的矛盾心理。他们中的许多人，对于不得不遵守安全规则、服从常被

他们认为是愚昧无能之辈所发出的命令，心怀蔑视。然而，军人能支配他们迄今为止无法想象的丰富资源——到 1945 年底，“曼哈顿计划”获得了约 20 亿美元的拨款——这一点又让他们着迷，因为这些资源允许他们开展通过其他途径不可能有财力完成的实验。

在 1945 年 5 月希特勒战败之前，一般的科学家，特别是从欧洲逃难过来的那些科学家，觉得自己有理由服从格罗夫将军及其部下，因为他们正在跟纳粹展开你死我活的竞争。20 世纪 30 年代，德国在原子能研究和原子能理论方面，一直处于世界领先地位。费米在罗马一间临时的实验室里，采用慢中子轰击铀，实现了核裂变，他因此获得了 1938 年的诺贝尔奖；此后各地的物理学家都充分意识到：制造核爆炸在理论上是可能的。因此，一直到 1945 年的头几个月，欧洲战争都渐近尾声了，许多美国科学家仍然相信：希特勒公然宣称可转败为胜的秘密武器只可能是核弹头。但是最后证明，希特勒当时指望的是火箭和喷气式飞机；在 1945 年 5 月德国投降后，就很清楚地看到纳粹在制造原子能武器方面，并没有进行持续的努力。当时美国正处在胜利的边缘，这在科学家们心中引发了一次良心危机，因为他们突然意识到，唯有他们自己才是世界潜在的毁灭者。

然而，当时抗日战争尚未获得胜利；大多数美国人和许多原子能科学家都觉得，美国政府是可信赖的，会明智地使用这一新式武器，会将它派上善意的用场。美国陆军部就阿拉马哥多沙漠原子弹爆炸测试发布新闻报道时，对事实真相可能也没有歪曲得太厉害，他们宣称：“这次爆炸远远超过了科学家最乐观的期望和最狂野的希望。所有人似乎都觉得他们已经见证了一个新时
109 代——原子能时代——的诞生，同时也感到肩负着重大的责任，要帮助将有史以来首次释放出来的巨大力量引上正途。

“对于目前的战争，有一种感觉……我们现在已经找到了一种可以确保战争快速结束，并挽救成千上万美国人性命的方法。至于未来，这里创造出的某些东西，将被证明具有不可估量的重要性……比电力或所有其他已经影响我们存在的伟大发现都要重要得多。”[9]

评估原子能科学家在1942—1946年期间的丰功伟绩所造成的全面影响还为时过早，但是很容易看出它对这所大学产生的一些影响。偏离以前的常轨，似乎只是战争期间的暂时现象。只有几个局内人才知道发生了什么事，但他们过于忙碌，因此事先无暇考虑太多。在1945年8月中旬，太平洋上战事结束后，芝加哥大学获准向公众宣布战争期间开展的“冶金学计划”做了些什么，当时广岛和长崎的新闻犹在人们耳边回响。因此，从公开审视将来的政策以及与政府的关系开始，这所大学对自己在制造原子弹方面扮演了非常重要的角色，既感到自豪，同时也混杂了为原子能科学家所取得的成就感到的恐惧、内疚及遗憾。

甚至在阿拉马哥多沙漠试爆前，保持顶级水平的核物理研究已经成为芝加哥大学的一个主要目标。由于吸引私有企业经费的努力，从来都没有取得多大的进展，芝加哥大学想继续参与原子能研究，而这就意味着要持续地依赖政府经费。物理学家率先建立起了这种新关系，但是当政府在战后资助的项目增多时，其他学科也群起效尤。由此建立的联邦政府官方机构和学术界的联系，的确是战争给学校带来的主要变化。

对芝加哥大学而言，康普顿在1940—1945年间成功地为学校争取到了大批合同，为这一转变开辟了道路；如同原子爆炸拥有的力量本身那样，其结果是矛盾的。它使耗资巨大的研究事业成为可能，同时又将研究活动引向凡事都须经过厌恶冒险的官僚审批的歧途，因为它会为具有创新力的个人研究之路设置一道新的障碍。政府提供经费，也迫使芝加哥大学本身成立了一个庞大的官僚机构，以便处理那些拨款机构产生的文件。以“傍大款”（privateering）为基础，筹募资金来支持单个教授开展研究的方式，在二战前一度非常流行，如今在最兴旺发达的学科里却变得
无足轻重了，因为大的慈善基金会，在跟联邦政府就引领学术研 110
究方向展开竞争的过程中，也笼罩在重重官僚程序之中了。

诚然，人文科学学部和一些专业学院明显地落在了后面。但是一个有进取心的人文学者小集团对本科生院所进行的一次全面改革，弥补了他们被排斥在研究业务官僚化之外的遗憾，因而引

发了一场学术大变局；在二战期间以及战争刚结束那段时间里，它让芝加哥大学深受其扰。

由人文学者担纲，对本科生院进行这场从 1942 年开始的改革，一个关键原因是芝大的其他成员许多都为战争服务去了。正如我们刚刚看到的那样，这所大学的物理学家和化学家将全部精力都投入了“冶金学计划”；实际上，在 1941—1945 年间，他们脱离了普通的校园活动。其他教职工也找到了另外的途径来改变熟悉的日常生活模式。经济学家保罗·道格拉斯令他的朋友们感到惊讶，因为他志愿成了海军陆战队的一名列兵，以此来推进自己的政治生涯；但是大多数加入武装部队的教职工都被委任为军官，分配的任务也和他们擅长的专业有些关联。例如，本科生院的法语教师兼教导主任利昂·史密斯（Leon Smith），成了一名陆军情报官，他后来招募了一批聪明的芝加哥大学本科生，专门破译敌人的密码。与此类似，历史学家詹姆斯·凯特（James Cate）加入了空军，最后成了编写空军官方历史的一名编辑；而人类学家雷德·埃根（Fred Eggan）上尉，则留在校园里，负责一项培训计划，专门培养远东地区未来的民政事务官。

还有一些教职工请假去华盛顿或其他地方的政府部门任职。由于对经济学家和律师的需求特别旺盛，以至于法学院几乎都要完全关闭了。任何一个真心想离开芝加哥大学的人，都可以找到某种与战争相关的工作来做，因为工作机会非常多，而有一技之长的劳动力却奇缺。日常的学术活动突然中断，成了一件司空见惯的事，因为学生、行政人员和教师都渐渐地去参加战时工作或被应征入伍了。例如，早在 1940 年，政治学系的哈罗德·戈斯内尔（Harold Gosnell）就放下他春季学期的课程，去华盛顿就职了；他突然把教学任务交给了两个研究生，其中一个研究生在春季结束时离校，而另一个学生也在几个月后应征入伍了。[10]

这种波动改变了芝大社区的性质。有这么多人改行（往往是 111
接到紧急通知后临时决定的），影响了大家对惯常活动的投入。当然，战争对年轻人的影响是最大的；但是甚至连正教授跳槽的也不少，甚至都动摇了校评议会——芝加哥大学具有决策权的学术团体——的保守特色。这给了哈钦斯校长按自己的思路行事的机会：1942 年 1 月 22 日，校评议会以 63 票对 48 票批准了一个动议——“授予某人学士学位，是承认他完成了芝大本科生院重新定义的通识教育。”[11]

哈钦斯提倡对高等教育进行这样一种重组，已经有十多年历史了；从 1937 年起，校董事会正式将芝大附属高中的最后两年置于本科生院的管理之下；各个教职工委员会都努力制订了一个具有一致性的通识教育课程计划，它起始于高中二年级，终止于常规本科生院的二年级。在阿伦·J. 布伦博担任本科生院代理院长期间，在目前概论课程的教师还占主导地位的情况下，这项事业显得毫无活力。但是在1941年，哈钦斯发现接替布伦博工作的克拉伦斯·浮士德（Clarence Faust），大有新官上任三把火的劲头。同时，本科生院教师在战时涣散的局面，也减弱了进行彻底变革的阻力。

在接下来动荡不安的岁月里，浮士德扮演了一个举足轻重的角色。他1901年出生于爱荷华州；1942年从内伯威尔（Naperville）大学获得文学士学位，同时又在其附属的福音派神学院获得了神学士学位，为担任牧师工作做好了准备。但是布道四年后，他改变了人生轨迹，成了芝加哥大学英语专业的一名研究生，专攻乔纳森·爱德华兹（Jonathan Edwards）和其他清教徒的作品。除了在阿肯色州教书一年之外，他后来一直待在芝加哥大学，沿着学术阶梯缓缓地向上爬：从1929年担任教员开始，在6年后的1935年，获得博士学位并成了助理教授；1939年，又升为副教授。20世纪30年代末，他和许多人一起跟着罗纳德·克兰，努力向理查德·P. 麦基翁学习如何用他们自己的术语分析文学作品，以避开历史的烦琐。作为英语系的系主任兼教授，他在本科生院里领导了一个克兰－麦基翁派——这同他新近获得的信念相符——直到他被由此造成的争端弄得精疲力竭，并在1946年辞职。

我不清楚，他个人为确保这个派系的优势地位付出了多少努力；也不清楚他在多少时候是被人利用，来强行通过备受争议的

决定。麦基翁的思想和他的影响力——有时被他更热心的追随者
们以一些极端的形式施加上去的影响力——是驱动力，而浮士德
可能只是被推着走，习惯性地服从了他们的观点。然后在 1944 112
年，克兰领导了一群教职工攻击哈钦斯，说他试图损害各系的自主权；此时，浮士德才发现自己夹在一些吵吵嚷嚷、固执己见的大人物中间，处境尴尬，因为这些都是他已经习惯了毕恭毕敬的人。由此造成的紧张气氛在整个芝大愈演愈烈，这让浮士德很痛苦，也让他铁心辞掉了系主任之职，尽管他努力创办的本科生院在当时还前途未卜。

1941 年，大家还在热火朝天地积极规划新的四年制人文课程计划，那时克兰、麦基翁和哈钦斯仍然是盟友。但是刚开始，矛盾就很尖锐。改革派脑海中构想的四年制人文课程计划，强调的是准确而流利地读、说和写的能力。他们中的某些人在描述他们的目的时，选用了这样一种挑衅的方式：要掌握中世纪的三艺（medieval trivium）——语法、逻辑和修辞。与此交织在一起的是一层更深的含义，即应该避免使用教科书和当代的资料，支持采用经受过时间考验的文章来提高学生的水平。（只有西方传统的伟大书籍才是重要的；除此之外，改革派什么都不放在眼里。）如何处理数学、自然科学和外语学习，是些令他们尴尬的事情。他们关心的是哲学，在一个较弱的程度上还关心道德。因为他们希望刺激年轻人，使他们成为聪明、能干的成年人，而不是为他

们的职业生涯做好准备，他们倾向于把外语和数学这些“工具课程”看作是不幸的麻烦事。克兰—麦基翁派大多数人对自然科学知之甚少，更不关心生物学家和物理学家教的东西；但现代科学的声望太高，谁都不能否认科学文章和概念必须以某种方式在课程计划中占有一席之地。

在生物和物理科学学部，绝大多数的教职工对这些改革者追求的东西都缺乏耐心。总的来说，科学家们对现有的入门性概论课相当满意，尽管这些课程是由那些已在研究生院某个系取得稳固地位的教员讲授。另外，一队希望几乎破灭、只能为历史学家和社会科学家站岗的老卫兵——很久以前就被他们所在的系甩给了本科生院（而且或多或少被当作“无产出的学者”，受到了忽视）——信奉并希望保住他们从 1931 年以来一直在讲授的那些概论课。

担负定义新四年制文学士课程任务的本科生院委员会，对这些相反的观点进行了考虑，并在 1942 年 3 月 10 日，向校评议会
113 提交了一份多数和少数派报告。投票结果是 6 比 5；多数派中恰好有一半的人来自英语系，那里新学说之风已经盛行。[12] 多数派的提案成为了后续计划的基础。它规定了人文科学、社会科学和英语的 3 年课程；自然科学也学 3 年，但可以有不同选择，允许侧重生物科学或物理科学。除了这个核心外，多数派报告还规定了数学和外语各学一年；并允许为更专业的学科预留两门一年制

选修课的空间。最后这个条款的用意是，满足各职业团体为本科训练设定的特殊需要。进入医学院必需的化学课程是最没有讨价还价余地的；而在外语和数学方面的高等内容，对其他一些专业和职业而言也具有同等的重要性。

这个课程计划最令人吃惊的是，其中不包含任何历史课。在《诗学》一书中，亚里士多德曾经评论说，历史只关心细节，在所有科学中哲学意义最弱；而克兰投奔麦基翁分析法阵营，就是想摆脱历史对文学研究的钳制。因此，他们故意要消除琐碎繁杂的历史学习，尽管这种理念无法得到严格的贯彻，因为州法律规定，高中最后几年必须学美国历史。这个矛盾是用下面这种方式调和的：将第一年的社会科学课都用于学习公共政策方面的辩论，这样就可以集中精力学习政治中更具哲学意义的部分，而美国历史课也不至于陷入毫无意义的细枝末节中。

在后续的社会科学课程里，工业革命确实吸引了一些注意力；而作为一种文学形式，人文课程系列中也包括了历史方面的书籍，不过它们也跟其他艺术作品一样，是按其内在的条理性和结构进行分析的。但是谢维尔在 1931 年对西方文明进行调查时所描绘出的大历史构架，则被蓄意地排斥在课程计划之外，因为它对品位、风格和思想变化的历史描述一点都不严谨，竟然祭起“时代精神”或经济决定论这类虚幻的法宝，来解释在知识上实际存在的差异，这种差异反映了各人的成就——他们字斟句酌，只为要纠正前辈们的错误，并捕捉住真之美和美之真。

人们也许期望历史学家们会反击说，他们的学科自有其接近真理的方式；但是他们对与偏爱抽象辩论的克兰－麦基翁派人
114 士狭路相逢，一点准备都没有。事实上，研究生院历史系的教授们从来就不赞成谢维尔那种文化史（*Kulturgeschichte*），每个人都深深地埋头于一个特定的专业方向（18 世纪的法国、1865 年后的美国，等等），而不能将西方文明史作为一个整体来认识，也不知道应该怎样把它传授给本科生。看到对方信奉一种完全不同的著述风格，芝加哥大学的历史学家个个张口结舌，因此直到 1946 年，他们都没能跟其他院系具有历史意识的大批学者，齐心协力地捍卫自己这个学科在本科生院中的地位。

科学家们也没有理会克兰－麦基翁派的思维方式，但是他们大多忙于战时工作，没有留意到这一点。当改革派的方案引起了他们的注意时，几乎所有的科学家都表示反对；但实际上，评议会在 1942 年 1 月 22 通过的动议中的一条规定，推迟了本科教育的最终对决，因为它给予两个自然科学学部特权，让它们“在整个战争期间”以惯常的方式，继续授予老式的科学学士学位。新的四年制课程计划是专门为那些仅读了两年高中就进入本科生院的学生设计的；对于那些拿到了高中毕业文凭的学生，采取了各种折中方案和权宜之策，允许他们在免去部分新要求的情况下，仍可获得文学士学位。因此，实际上，只要战争还在继续，几乎

所有选修新本科生院课程的学生都来自芝大附属中学。少数来自其他中学的“提前入学者”，都是被奖学金和在达到入伍年龄前获得文学士学位的前景吸引过来的，他们只会让总入学人数略有增加而已。

但是，白纸黑字写得清楚。如果改革派按他们自己的思路执行，那么一个单一的必修课程计划终将大获全胜，不会给西方文明史或研究生学习和某些职业教育所要求的化学、数学以及外语高级训练，留出任何存在空间。芝大许多教授都觉得这是荒谬的和不合情理的；通过反思后，他们开始强烈地反对受过通识教育的人可以比通常提早两年获得文学士学位的主张。系里的自身利益受到了威胁，因为给受过通识教育者授予文学士，就意味着研究生院各系无法直接从本科生里招人，没有机会将他们吸引到特定的专业方向去接受专业训练。此外，本科生院的人事任命不再需要系里批准；新的本科生院提议，他们将根据教学而不是学术成就来决定任课教师的去留和升降，这样教师的学术水平肯定会 115
下降。至少各系的大批忠实拥护者相信会这样。

在这种情形下，另外一个因素是芝加哥大学宣布的新文学士招致了广泛的批评。这是哈钦斯始料未及的，因为他事先探过其他大学校长的口风，得到的印象是他们赞同这种变革，尤其是提前授予文学士可以让学生在应征入伍前完成本科学习。他写道：“我有这样一个印象，如果芝大率先做这件事，将来不愁没有追随者。”[13] 但是在芝加哥大学真的挑了头之后，美国中北部大学联合会——其主要功能就是鉴定中西部各学院和大学课程计划的水平——强烈地谴责了这一举动；很明显，芝加哥大学的新文学士学位没有机会通过鉴定。美国大学优等生荣誉学会（Phi Beta Kappa），也威胁说要撤销它设在芝加哥大学的分会。

反应之所以如此激烈，是因为几乎所有的文理学院都觉得芝加哥大学的所作所为对他们产生了威胁。由于战时征兵，他们已陷入了困境之中了。如果大力推行芝加哥大学重新定义的文学士，它们必将成为两年制专科学校，学生数量会进一步减少。那看起来像是一个会将它们逼上绝路的方案。他们的回应是谴责芝加哥大学，说它执行的改革计划会降低教育水准。受到威胁的这些学院所派出的发言人又气又怕，完全不顾哈钦斯的初衷是为文学士和文科硕士给出清晰而截然不同的内涵。斯坦福大学的校长确实说过，芝加哥大学的举措很有道理，但是并没有效仿它。跟1931年发生的情况不同，这次很快就明朗了：芝加哥大学的新计划将遭到整个教育界的反对，因为各个高中也不愿意看到自己最有前途的二、三年级学生都跑到其他地方去上学。[14]

所有这些顾虑在1942年4月达到了白热化的程度：法学院的乔治·博格特（George Bogert）和其他八位杰出教授宣布，他们将提议废除校评议会于1月22日批准对文学士重新进行定义的决议。只有正教授才能成为评议会的成员；当这个威严的团体在4月9日召开特别会议时，投票结果恰好成了平局：58票赞同，58票反对。担任会议主席的哈钦斯于是就裁决，先前的决议成立，让四年制本科生院课程计划继续执行。

然而，这次险胜意味着一个更大的挫败，因为哈钦斯采取了两个可疑的举措才获得这个平局。首先，在召开这次关键会议之 116
前，他将几个明知会支持新本科生院计划的人，提升为正教授。得到提拔的只有三四个人，其中包括系主任浮士德；也许这次受质疑的升职是无论如何都会进行的，并不是特意掐好时间要影响投票结果。[15] 但被击败的一方不这样认为，他们从此以后就相信：为了得到想要的东西，哈钦斯会不惜一切代价。这次投成平局的方式更加深了他们的疑虑，因为哈钦斯自己也投了一张赞成票；尽管这很不寻常，不过会议主持人这样做好像也没有违规。[16]

这次险胜值得深思，因为要是评议会推翻其早先的决定，并让创建一个新的四年制本科生院课程计划的努力付之东流，那么这所大学随后的历史以及哈钦斯担任校长的历程，都会完全不一样。偶发事件扮演了一个重要的角色。尽管这个问题带有强烈的感情色彩，但出席这次评议会特别会议的人数远远算不上完整。4月清点的票数仅比1月会议上的票数多5票，约有三分之一的合法投票人根本没有露面。有些人请假外出了；其他许多人都特意远离这些是非争端，希望当置身事外的逍遥派。我父亲当时是神学院的教授，他就是个逍遥派。他在步行回家的路上，突然想到评议会通知过要召开特别会议，然后很不情愿地决定，他有责任折回去参加会议，但赶过去时辩论刚好结束。他非常犹豫，但最后还是给哈钦斯和本科生院改革投了赞成票；他这样做并不是因为他理解或是同情当时在尝试的改革，而是出于对哈钦斯的服从意识，因为他作为校长自有其权威性，而在学校组织和管理方面可能也更在行。

哈钦斯不知怎么觉察到了我父亲在这种情况下所扮演的角色。一年后，当哈钦斯从芝加哥大学辞职时，他一反常态，显得和蔼可亲。我父亲回应道："在您的要求之下，我为这所我待了17年的大学写下这个备忘录……令人遗憾的是，曾经（甚至最近还）对校行政忠心耿耿的芝加哥大学教授，如今感到了疏离，并鼓动大家反对校长拥护或制定的政策……为了引领这所大学走出这场危机，需要您具有百折不挠的耐心。您是一个很有天赋的人，我相信您能做到这一点……我认为新的本科生院计划获得成功的机会很大。我当初投票赞成它时还有点迟疑，但是我很高兴
117 自己没有反对您，让您终于能以如此微弱的优势获得您所需要的多数选票。"[17]

但是哈钦斯不是一个有耐心的人。回首往事，他承认："缺乏耐心是我当不了合格的管理者的主要原因之一……把事情做完是一回事，让这些事情永垂不朽是另一回事。我本应该知道，有

一大群痛苦的少数派，觉得这所大学没有顾及他们的意见，就强制进行根本性的变革；这就注定了，只有等少数派可以积蓄力量成为多数派，才能让这种变革持久。”他耐着性子，沉思道：“我本来应该少做几件事，而让做成的事有机会存活更长的时间。”[18]

但是，在那个时候，他的感受与此大不相同。1942 年 4 月的险胜，迫使他改变芝加哥大学的行政体制，以保护本科生院及其刚出炉的课程计划免受资深教授们敌视。于是，他在 1942 年 11 月 16 日，向校董事会递交了一个提案；根据这个提案，任期为 7 年的校长，在教职工拒绝给他投信任票时，可以随时被解职。但是他这个提案的主体内容是，校长应该有权利实施与教育政策和组织有关的事情，并承担由此造成的后果——还有这样一个附带条款：如果他选择推翻某个系、学院或委员会的教职工所提出的建议，必须等投完对校长的信任票之后再决定是否执行；届时，对校长连同他想要推行的政策，要么支持，要么推翻。[19]

董事们的答复是，建议跟全体教职工进行协商。于是，哈钦斯在 1942 年 12 月 31 日给评议会写了一份相当任性的备忘录，建议它讨论这个问题：是否应该将校长仅仅变成教职工的主席，还是应该赋予他有效的权力。作为对他的回应，评议会在 1943 年 1 月 8 日推选了一个由政治学教授伦纳德·怀特（Leonard White）领导的特别委员会，跟董事会的一个由莱尔德·贝尔（Laird Bell）领导的委员会一起开会，来考虑哈钦斯关于修改大学管理体制的提案。

旷日持久的商议，在接下来的两年里不仅没有缓和哈钦斯与全体教职工的关系，反而有让它恶化的趋势。在将近一年后的 1943 年 12 月 13 日，他觉得不得不重新阐明改变体制的观点。他宣称："问题是，这所大学是否需要一个机构，负责教育政策
118 以及教育与科学标准。评议会委员会坚持认为，全体教职工负责而且必须负责这些问题。但是这样使用这个条款是毫无意义的……除非被迫对自己所做的事情负责，否则没有人会负责。谁能够迫使全体教职工对他们的决定负责呢？在不违反学术生活最神圣的规矩的前提下，全体教职工是一群既不能开除又不能指责的人；谈论这样一群人的责任是很荒谬的。"

他继续说道："要作出一些重大的决定，而且必须迅速地作出。得有某个机构作出这些决定。但是，在当前这个紧急关头，作出这些决定的机构（即校长）只能以不合规程的方式作出决定，而且也没有有效的办法让他承担责任。如果任由这种状况继续发展，校长就会变成一个不负责任的独裁者……

"问题在于是否可以兼顾民主和效率……每个人都知道，一个建立在对行政长官不信任基础之上的组织，并不能阻止行政长官行使强大的权力；它只会妨碍和困扰他，并迫使他寻求超越体制的（就算不是非法的）方法来行事……其补救措施是鼓励（甚至要求）行政长官有所作为，并严格地对自己的所作所为负起

责任。”然后他重申了授予校长行政权力的建议，并提议“成立一个董事会—教职工联合委员会，对校长的管理工作进行年度审查，如果对审查结果不满意，就必须让校长辞职”。

哈钦斯在总结他的体制改革时，提议推翻给他带来如此多麻烦的教授寡头统治。他建议说：“应该由全体助理教授、副教授和正教授选出 50 名成员来组成评议会。而评议会委员会则应该由整个评议会选出 7 名成员来组成。应该要求评议会对所有提交到它面前的事务，都清楚地表明自己的观点。

“这样一种组织可以鼓励开拓精神、杜绝政治欺骗并明确责任。因此，它看起来像是为解决民主中最令人困惑的一个问题，进行了一次意义重大的尝试……我就不信，要是评议会委员们理解了这个问题以及所提出的补救措施，他们还会有更多的要求。”[20] 尽管哈钦斯很有技巧性地提出了诉求，但是什么决定也没有作出。在 1942 年 4 月的投票中，他以可疑的方式获得了平局，打那以后，许多教授不再相信他所说的任何东西了。

这些旷日持久的争论引发了强烈的情绪。各种派系时而形成，时而分裂。流言扭曲了现实。猜疑泛滥成灾。1944 年 8 月，哈钦斯在给莱尔德·贝尔的私人信件中发火说：“如果你的目的是想让我郁闷，那你得逞了……教职工说的每一桩事情都是毫不相干的……我认为，如果评议会委员会真的代表了全体教职工坚
定不移而持久不变的信念，那就清楚地表明行政班子到了变更的 119

时候了。”[21] 总而言之，这是一个非常艰难的时期。平民学生少得可怜，教授们四分五散，芝加哥大学的整个未来充满着不确定性。整个大学社区弥漫着大战所造成的那种世界末日式的焦虑。在战事初起之时，哈钦斯就定下了一个基调——他告诉全体教职员工，他们肩负着人类文明的命运。哈钦斯在 1942 年 1 月说过：“为了形成、阐明和激发那些可以鼓舞人类的理想，甚至在全面战争时期，落在大学肩上的负担重得令人难以置信。如果连他们都担负不起，那别的人更担负不起，因为其他人都没有这个实力。如果大学肩负不起这副重担，那人类文明就没救了。”[22] 哈钦斯不是会轻易妥协的人。不管有没有取得教职工的赞同，他都采取了行动，以此来回应旷日持久的僵局和日益加剧的个人挫败感。教职工中反对他的那些人，则以完全相反的方式进行对抗——几乎所有的变革都遭遇到了他们越来越顽固的抵制。

整个学校的管理问题，很快就因为本科生院中的理念冲突而扭曲和恶化，其中最迫切的问题是，第二年的人文课程组是否应该基于麦基翁风格的文本分析（textual analysis）。埃德加·温德（Edgar Wind）是文艺复兴艺术与哲学方面的一位专家，他新近加入了芝加哥大学，并在 1942 年秋季成了正在定型的《人文科学 II》这门课的教师之一。几乎在接手的同时，他就跟主导这门课的麦基翁追随者发生了争执，并请求校方免除他讲授这门课程的任务，因为它要求他遵循自己强烈反对的理念。温德随即退出了艺术系，但在麦基翁的书中，他还是成了受敌视的人物；当约翰·内夫（John Nef）以新成立的社会思想委员会的名义邀请温德作演讲时，麦基翁试图阻挠，他辩称：作为人文科学学部的院长，他的管辖范围包括自己的教职工在学部外可以理所当然地做哪些事。内夫大发雷霆，反问道："你想干什么，威吓我吗？"

尽管温德那次确实作了演讲，但不久以后他就离开了芝加哥大学。不过，在他于 1944 年 5 月离开之前，温德、内夫和即将接替雷德菲尔德成为社会科学学部代理院长的拉尔夫·泰勒（Ralph Tyler），共同签署了一份备忘录，要求评议会调查麦基翁的所作所为。他们写道："有人干涉了系科自治，干涉了教学自由，干涉了跨系研究的发展。一种特殊的哲学理念被强制推行。"
他们将这种行径归根于"人文科学学部院长滥用职权。他独揽希 120
腊语教授、哲学教授、拉丁语系代理系主任和学部院长等要职于一身，更不用说他还参加了十几个委员会，并在其中施加影响或通过它们施加影响。"[23]

大卫·格林在《人文科学Ⅱ》开设的第二年（即 1943—1944 学年），讲授了这门课；在课程结束后，他给哈钦斯写信，对这门课的状况给出了一个更有理性的评价："在没有任何外部参照的情况下，对艺术作品'本身'进行考察，这是否有任何意义，就算往好里说，也不只是值得怀疑的。何况还指望人家将这种（科学批评的）方法教给学生，不是作为一种个人的观点，而是作为文学过程中一种公认的方法，不容有任何辩驳的余地。”事实上，格林认为，它变成了“一张由荒谬织成的网”，全靠“所研究的文本中某些孤立的词语（通常被称作‘术语’），并在它们之间构造出一种相当任意的相互作用”。[24]

但是，在20世纪40年代中期，麦基翁及其追随者的影响力正如日中天，与他们作对是一件有风险的事情。正如温德发现最好是离开艺术系，格林在对占统治地位的正统学说表示异议之后，也顺理成章地被希腊语系和本科生院辞退了。但是，内夫在1946年向他伸出了援助之手，邀请他参加了社会思想委员会。对于麦基翁的徒子徒孙在本科生院强推其理念的方式，哈钦斯可能也持保留态度。不管怎样，他批准了对格林的新任命；而拉尔夫·泰勒在签署反对麦基翁的联名指控书之后，仅过了一个月，就被任命为社会科学学部的代理院长。

一个新的阵营似乎即将形成。哈钦斯就职以来，一直在谈论要让研究生学习摆脱系科化；1942年，约翰·内夫决定在这方面出把力。经过一个缓慢的启动期之后，内夫成了少数几个与哈钦斯校长及其夫人发展了社交关系的教职工之一。内夫是个著名的经济史学家，但同时还是个唯美主义者和法国艺术品收藏家，因此或多或少地达到了莫德·哈钦斯苛刻的交往标准。内夫也很富有（靠妻子的财富）却没子女，而且也瞧不起他在经济学和历史学领域的同事，因为他们满脑子狭隘与庸俗的观念。跟哈钦斯一样，他在战争期间也将兴趣转向了道德与宗教信仰，他觉得这个世界需要的是关于社会、美和真理的一种新看法。[25]

社会科学学部在 1942 年成立的社会思想委员会，就是这种观念的产物。社会思想委员会由内夫担任主席，并在很大程度上得到了他妻子的经济援助，它后来成了一个精英集团。内夫从相当广泛的职业背景中挑选自己喜欢和欣赏的人，让他们聚在一 121
起，并请他们指导精心挑选出来的几个研究生的研究工作。他随即开始为这个委员会规划起更宏大的目标。在给哈钦斯的一份备忘录里，他勾勒出了芝加哥大学研究生教育研究所的一幅蓝图，这个研究所将“鼓励人们去发现、再发现和维护那些可以帮助人类形成终极社区的原则”。社会思想委员会将融入这个研究所之中，以便更好地追求一个“将人类积累的知识、思想、技能和智慧综合在一起的体系”。[26]

我看到的文件里没有记录哈钦斯对这个提议作出了怎样的反应，但有一点似乎很明显，那就是内夫相信自己是哈钦斯反对教职工学科短视的真心拥护者。然而正如我们已看到的那样，他和麦基翁也发生了激烈的冲突。显然，如果说在哈钦斯彻底变革芝加哥大学的这批邪恶方案中，内夫和麦基翁都充当了狗腿子，那么就像哈钦斯的反对者认为的那样，校长的党羽们当时也明显地处在一片混乱之中。实际上，对于重建本科生院课程或是重塑研究生学习，哈钦斯从来都没有支持过任何一个具体的方案。他鼓吹自己的理想，却从未明确表示到底该怎样实践它们。相反，他让院长们加入关于学术与课程的混战，而自己却将大部分的精力花在校外事务上。

他的朋友莫蒂默·阿德勒极力想把他引向这个方向。阿德勒很久以前就对芝加哥大学不抱希望了，他相信自己所瞄准的思想大变革以及哈钦斯渴望的社会改革，最好的实现途径是，通过面向成人的“伟大的书”课程计划，以及建立一个关于“伟大的书”的索引，让所有人都可以很容易地获得过上美好生活所必需的知识。

从 1943 年开始，在哈钦斯零星的帮助下[27]，阿德勒着手给校董事会成员开设了一门“伟大的书”课程。他在这方面取得的成功更增强了他的新信念。这门课取代了他们从 1930 年到 1940 年期间为本科生开设的类似课程。很多董事会成员心甘情愿每周接受一次阅读和讨论严肃书籍所带来的挑战；这让阿德勒确信：与给本科生开课所能取得的最大成就相比，针对美国商业和专业精英阶层开设这类课程更有前途。

通过与另一个重要的教育机构《大英百科全书》进行合作，他的希望得到了进一步的鼓舞。在移交给美国之后，这套著名的参考书陷入了困境。20 世纪 20 年代，邮购与百货业巨子西尔斯·罗巴克（Sears Roebuck）收购了它，但是在对条目进行更新
122 方面做得很不够，以致这套《百科全书》大有失去其学术尊严的

危险。经过两年的谈判，威廉·本顿与西尔斯·罗巴克达成了协议，将大英百科全书的所有权转让给他——更准确地说是转让给他组织和领导的一个新公司，从而将它从这种命运中挽救出来。本顿答应自掏腰包预付 10 万美金来启动这个新公司，但作为这个交易的一部分，也同意将销售所得的版税全部上缴芝加哥大学。作为回报，他期望在修订过时条目时，芝大的教职工会提供建议和指导。[28]

本顿成立了一个编辑委员会，由哈钦斯担任主席，就百科全书的内容向他提出建议。本顿还购买了 ERPI 公司的电影——本科生院在 20 世纪 30 年代初曾与这家公司有过合作——并启动了一个制作更多教育影片的计划。然后在 1943 年 10 月，这个新公司宣布进一步扩展业务，将发行统一版本的“伟大的书”。因此，哈钦斯很快又开始主持这个负责经典认定任务的委员会。阿德勒是“伟大的书”计划背后的推手，他在 1946 年辞去教职，以便全身心投入为“伟大的书”编制一个主索引（Syntopticon）的工作，这个索引将让每一位读者都可以很容易地了解他从“伟大的书”里选定的“101 个伟大思想”。

显然，要将“伟大的书”课程计划推广到成年人，得有可方便买到的课本，而这套新书到 1952 年才出全。但是阿德勒没有坐等。在 1945—1946 学年期间，面向成年人的新“伟大的书”课程，在整个芝加哥地区开班授课，上课地点包括芝加哥大学的教室和图书馆，以及闹市区的学校和马歇尔·菲尔德商店(Marshall Field's store）之类的商业场所。学生的数量从 1944 年的 164 人猛增到 1946 年的 2000 人。那一年，芝加哥大学的教职工开设了 16 个班，此外还有不少于 34 个社区团体也参加了这场运动；这些团体的负责人经过阿德勒和其他有经验的导师的简单培训后，就分头尽自己最大的努力，讨论每周分配给他们的书籍。阿德勒——他现在被哈钦斯打趣地称作“伟大的书人”(Great Bookie）——准备在全国范围内招收高达 200 万人。

商业与专业人士及其出身郊区的妻子，对此的确有热情，而且被证明具有惊人的感染力。当时，电视刚开始出现；阅读仍然是人们打发闲暇的一种常用方式；宗教信仰在郊区人群中的普遍衰落，使得通过公开讨论严肃书籍来追求美好生活的方式，对无
123 数富足而多少有些不满意自己生活的中年男女，很有吸引力。通过每周一次的集会和对“伟大的书”的讨论，他们可以发泄甚至减轻一些苦恼。总之，“伟大的书”活动为教堂礼拜提供了一个理性的替代或补充。因此，在几年的时间里，“伟大的书”的课程班在全国范围内飞速增长；结果证明，一项貌似荒谬而鲁莽的出版活动，取得了经济上的成功，尽管本顿和他的新公司首先得熬过 1947 年的现金流危机——它曾一度威胁到阿德勒事业的成功延续。[29]

尽管在本顿新公司中承担的双重责任占用了不少的时间，

但哈钦斯还是设法让自己忙于主持了一个关于出版自由的委员会，这个没产生实效的委员会是亨利·卢斯在1944年出资成立的。这个委员会虽然忙乎了很久，但是在法律或其他改革方面提不出什么意见；它还为迎合公众的低级趣味，谴责财产所有者和管理者缺乏责任感，因而惹得卢斯很不高兴。[30] 哈钦斯经不住鲍基斯（Borgese）教授的强烈恳求，担任了世界宪法制订委员会的主席。这项始于1945年9月的事业，在很大程度上是对投下第一批原子弹所作出的回应。依照1787年费城制宪会议的先例，哈钦斯、鲍基斯和他们几个朋友在1947年9月17日，以世界宪法草案的形式，提交了一个被他们称作“历史倡议”（proposal to history）的文件。因为坚称必须抛弃国家主权，这个委员会冒犯了主流的公众舆论，在后者表达了几次内心的恐惧之后，这个文件基本上就从人们的视野中消失了。[31]

哈钦斯将大量精力耗费在校外项目上，而芝加哥大学校内的其他人，则在忙着为战后时期构想一大堆其他项目。早在1941年，阿瑟·康普顿就提议创建一个金属研究所，以便从“诸如芝加哥邻近地区这种重视金属产品的工业区”[32]，吸引对物理研究的重大支持。哈钦斯在1946年采纳了这个倡议，随后又对它进行了修改和扩充，以期吸引恩里科·费米和战时冶金学计划的其他关键人物重返芝大校园。尽管经费紧张，芝加哥大学在1945年8月还是成立了3个新的研究所：金属研究所、核能研究所以及放射生物学与生物物理学研究所。

在战争期间，康普顿和学术界原子能科学家的关系已经不那么密切了。他不再是一个亲自动手的实验科学家，他在行政和协
124 调方面扮演的角色，让他在许多人看来更像是军方的辩护者。因为这个原因和其他一些考虑，他离开了芝加哥大学，去位于圣路易的华盛顿大学担任校长；此时正值费米和他同事中的一些关键人物（爱德华·特勒、利奥·西拉德和其他一些人）从洛斯阿拉莫斯返回芝大，为这些新建的研究所注入了活力；在3个忙乱的年头之后，在首次试验成功自持式核反应的地方，他们着手开展和平时期的工作。

这些新的研究所和其他几个研究所一样，都雄心勃勃地对未来充满了期望，尽管在没有预见到更多经费的情况下，哈钦斯对它们大多不能给予实际的支持。1945年，在几家大公司和一些工会的参与下，启动了一个建立工业联络中心的计划。这个新中心甚至在中途公园南部适时地建起了一幢属于自己的新大楼；但是随着费用的增加，获得的支持减少了，在哈钦斯于1950年离开芝加哥大学后不久，最初的希望也破灭了。与此类似，雷克斯·塔格韦尔（Rex Tugwell）在联邦政府里度过一段有争议的仕途之后，接受了担任政治学系教授的聘任，以便启动一个策划中的教育与研究计划；但是因为这个项目获得的资金没有达到预期，也因为塔格韦尔未能与芝加哥大学其他政治学家建立起有效

的关系，他策划的计划几乎陷入了孤立无援的境地。

其他一些耗资巨大的战后计划一直停留在空想阶段。前面提
到过，内夫有意将社会思想委员会转变成研究生学习研究所——
他这个愿望就属于白日梦的范畴。同属此类的还有阿德勒提议
创立的哲学研究所——其使命是构建一种“辩证大全”（Summa
Dialectica），以便赋予“20世纪唯一一种可以拥有的智慧”。[33]哈
钦斯有心给予支持，但是由于资金短缺，阿德勒的研究所在这所
大学里一直没能占到一席之地，尽管他最终的确以自治实体的形
式创建了这样一个组织。罗伯特·雷德菲尔德也希望让人类学的
研究对象突破猎人、农民和牧民，扩展到开化的文明和复杂的社
会这样一些领域；但是他最初提议的一个专门研究所，也未能获
得必要的财政支持。因此，他也在一个更个人化更有限的基础
上发展，在开始阶段只是集中研究中国。本顿是一个老牌的梦
想家兼实干家，他有意在校内建立一个可开播无线电台的广播
中心——或许可以与哈佛大学、威斯康星大学、加利福尼亚大
学以及大英百科全书这样一些机构合作。该计划的部分工作是，
着手为无线电台建立专业标准，具体做法是为广播节目导播安
排一些研讨会。但是本顿请来负责芝加哥大学无线电办公室的 125
年轻人乔治·普罗布斯特（George Probst）不善于募款；而本顿
又忙于其他一些事务，因此这个想法和其他人的一样，也胎死
腹中了。[34]

校园里一项更重要的新事业反映了原子能科学家和芝加哥大学其他成员，对管理和控制曼哈顿计划释放到世上来的新能量，所给予的强烈关注。1945 年 9 月 19 日，哈钦斯主持召开了一个关于原子能的高级别会议，经济学家、政治学家、政府官员、新闻记者和其他非专业人士，与原子能专家一道，在会上首次讨论了今后应该如何管理这种新技术的问题。其中一个迫切的问题是保密性；另一个是当前这种军事管理模式，是否应该延续到和平时期。芝加哥大学的科学家成了美国原子能平民控制“战后运动的主要神经中枢”[35]，他们中大多数人支持将新武器的控制权移交给联合国。由于在华盛顿的高强度游说——相当大一部分是芝加哥大学策动的，监管原子能的责任得以在 1946 年从军队移交给了一个新成立的原子能委员会。法学院的爱德华·利维在调解原子能科学家和华盛顿的立法政治进程方面，扮演了关键的角色，而罗伯特·雷德菲尔德和爱德华·希尔斯，则在沟通芝加哥大学的自然科学家与社会科学家那些真实而有限智慧方面，发挥了主要的纽带作用。因为国会议员和政府官员得从头开始学习原子能的知识，而原子能科学家群体则需要从头开始学习国内和国际政治，于是就由哈钦斯牵头，利用芝加哥大学的资源，担负起在原子能专家、政治家和社会科学家之间反复进行紧张磋商和简报的任务，这对最后的结果产生了相当大的影响，尽管芝加哥大学大多数人赞成的国际控制，很快就因为苏联和美国之间日益加剧的摩擦，而希望破灭。[36] 在制定重大国家政策方面，芝加哥大学前所未有地扮演了重要的角色，但是在原子能委员会于 1946 年接管了汉福德和橡树岭之后，它很快就丧失了在国家管理和原子能控制方面的特殊地位。虽然阿尔贡国家实验室保留了下来，但它仅具有本地和区域性的重要意义。

这些各式各样的计划，连同校园设施在战时为军事用途而进
行的改装，考验了芝加哥大学已确立的体系，而本科生院一个
新的四年制通识教育计划也在年复一年地趋于成熟。在 1944— 126
1945 学年期间，整套新课程首次准备就绪，学生数量的增加标志着退伍军人入学潮的到来——国会在 1944 年通过了所谓的 G. I. 法案，其条款确保了这种情况的出现。接着，美国的原子弹闪电般地轰炸了广岛和长崎。战争突然要结束了；所有战时计划、政府合同，以及从 1942 年以来一直支配着学校的应急安排，都将随之结束。

正是在这样的背景下，芝加哥大学在 1944 年 2 月到 1946 年 6 月期间，就学校管理问题发生的体制斗争也达到了高潮。引发这次斗争的导火索是哈钦斯 1944 年 1 月 12 日在董事会为全体教职工举办的晚宴上所发表的年度演讲。他利用这个机会，重申了根据他在 1929 年就职典礼上首次确立的路线，彻底重构研究生学习的必要性。他提出，正如本科生院最终给文学士赋予了一种协调一致的全新含义，应该在研究生层面上建立一个人文科学研

究所，以便对博士学位进行同样的改造。哈钦斯认为，博士学位事实上已成为高校教师必备的一张执照。但是，为了讲授真正的大学通识教育所要求的那种课程，教师必须接受有适当通用性和哲学深度的研究生训练。只有设立这样一个研究生学习课程计划，芝加哥大学才能稳妥地落实改革美国高等教育的责任。

当然，哈钦斯的方案会剥夺系里对主流研究生学习的管辖权，并将专业工作预留给一个精英群体，因为他们实际上注定了要从事积极开展研究的职业。他知道大多数教职工会反对这样的改革，但还是不管不顾地推进。只有利用回到和平轨道时造成日常工作中断的机会，他才看到有可能克服教职工在当前秩序下的既得利益。于是，他利用董事会晚宴演讲的机会，再次提出了体制问题，并宣称：除非给作为校长的他授权，以压倒教职工的反对声浪，否则芝加哥大学就不可能实现领导美国高等教育所必须的改革。

怀着让芝加哥大学成为一个真正的学者社区的希望，哈钦斯向全体教职工挑战，提出了另外两项令人震惊的倡议：废除学术等级，以及推广医学院的一项规定——所有外来收入统统上交学校。作为回报，他提出了更好的薪酬前景，不是根据资历而是根据需求来发放工资，这样一来，“一位有3个孩子的年轻教师，就可以拿到比一个没有孩子的系主任更高的生活补贴。”他不允许这所大学继续庇护“一个巨大的阴谋以维持现状”，而是号召

听众设想“大学的目的无非是促成整个世界在道德、智识和精神 127
方面的革命。任何一个社会如果想长盛不衰，就必须将我们社会借以存在的整个价值尺度都颠倒过来”。[37]

这个演讲引起了许多教职工的警惕。将这些话说出口之后，哈钦斯拒绝作进一步的阐述，也不留商量的余地。也许他希望将董事们争取到自己这边，并迫使他的反对者屈服。在一段时间里，他貌似可以做到这一点，因为董事会在 1944 年 2 月采纳了他的建议，批准了一个被称为 4E 的教职工工资新合同。这样年薪多少会有所增加；但作为交换条件，4E 合同要求教职工将所有的外快——图书版税、讲课费和来自其他院校的夏季薪水等诸如此类的收入统统上交学校。这样做的理由在于，如果教授没有受到校外工作的经济刺激，他们会安心地在校内从事本职的学术和专业工作，而通过相应地分配自己的精力，还可以成为哈钦斯想在中途大道建起来的学术社区中更合格的成员。现有教职员工可以选择新合同并确保加薪——也可以选择拒绝；但是芝加哥大学所有的新聘教师都必须遵守 4E 合同的条款。

像过去所做的那样，哈钦斯在董事会的支持下，不顾教职工的反对，推行了这项改革，这让许多教职工得出这样一个结论：哈钦斯接下来的确打算强推他在 1 月提出的其他一些变革。结果，教职工产生了普遍的焦虑和愤怒。经过几个月初步的较量，评议会以 94∶42 通过了一份《芝加哥大学校情备忘录》，并在

1944 年 5 月 22 日提交给了董事会。罗纳德·克兰是这个备忘录最主要的执笔人，它“对芝加哥大学的利益深表忧虑”，因为哈钦斯正试图“颠倒我们的社会借以存在的整个价值尺度”。在谴责了他创立人文科学研究所的提议，并否认校长有权推翻教职工的决定之后，这个备忘录在结尾时宣布“继续由教职工控制，并根据学科门类进行组织”是非常必要的，因为“如果致力于任何特定的社会、道德、哲学或精神意识形态，或其他具体的统一形式”，那么芝加哥大学就别想得到学术上的繁荣。[38]

内夫决定支持哈钦斯，截至 6 月 7 日那天，他在一份反备忘录上，收集了 80 位教职工的签名；这份反备忘录称赞哈钦斯保护了全体教职工免遭外部压力的影响——就像在沃尔格林案中闹得沸沸扬扬的那样，并肯定地说他“从未干涉过任何个人的研究
128 或教学”。[39] 为了平息事态，哈钦斯在第二天，即 1944 年 6 月 8 日，发表声明说：“就高等院校的目的，形成并陈述自己的理念，是大学校长的责任。别人不一定要同意校长的观点。强制实行某种特定的理念违背了完全的学术自由，而芝加哥大学的行政班子对这种自由一向都是予以保证的。”[40]

争论持续到了这年的夏季。1944 年 6 月 6 日盟军登陆日（D-Day）之后的几个星期，欧洲的战争达到了高潮，而关于哈钦斯用心险恶的夸张谣言却分散了芝加哥大学校园中的注意力。因此，1944 年 7 月 20 日，在洛克菲勒小教堂举行的一个与会人

数众多的会议上，哈钦斯准确地解释了他想要的是什么，试图对这个问题重新进行定义。这个题为《大学的组织和目的》的演讲，以小册子的形式出版了，此后流传甚广。在高超地总结了他关于芝加哥大学的思想和抱负之后，哈钦斯重申了自己的希望。他宣称："这是一所伟大的大学，我认为它是世界上最伟大的大学……这所大学出类拔萃的秘密就在于它的勇猛和团结。二者都源自于它的年轻……如今这所大学已步入成熟……问题是，在它不再年轻之后，是否会失去它的勇猛和团结。"

"不管我们喜不喜欢，我们都将拥有一个新世界。就我们现在看到的情况而言，那个世界的特性所显现的迹象并不令人鼓舞。对我而言，除道德、智识以及精神上的变革之外，似乎没有什么能拯救人类，因为我们借以存在的价值尺度，最终给我们提供了可以消灭人类种族的手段，却没有给予我们意志、理性或见识，来看清这些手段应该用来达到什么样的人类目的……

"在我所预见的道德、智识和精神方面的冲突中，芝大可以站在它喜欢的任何一边。它可以赞同我们社会借以存在的价值尺度；也可以加入颠覆它们的奋斗之中。在我看来，它唯一不能做的就是置身于这种理念冲突之外，它的功能已经让它置身于其中了。因为置身事外会注定这所大学难有作为；那是放弃学术领袖的职责；那是否认重大的历史危机以及我们对人类的责任。"[41]

哈钦斯的道德真诚和修辞技巧从来没有展现得这么令人刻骨

铭心。他的末世论调很快就因为1945年8月6日在广岛市爆炸的原子弹得到了强化；也许早在1944年7月，他就已察觉到了原子能科学家在西看台下面研制的东西及其后续工作。对哈钦斯
129 而言，战争及其即将到来的终结、原子弹及其对人类未来的影响、现代社会的道德改革、美国的教育改革以及如何管理芝加哥大学，所有一切都被涵盖在这次辩论之中。[42]

他这种世界末日情绪具有传染性；它在校园中引发的强烈冲突，也清楚地表明从1942年以来一直悬而未决的体制问题，已经到了非解决不可的时候了。因为董事会是负责芝加哥大学管理的法定机构，莱尔德·贝尔负起了这个责任，在详细咨询了相关人士之后，他最终成功地拟定了一个各方都打算接受的文件。1944年12月28日，董事会批准了这个文件。尽管哈钦斯更喜欢他自己原汁原味的提议，但是他表示，希望教职员工对此能心满意足。事实上，他们都很满意，这项章程到今天还在发生效力。尽管哈钦斯对此颇有怨言，但最终的折中方案与他在1943年12月提出的方案大体相符。由助教、副教授和正教授选举出来的51名成员，组成一个有裁决权的新学术团体——理事会（Council），取代评议会。理事会的成员反过来又选出了一个政策委员会。该委员会每两周与行政班子碰一次头，负责为每月一次的理事会会议准备议事日程。

这样就保证了行政班子和教职员工之间经常的沟通和协商。

此前，这种情况是从来没有出现过，因为评议会仅代表正教授，只有在出现某种紧急情况的时候，才开会讨论。尽管人人都希望新的规定可以防止 1944 年 5 月那种冲突再次发生，新章程还是考虑了校长不同意理事会所通过决议的情况；如果出现这种情况，他可以行使否决权，这样有关问题就会退回给理事会重新考虑。如果理事会仍然坚持自己的立场，那么这个问题将会提交给董事会作最终的裁决。

通过重组核心领导班子，哈钦斯对与全体教职员工分享学术事务管理权的新模式进行了补充。本顿因为要参加各种各样的其他活动，几乎不再出现在校园里了。因此，他辞去了副校长的职务，转而担任哈钦斯的“助理”。他留下的空缺由三位新的副校长填补：一位主管商业事务，一位主管筹募资金，另一位主管教职工事务。哈钦斯成了这所大学的总校长（chancellor），还是像以前一样全面负责学校工作；不过将日常管理事务交给了拥有校长头衔的欧内斯特 · C. 科尔韦尔（Ernest C. Colwell）。

科尔韦尔是个性情平和的新约学者。他在 1943 年开始崭露 130
头角，当时他作为神学院的院长，和芝大附近的许多神学院协商，结成了一个联盟。参加联盟的院校有望通过允许学生在各个学校之间自由选课来获益。另外，还有望通过消除重复开设的课程，来缓解要命的预算压力。科尔韦尔因具有温和的个性和跨越敏感的宗教界线的能力而备受欢迎，与 1944 年遍布校园的敌意形成了鲜明的对比。因此，哈钦斯连忙将他调入了核心领导班子，先是安排他负责教职工管理事务，然后在1945年又提拔他担任了校长。哈钦斯受制于自己引发的敌意，于是就放手让属下尽其所能来管理这所大学，只在异常情况下才干预一下。

然而，异常情况还是阴魂不散。1946年2月6日，本科生院教职工以65∶43的选票决定“仅给1946年夏季以后入学的学生，授予现在规定的这种文学士学位”。[43] 这段话宣布了新四年制课程计划时代的到来——那是从1942年起经过年复一年的辛勤劳动发展而来的。从此以后，将关闭战争期间建起来供高中毕业生和希望为从事科学工作进行准备的学生使用的临时通道。所有想取得文学士学位的学生都必须满足每一项要求——或者是在入学时通过分级考试，或者是在经过适当的学习后，通过综合考试。

自然科学家气坏了。他们认为，3年的自然科学课程组并没有让本科生为开始研究生学习打好当代科学的基础，而是将太多的时间浪费在过时的科学文章上。本科生院的文学士要求也没有为本科生进入医学院学习做好充分的准备。科学家在人文科学学部里也找到了同盟军，因为对于一些要求研究生掌握一门以上外语的领域，本科生院在为它们培养学生时，规定的一年外语学习显得严重不足。此外，对麦基翁主宰本科生院人文科学课程的做法，存在普遍而全面的抵触情绪，如今就具体体现在课程计划中缺少历史课程的问题上，因此这也成了持反对意见者的一个重点诉求。

强调历史的重要性还有进一步的好处——对本科生院的目标是培养公民而不是科学家和学者这种论调，可以收到削弱反驳效果的作用。事实上，这种说法有点似是而非。芝加哥大学本科生
的构成，就与这种说法矛盾，因为在20世纪30年代，绝大多数 131
的本科生实际上都是奔着上专业学院和研究生院而来的。哈钦斯不时抱怨说：本科生院的学术精英挫败了开创一种通识教育改革的目的；但是具有讽刺意味的是，他在本科生院里最热烈的支持者——既有教职工也有学生——体现了他痛惜的高学术水平，而在某些场合，他又对此表示了赞扬。最终，这个矛盾注定了哈钦斯－浮士德－麦基翁联手创立的本科生院要失败；但是，在1946年，它正方兴未艾，它的支持者已作好准备，渴望与被他们视作诡辩的既得利益者——支持系科分割的教职工——决一死战。

但是在整个芝加哥大学，学部和专业学院中教职工的人数远远超过了本科生的教师数；推选出来的理事会不可避免地反映了这种比例。因此，当理事会在1946年3月4日评估本科生院教职工的提案时，大多数人（30 : 10）投票“要求本科生院组建一个委员会，和理事会的委员进行协商，重新审议它在1946年2月6日的动议……通过让文学士学位的要求保持更大的灵活性，来兼顾通识教育的宗旨和打算进入学部或学院深造的学生的

利益”。

两天后，哈钦斯否决了理事会的动议；按照新的章程，将这个问题打回理事会重新考虑，但是新的投票结果是 33：12，几乎没有改变。但是谁也不想让董事会来作出裁决。因此，经过匆忙组织的幕后谈判，结果是理事会的动议和哈钦斯的否决二者都被收回，以便各方可以重新开始。经过漫长而艰巨的谈判后，一个委员会想出了一种折中方案。这样产生的解决方案中有一个关键条款：将废除获得学士学位的其他途径的生效期推迟一年，以便新课程计划到 1947 年秋天才完全出炉；并作出了 3 个关键的修正：(1) 人文科学课程组在第三年引入不同的外语选项，为更充分的外语训练打开方便之门；(2) 为了满足有意进物理科学和生物科学学部深造的学生的需求，授权科学家保留一门定制的物理学课程；(3) 最后不过也相当重要的是，改变将历史课排除在本科生院课程计划之外的现状，将《英语 Ⅲ》和《人文科学 Ⅲ》合并为一门课程，为《西方文明史》这门课腾出位置。

在产生折中方案的谈判过程中，双方都受到了伤害；但是，
132 当本科生院的教职工和理事会在 1942 年 6 月双双批准这个方案后，长期困扰芝加哥大学的争议风暴终于开始平息，为这所大学开启了一个新的战后时代。这种转变的标志是全面的换岗。雷德菲尔德和康普顿都已辞去了各自学部的院长之职，麦基翁也只留任到 1947 年。浮士德被长期的愤怒争斗折腾得筋疲力尽，苦不

堪言，也辞去了本科生院院长的职务。[44] 在哈钦斯的亲密友人圈内，本顿于 1946 年 6 月成了助理国务卿，从而切断了和芝加哥大学的所有联系；与此同时，阿德勒也辞职去编制主索引了。和浮士德一样，哈钦斯也快山穷水尽了。在逃离莫德之后，他希望劝导她以遭遗弃为由，与他离婚。他提出了从 1946 年 10 月 1 日开始请假九个月的申请，并做好了不再回来的心理准备，董事会批准了他的请求。但是他和芝加哥大学及其教职工之间强烈的爱恨交缠关系注定还没结束。他在职的最后岁月也交织着成功与失败，而那将是下一章的内容。

第六章　繁荣与衰落：一个时代的终结（1946—1950）

在战争刚结束的那些年，海德公园、美国乃至全世界都发生 133
了痛苦的蜕变。对整个世界而言，起主导作用的事件是冷战的出现——经过 1949 年的势力调整，美国及其盟国与附属国和苏联及其盟国与附属国彼此对抗。在不得不对政治力量平衡作出回应时，取得胜利的盟国会分道扬镳，这并不是什么新鲜事；而这一回，核弹头的潜在毁灭性使分裂过程从一开始就形成了鲜明的对照。对许多美国人而言，在 1945 年战胜德国和日本后，原指望会开启一个和平的（也许同时还是繁荣的）时代，但是这种最初的陶醉很快就化作了对另一场大战——用核弹头发动的、也许无法复原的灾难性战争——挥之不去的恐惧。在芝加哥大学校园里，这种世界末日情绪特别强烈，因为那里有一小群呼声很高的原子能科学家，他们觉得要对自己帮助制造的这种可怕武器负个人责任。

美国政府为帮助战后重建和阻止共产主义势力扩张，而制定的方案（1947年的杜鲁门主义、1948年的马歇尔计划和1949年的北约），要求整个美国同时也要求芝加哥大学给予普遍的支持——虽然有时不太情愿。麻烦的是，美国的每项举措都会引发苏联采取相应的对策，反之亦然。日益浮现的敌对情绪，将两个超级大国锁定在一种似乎无处可逃的争斗之中。苏联在1949年8月试爆了原子弹；很快，共产党政权在中国取得了胜利（1949
134 年10月）；接着仅仅过了9个月，又爆发了朝鲜战争（1950年6月）——这一切让美国民众的焦虑日益攀升。当美国决定以联合国的名义，派出军队帮助韩国与朝鲜打仗时，谁也说不清这场局部战争会不会揭开另一次世界大战的序幕——其潜在的毁灭性无疑会让一战和二战相形见绌；也没有人说得清，是否真的会像杜鲁门总统宣称的那样，阻止朝鲜的共产主义势力入侵，所要求的国际警察行动，会赋予联合国安理会维护国际和平所需要的声望和权威。如今，我们知道，对这两种未来场景的设想都不正确；但在当时，过度的希望和同样过度的恐惧正在肆虐，让这些年带上了狂热的色彩，其程度抵得上（也许还超过了）此前由大萧条和大战带来的不确定性。

从本地区来看，在芝加哥南部，另一个问题迫使整个大学社区不情愿地予以关注。限定性契约（Restrictive Covenants）是一战后设计出来的，其目的是不让某些类别的人住到海德公园和芝加哥许多其他社区。黑人和犹太人是常受到这类协议限制的对象；根据这些协议，现有业主必须对自己和继承人进行约束，不得将房地产卖给属于这些类别的任何人。限定性契约产生的效果是，围绕这座城市南部在一战期间和之后所形成的黑人贫民窟，划定了一个泾渭分明的地区界限。西起丛林小屋大道（Cottage Grove Avenue），从北面的 47 号大街，到南面的 67 号大街，是芝加哥大学周边的白人聚居区。在那个区域里，犹太居民和非犹太居民间，不存在相对明显的界线；但是犹太人被系统地排除在许多街区和大楼之外，因此他们倾向于聚居在不存在这类障碍的社区。

在 20 世纪二三十年代，芝加哥大学里的人都没有太在意限定性契约对与他们紧邻的街区产生了怎样的影响。学生、教授和行政人员未多加思索就接受了现状，许多教授和学生甚至都不知道有限定性契约这码事。投资本地房地产也没有被当成使用捐赠基金的最佳方式，因此芝加哥大学只拥有最靠近校园的一些公寓和住宅；但是只要芝加哥大学参与本地房地产交易，它的代理人就会维护（也许还会扩充）限定性契约，作为抵御黑人贫民区侵蚀大学社区的一项保护措施。

另一种形式的歧视在医院里普遍存在——黑人在就医时遭到 135
拒绝，理由是如果允许他们进医院，白人病人就会离开。平时的态度让这种推测听起来似乎完全可信，因为在芝加哥，黑人的生活和白人分隔得很远。这座城市大体上是由欧洲各地的移民社区组成的，其凝聚靠的是同类扎堆。从南方移民来的黑人，得与努力在美国城市环境下维持乡村式团结的白人竞争住房和工作。因此，新来的黑人是不受欢迎的。整座城市弥漫着种族间彼此的恐惧与嫌恶。

毫无疑问，芝加哥大学的社会学家对黑人社区的研究，比对这座城市中其他任何群体都要完善；罗伯特·帕克在 1934 年退休前一直是社会学系的领袖人物，他对黑人很同情，也与他们有些联系。但是帕克和他的同事们在现实中没有造成什么差别。在精确信息会为社会问题提供不言而喻的救治良方这种信念的支持下，芝加哥大学的社会学家进行了持续的观察与测量。相反，他们的研究恰恰表明，芝加哥市黑人与白人的差距比南方城市更大，因为在南方城市，他们之间长久以来的依存关系，在内战后的几十年时间里，虽然被扭曲，却没有遭到破坏。

黑人人口持续增长，对限定性契约设定的边界形成了巨大的压力，这意味着芝加哥的种族关系（在 1919 年激化成暴力骚乱），在繁荣的 20 世纪 20 年代和随后的十年经济萧条期，一直都不太安宁。在二战期间，当来自南方农村的黑人加速涌入时，摩擦加剧了。和平也没有挡住黑人进城的步伐，这很大程度上是由于 20 世纪 30 年代发明的摘棉机得到了日益普遍的应用。当棉田里的工作消失后，越来越多的农场工人北上芝加哥，尽管城里新增的工作机会很难赶上就业人口的急剧增加。由于工作稀缺且不稳定，新来的黑人特别难适应本已充满敌意的城市环境。

大战刚结束，限定性契约就被宣布为非法，这样一来，黑人突然之间就可以从任何愿意出售的业主手中购买房子了。在这种情况下，一个重要的因素发生了变化。贫民窟中长期的匮乏迫使黑人在住房方面投入比白人更多的钱，因此他们愿意出高于白人的价码，结果黑人就突破了贫民窟过去的边界，开始渗入破败的
邻近街区。当黑人出现在一个街区，白人的普遍反应是惊惶地逃 136
往有安全隔离的郊区。不择手段的房地产代理商，施展街区“换色”功夫，或以匿名电话恐吓白人业主，或出价购买，当这些都没有产生效果时，有时还在“钉子户”的房屋前组织路边酗酒聚会。以这样一种方式，贫民窟的边界开始一个街区一个街区地扩张，为芝加哥市日益增长的黑人人口腾出地盘——由丛林小屋大道和 47 号大街两个方向渗透，还沿着 63 号大街一路向东迅猛推进，一直抵达杰克逊公园。

到 1949 年时，芝加哥市当时的房地产市场，清楚地表明这所大学周边地区正朝着被黑人贫民窟吞没的方向发展。对此采取什么措施——如果有的话——成了这个大学社区所有成员严重关切的问题。只有少部分的人逃到了郊区，因为步行上班的优势太大了，而且日益扩张的黑人贫民窟的边界还没有抵达最靠近校园

的地区——大多数教师和其他大学职员都居住在这里。

但是，在芝大校园和师生聚居的邻近街区，已经感受到了这种推进的势头。到目前为止，最令人烦心的征兆是犯罪率的提高，这使得校园生活比以前更令人伤脑筋了。在大萧条时期，露宿街头者还不常见，住在海德公园的人，就算是独自夜行回家也觉得安全；盗贼很少——教授们在夏季或其他任何时候外出时，只需锁一下大门，基本上可以保证在回来时一切原封未动。在战争期间，情况就不同了——芝大社区里的日常生活弥漫着一种日益加剧的恐怖气氛，特别是在天黑之后。1946 年，一个本科生院的学生威廉·海伦斯（William Heirens）被控犯有三桩残暴的强奸谋杀罪——犯罪地点都在最靠近校园的地区，这为海德公园做了暴力事件抬头的负面广告。他的审判连篇累牍地登在报上，留下的恐怖后遗症差点赶上了 20 世纪 20 年代的勒布—利奥波德案*。

教授们、学生们以及其他一些中产阶层的白人，仍然继续住

---

* 勒布—利奥波德案（Loeb-Leopold case）：1924 年 5 月 21 日，一个叫罗伯特·法兰克斯的 14 岁男孩在放学回家的路上，被芝加哥两位富商的儿子里查德·勒布（19 岁）和内森·利奥波德（20 岁）绑架并残忍杀害。第二天，他们还写信向死者父母勒索 1 万美金。警方经过将近一个星期的调查，找到了证据，并最终使他们招供。案件发生后，报纸每天都不断地报道，民众的情绪也越来越激昂，要求将他们送上绞架。后来，著名的刑事辩护律师克拉伦斯·丹诺，通过证明两位被告患有严重的精神疾病、强调被告的年幼无知和抨击残忍落后的死刑制，为其免除了极刑。1948 年希区柯克以此为原型拍了电影《绳子》。——译注

在芝加哥大学及其周边地区——自建校以来就一向如此。芝加哥
大学在美国都市的大学中的确别具一格，它大多数的教师和许多
职员都步行上班，他们实际上在这座城市中形成了某种学村。芝
加哥大学相当多的师生员工会在邻近地区连续呆上数个星期，在
紧邻校园的周边地区工作、睡觉、购物和社交。在某些街区，教 137
师和其他大学员工明显地占了大多数，他们往往彼此认识——至
少面熟，不管是作为邻居还是以学校里的职业身份。这形成了一
张关系网，加强并扩大了校园里更严格的职业接触，而且还让芝
加哥大学社区变和谐了许多——若非如此，这是万无可能的。特
别是，芝大员工家的主妇可以（确实也）通过邻里接触以及校内
外的志愿组织，结识了彼此。

1950年后，当芝加哥大学社区组织有效活动，以保护入住海德公园的中产阶级时，这些妇女发挥了带头作用；要是没有她们，这些活动是不可能成功的。但那是后话，因为只要哈钦斯还在位，就不会有人试图组织本地社区去执行住房的法律标准或抗击犯罪。相反，驱使黑人贫民窟四面扩张的市场力量，继续在伍德劳恩 (Woodlawn)、健伍 (Kenwood) 和海德公园发挥作用；不管房地产经理为保持校园紧邻地区的居民都是白人，代表芝加哥大学采取过什么措施——为达到这种效果，他们的确进行过一些努力——他们也只是偷偷地做，没有得到管理高层、教师和学生们道义上的支持。

真实的情况是哈钦斯和芝加哥大学里的许多其他人，对正在发生的事情都保持首鼠两端的态度。哈钦斯讨厌种族歧视和其他任何形式的歧视；1946 年，在方庭俱乐部出现拒绝接纳黑人会员的问题时，他带头迫使该俱乐部对黑人开放。[1]只要限定性契约还得到法律认可，他就不会拿它们大做文章；但是在法律条文修改之后，他就拒绝使用学校资源在黑人扩张的道路上设置新的障碍，尽管这种扩张会使芝加哥大学周边白人社区的生活变得更加艰难。

芝加哥大学也在 1945 年对黑人开放了它的各个附属医院，但是在实施过程中并没有大肆渲染，以便将白人的反弹降至最低。不过，在开始时，黑人就诊人数并不多。这引得一些校园极端主义分子和黑人活跃分子，在 1946 年 12 月 9 日，前往诊所抗议，要求让以前被挡在门外的人获得更大的权限。尽管存在这样一些不满情绪，在原则上——在很大程度上实际也如此——1945 年后，芝加哥大学的医院和教室都在平等的基础上对所有人开放，不管他们的肤色如何。

致使黑人无法完全享受平等的原因，不再是故意的、概莫能外的歧视。相反，经济与行为方面的差别，让许多黑人无法进入
138 芝加哥大学社区，因为他们缺乏经济实力或合适的技能。因此，
维持一定的标准是具有歧视性的，至少看起来如此。这种形式的种族不平等是不可避免的，因为无法完全消除黑人与白人之间的

行为差别。经济成本必须以某种方式得到满足；如果容忍黑人学生和教授在技能与知识方面存在不足，就会证明是在有意降低对他们的要求标准——芝加哥大学从未贯彻过这种政策。

对于哈钦斯这种信奉任人唯贤的人而言，消除正式的障碍是受欢迎的和恰当的。但是，对于不得不支持海德公园地区的中产阶级生活方式，对于反对贫民窟通过破坏限定性契约，开始向芝大社区进军，他和芝加哥大学的许多成员一样感到沮丧。可以真正地阻止贫民窟扩张的行动，必定会令本已紧张得令人难堪的黑人与白人之间的关系更加紧张——甚至可能出现根本性的恶化。很难决定该采取什么样的对策；而只要哈钦斯还在台上，董事会和校行政就会犹豫不决。几乎所有人都试图罔顾这样一个事实：在差不多被日益衰败的邻近社区包围的情况下，芝加哥大学要谋求繁荣发展会有多艰难。[2]

但是一种无为而治的政策，还是耐人寻味的。在芝大社区缺乏明确而普遍的共识的情况下采取行动，的确会是很冒失的；而在 1945 年到 1950 年期间，就不存在这种共识。相反，芝大的教师、学生和行政领导都假装对邻近地区的问题视而不见，只是自顾自地做好本职工作。这使得芝加哥大学的一些重要分支机构，进入了一种短暂而强烈的繁荣期；倘若当时将注意力都集中在邻近地区那些乌七八糟的问题上，这种繁荣期基本上是不可能出现的。在某种意义上，也许哈钦斯的这句俏皮话：“芝加哥大学的伟大之处有赖于这样一个事实——芝加哥太乏味了，我们的教授除了工作之外就没什么事好干了”[3]，说得有道理；不过需要将其中的“乏味”替换成“见外”甚或是“有敌意”。

真实的情况是这样的：在 1945 年到 1950 年期间，几十位教授和成百上千的学生对一些抽象事物产生了高深的思想，他们在钻研时充满激情和专注，因而与紧靠校园的周边地区所发生的一切都完全隔离，也跟其他大学所进行的一切迥然不同。总而言之，那是一个在衰落中繁荣的年代；一种有意无意地产生出来的漠不关心，让衰落与繁荣二者得以共进——在其发生的年代，因国际势力改变模式而产生的冲突与风险，提供了各种分心之物，可以让人背离芝加哥大学社区能够或愿意负担的职业与学术追求。

139 本科生院是新的学术繁荣表现得最明显的地方；不过物理科学与数学也是一派繁荣气象，法学院、东方研究院和社会科学学部的某些系科同样如此。比较而言，生物科学以及人文学部和神学院都凋零了；而图书馆学研究院和社会服务管理学院，都随着其他地方出现了一些与之竞争的类似学院，而失去了早先的独特地位。

对整个芝加哥大学而言，突然涌入的老兵——其学费是由联邦政府支付，让校园中人数猛增，如下表所示[4]：

学年	入学的老兵人数
1944—1945	134
1945—1946	2687
1946—1947	4829
1947—1948	4392
1948—1949	4150
1949—1950	3044

注册学生的总数从1943—1944学年的最低点，几乎增加了一倍，上升到1946—1947学年的史上最高峰14432人，比此前在1929年达到的第二高峰还超出了187人。[5]宿舍和教室都不够用。在空地和原来的操场上，搭起了一排排的木质营房，以便为老兵和他们的配偶提供安身之处。战后的婴儿潮很快就让这些简陋的窝棚区挤满了一群群的婴儿，这样没过几年，老兵家庭就成了芝大社区一道独特的风景。为了容纳这么多的学生，授课班级早晚都排满了，而且二四六和一三五都有课，因而将通常的周末也占了一半。匆忙中招聘的教师，让教职工人数从1939—1940学年的490人，上升到了1950—1951学年的748人。[6]

因此，这是一个大繁荣的时期，是一个崭新的开始。就像从蛹中化身而出的蝴蝶，师生们也从战时经历中走了出来，渴望驾驭语言之翅的力量，在各种貌似合适的计算、实验和观测的协助下，在广阔的知识天空中翱翔。战时各种激烈的纷争，如今大体上都达成了和解。新来的人对本科生院和各学部教师间陈年的争吵，知之甚少，更不关心。他们只是将事物的新状态视作理所当然，而从战时芝大管理权争斗中幸存下来的人，也很高兴能重新回到教学和科研的正轨上来。

140 在 1947 年 7 月休假归来后，哈钦斯也不愿意重新引发争斗，尽管他计划的高等教育改革还远未完成——因为芝加哥大学没有采纳他的建议，将硕士和博士计划协调化和通识化，而是进行了狭隘的系科化。也许自己的离婚过程还要再拖一年（直到 1948 年 7 月）这一事实吓阻了他；更有可能的是，面对弥漫在各学部教师中根深蒂固的本位主义思想，他失去了战胜它的希望。按比例的投票系统，保证了各学部教职工的人数在新的理事会中占据优势；而理事会的法定权力，也使哈钦斯不可能否决掉他们的反对意见。

此外，哈钦斯可能也意识到了，他在战争年代历尽千辛万苦实现的本科生院改革具有危险性。他梦想的本科生院——真正的哈钦斯学院，致力于通识教育，是专为吸引刚进入高中二年级的学生而设计的；它确实经营得红红火火，但没有按预计的方式运行。相对少的学生在应该入学时入学，本科生院在接纳高中毕业生时，只能捏造分级考试成绩，以便让他们免修部分必修课。即便如此，大多数学生高中毕业后入学，仍然要用 3 年时间才能完成学业，并且还不容易拿到在报考研究生院和专业学院时，能得到承认的那种文学士学位。

此外，本科生院从来就没有像哈钦斯期望的那样，起到美国教育标兵的作用。它的通识教育新模式，没有像20世纪30年代的新计划那样，推广到其他院校；它的毕业生都涌入了研究生院和专业学院，而不是作为已完成正规教育的普通公民走上社会。整体来说，这具有一种巨大的讽刺意味，因为本科生院成功的秘密和核心，注定了哈钦斯的希望会落空。本科生院之所以如此出色，是因为它集中了在学生中普遍存在的高才智和严肃目的，并得到了才华与专注相对集中的年轻教师的支持与维护。别的不说，光看教职工不可能永远保持年轻和激情，就知道这样一种结合在本质上是短暂易逝的。学生们出色的斗志和能力，意味着其他院校不大可能达到与芝加哥大学相当的水准。[7]而且，它们也不想去尝试：其他致力于本科教育的学院，继续假装芝加哥大学的文学士低人一等，因为它不允许学生集中在单个学科领域学习。

其他院校对芝加哥大学的新文学士学位表现出来的轻视，得 141
到了充分的回击。本科生院的师生确信自己正在追求的目标是正确的，对他们取得的成就感到非常骄傲，并毫不掩饰地对任何愿意倾听的人吹嘘。芝加哥大学研究生院各系中对本科生院残余的不信任，也遭到了坚决的反击，因为本科生院发言人总是随时准备嘲笑学者们狭窄的知识面，并宣称：和局限在任何学科范畴里的教育相比，新本科生院课程计划所定义的通识教育，提供了一条更好的更充分的通向真理之路。

经过1942—1946年的酝酿，开出的新课程具有相当多样的特点。它们主要的共同点是，被动式学习在各处都大打折扣。课堂讲授几乎被废弃。相反，讨论——课上课下无休止的讨论——成了积极学习的首选方式。每个人——无论是学生还是老师，都参与其中。因为对于每个学生而言，尽管他们参加的讨论组不同，对为准备必考的综合考试而设计的每门课，指定的阅读材料都是一样的，学生们会同时遇到同样一批作者和同样一些思想。因为几乎所有的学生都渴望在学校里取得优异的成绩，他们在吃饭时和其他闲暇时间——无论是白天还是深夜，通常都会谈论他们正在读的东西。通过了上一年考试的过来人，会以高姿态指点后来者，告诉他们要集中注意每个新作业中的哪些部分；因为阅读材料所具有的理论丰富性，在开始时用作实际提示的东西往往得到发挥，变成对各种抽象问题的激烈辩论。

经过两三年这种讨论之后，学生们一个个都变得能言善辩，并获得了一种探讨大问题的能力，可以挥洒自如地处理不熟悉的信息（少说也可以下些断论）。芝加哥大学的学生身上都留下了同样的印记——至今犹存。即使到了40多年后的今天，那些习惯了哈钦斯学院在其师生中所激发的滔滔雄辩的老手们，往往还能通过他们准备对几乎任何事物以及所有事物都发表高谈阔论的自信态度，辨认出彼此。

写作却没有得到这么高的重视。在英语和其他一些课程中，也指定了要写论文，但是，就像课堂出勤一样，这些作业不是必需的。综合考试有时也会出作文题。但是作文很难客观地批改，因此大多数时候，重大的考试都采用机器阅卷的多项选择题。这不仅方便，而且意味着评分可以在真正客观的基础上进行。谁也
不能企图通过讨好老师，得个好分数；反过来，也没有人可以因 142
为不同意或不喜欢某个特定的教员，或因为逃过他的课，而受到惩罚。这样就产生了师生间轻松而开放的关系。这是哈钦斯学院巨大的魅力之一。

另一方面，这些考试让学生培养出一种参加多项选择测试的特殊技能，而这在广阔的世界中是找不到或比较难找到用武之地的。简单地排除掉带“总是”和“永不”的答案，并使用其他一些经验式规则，一个精明的学生可以猜出足够多的正确答案，不用具备准确的知识，不用完成准备课上布置的作业，也可以拿到及格的分数。但是因为几乎所有的本科生院学生都不满足于及格，而是强烈地希望拿优秀，因此这些考试的缺陷，并没有减弱学习和辩论的强度——大多数学生在醒着时都在学习和辩论。不过，这些考试确实强化了阅读和讨论在本科生院的地位，将写作的地位降到了最低——回顾起来，我觉得这是它最大的弱点。

哈钦斯学院的另一个共同点是教师间存在高度的互动。每门课都作了这样一个基本假设：它探讨的知识体是每位公民都应该掌握的。这要求授课教师以精确的细节给出那个知识体。教师们必须决定哪些书的哪些段落，每个人都应该参透，以获得某种通识教育。显然，这为不同的观点留出了巨大的发挥空间；但是因为每一位学生都得参加同样的考试，每一个讨论组都理应对同样的材料给予同样高的重视和同样多的洞察——至少应该大致做到这一点。

鉴于授课教师的多样性——因为本科生院在招聘教师时进人很快（而且摆脱了系科标准的约束）——取得一致性是完全不可能的。但是大家在消除课堂上的个人偏见方面作了大量的努力，因为如果任其泛滥，课堂内容会变得与考试毫不相关。为了避免这种荒谬与不公，就应该测试些什么，事先要达成精确的共识；因此，在考官的坚持下，大量时间都花在确定学生应从每门课中获得什么样的技能和知识之上。通过教师周会讨论下周的功课，使这种关于课程目标的抽象共识，具有了可操作性。通常情况
143 下，会指派一位授课教师领头介绍他或她提议做哪些事。新招聘的老师或多或少地只是洗耳恭听，不过所有人都可以自由地对下周课堂上，到底应该如何理解和探索阅读材料，提出个人的观点。

对于一组开始就具有多样性的教师，其效果比大多数研究生

研讨会要强劲得多，因为出席的每个人都必须在自己的班上经受严峻的考验，即学生对课堂内容作出的反应。学生可以毫不留情地离开某些老师的班级，涌入他们认可其课堂表现的老师所教的班级。（学院对转班订立了规矩，每个班都有人数上限；但是占用上课时间，将那些未获批准的旁听生清理出去，往好里说也是很尴尬的事，而且一些受学生欢迎的老师也不会这么干的。）学生们通过这种以脚投票的方式，基本上让教员们处于随时备查的状态，热切地采纳那些已成功地得到学生积极回应的老师所用的诀窍。

这些诀窍绝不只是讲讲笑话和采用有个性的修辞风格。学生们想要的是对指定课文进行严肃而恰当的讨论，任课教师也努力想达到他们的期望。没有人觉得教课是一种兼职工作。没有谁试图在准备不充分的情况下贸然进入教室上课，以挤出时间来完成博士论文或写书。学生们会干脆地弃之而去，而一直存在的面对空教室的威胁，具有很强的刺激作用，让教师在下一次走上讲台前，尽其所能学习所有与本次阅读材料相关的东西，并就此提出一些真正具有洞察力和启发性的问题——这才是学生们期待与渴望的。

讲课一直是最佳的学习途径。但是讨论方法，加上芝加哥大学本科生的活泼与得理不饶人的期望，使得在哈钦斯学院上课，变成了一种比靠单向灌输的授课方式严格和苛刻得多的经历。正是以这样一种方式，任由师生们发挥各自的作用，并彼此砥砺，本科生院才变成了当时那样：对于任何喜欢思想或想要理解普遍事物（特别是人类成就）的人而言，那真是一段非凡的经历。

本科生院的教员在彼此学习时处于一种不寻常的位置上，因为教师队伍中同时包含了许多来自欧洲的移民和美国自己训练的人才（多数比较年轻）。在社会科学与历史领域，这引发了一种特别丰富而又拓展思维的互动，因为战前德国在这些领域的学术传统与英美传统思想不同，而且在某些方面还要更胜一筹。而其
144 他课程的任课教师，在文化背景方面的多样性程度没那么高，因此人文与自然科学领域中交互产生的能量和成果都没那么显著。但是在这些领域以及数学领域，个性与背景的差异，也使得周复一周地就如何组织课堂讨论达成至少大致一致的过程，对所有相关人士而言，都成了一种有价值的学习经历。

那些参加冗长教职工会议的人，正常情况下都会在会上逐渐地达成共识，但有时也会因为受到某种派系路线制约而怒不可遏。这种情况在人文科学课程组和最后那门《观察、阐述与集成》（*Observation, Interpretation, and Integration*，*O.I.I.*）——它被麦基翁设计成所有其他课程的哲学之冠——中表现得格外突出，因为麦基翁的文艺批评方法在这些课程中留下的印记特别深。在约瑟夫·施瓦布（Joseph Schwab）强有力的领导下，自然科学课程组也发展出了甚至更具争议性的派系路线。在社会科学

课程中，雷德菲尔德的领导作用的确存在，但在施加影响时要温和得多，而欧洲与英美学术传统的相互渗透，也产生了一种松绑的效果，因此自发性和共识比较多。但是，就连在被迫赞成如何讲授其他人所选择材料时，感觉最受制约的那些人也承认：每周一次的教师会议磨砺了他们的思想，明确了他们不苟同主流课程理念的基础。

已经无法详细地重构出每门课程如何演进的路线图。1947年秋，当整套必考的14门考试首次与课堂讲授的14门课程匹配起来时，课程计划终于到位了。我就在此时加入了芝大的教师队伍，并在接下来的几年里讲授了《人文科学II》和《社会科学III》这两门课，还很幸运地参与了一门新的《西方文明史》课程的创建，后者在1947年时还只是试点。与此形成鲜明对比的是，《人文科学II》当时已经开设了5个年头，老手们以一种明显带些教条的方式，引导我这种新手进入它的神秘天地。分析每个文本的正确方式，都被精确地设定；我们依葫芦画瓢就可以了。

这种经历就像穿上别人的衣裳。此前，我从来没有试过仔细地审视历史文本，看作者如何将它们拼合在一起；现在我们却以这种方式干了整整一个学期。它教了我许多历史写作方面的知识，因为我以前都倾向于（想当然地）将历史文本当作透明的窗户：在我想试图理解人类过去的动态时，它会为我提供那段过去的一些远景。接下来，在分析修辞、戏剧、小说和哲学方面，也进行了类似的努力；但我觉得这些努力收效没那么大。我第二年讲授的《社会科学 III》，结构没那么严密，也没有统一的观点。
145 相反，我们在连续的几个学期里，探索了政治、经济和社会自由的含义，不同作者的不同观点——它们大多反映了政治学家、经济学家和社会学家彼此间的标准学科分歧——从来没有以一种清晰的方式融汇在一起。任课教师们甚至都没有试着像《人文科学 II》的教师那样，给出一种明确的理念。

被设计为本科生院做广告的出版材料，特别是《通识教育的思想和实践：现在与过去的教职工对芝加哥大学本科生院的描述》（*The Idea and Practice of General Education: An Account of the College of the University of Chicago by Present and Former Members of the Faculty*）[8]，所提供的大多是辩护者的观点，无法把握各门课程和各位教师的真实特征。但是，这本书提供的阅读书目和对每门课的精心描述，至少可使实际情况得到部分还原。这些档案并没有增加多少新信息，唯一的例外是，为本科生院在 1930 年至 1950 年期间，对物理科学的不同处理方式，提供了一份考虑周全而又通晓内情的描述。[9]

即使在这个不完整的基础上，也可以很容易地看出，有些课程的任课教师故意背弃了老传统，而其他一些人只是对 20 世纪 30 年代的概论课作了些修改。对人文科学、自然科学和数学等课程，普遍进行了革命性的改变；而社会科学、英语和外语等课程则保持了基本的延续性。历史课的情况特殊，它最初被人文学科的革命逐出了课程计划，后来又被塞了回来——作为本科生院与各学部为废除其他取得学士学位的途径，而在 1946 年最终达成的一笔交易的一部分。

我了解的情况太少，无法评估为期 3 年的自然科学课程组所取得的成功，也无法评估因 1946 年的妥协方案，而得以长期执行的针对高中毕业生的物理与生物科学替代计划，在何种程度上取得了成功。由于教师间彼此的互动，也由于一些在不同老师间来回转班的学生，处于竞争关系的课程和教师在刚开始时普遍存在的不信任得到了削弱。一方面，自然科学课程组接纳了一些在其他两门课程中仍然处于核心地位的课程材料，从而弱化了对科学原著的研读。它们反过来也以一些科学论文原文，对教科书风格的《生物与物理科学导论》进行了补充。[10]

在这些差异背后，隐藏着关于应该如何讲授科学的截然不同的观点。约瑟夫·施瓦布和他的一些追随者认为，教科书只会用有点过时的思想和公式塞满学生的头脑，因而教条地（也是无意地）掩盖了下面这一事实真相：科学是对有生命和无生命自然界的巨大复杂性所进行的无止境探究。他们更愿意通过学习著名科 146
学家如何提出和解答一些重大问题，来对科学进行第一手的探索。但是因为严格意义上的当代科学论文往往过于晦涩——其中采用了高度专业化的术语和抽象的数学符号，因此他们用于第一手探索的科学大多取自过去。

这在研究生院各系大多数的科学家看来显得很离谱，因为他们希望本科生院让学生们尽可能多地熟悉最新科学的术语和结论，以便为上他们的课和参加研讨班做好准备，他们一点也不在乎学生们是否理解阿基米得、伽利略和其他一些科学变革者，曾经为让世界看起来合理进行过怎样的尝试。在芝加哥大学的其他地方，通识教育和为研究生学习进行的专业准备之间发生的冲突，都没有这么直接和不可调和。因此，尽管有一小群教师为此进行了辩护，也在其中投入了精力，但这三门自然科学课程在芝加哥大学前途黯淡，在其他地方也没有产生什么影响。[11] 实际的情况是，即使在为民众提供通识教育而不是专业教育的这一理想，还在中途公园处于声誉最隆的时候，许多高中毕业生仍然偏爱那些更常规的替代课程。研究生院各系也要求每个想成为科学家的人这么做。

另一方面，《数学 I》这门课——也具有革命性，因为它强调了集合和数论，而完全撇开了微积分——也许可以算是从 20 世纪 50 年代末开始，由 MIT 传遍美国许许多多高中的“新数学”的鼻祖。如果真是这样，那么它就是哈钦斯—麦基翁学院中唯一有后继者的课程了，但是我不清楚，20 世纪 40 年代的芝大本科生院课程与 20 世纪 50 年代的 MIT 计划之间，到底存在什么样的联系——如果真有联系的话。可以明确的是，新数学从来没有引起曾困扰芝大自然科学课程组的那种敌意。[12] 不过，作为替代的《数学Ⅱ》这门课，的确会教微积分，而且一直可供通过了《数学Ⅰ》并准备攻读科学类研究生的学生选修；因此，在这个领域，通识教育与专业训练之间也没有成功地架设起沟通的桥梁。

在外语、社会科学和人文科学领域，倒是不存在这种困难。本科生院里培养的学生具有很好的语言机敏性和广博的知识，为他们进这些领域的研究生院系和专业学院深造打了良好的基础。即使在《人文科学Ⅱ》和《观察、阐述与集成》(O. I. I.) 这两门课中，分析方法的教条主义作风也没有强大到可以阻碍学生以出色的成功适应研究生计划的地步。而在社会科学领域，《社会科学Ⅱ》将欧洲传统与美国传统融合在一起，避免了本位主义 147
造成的那些常规局限；这种方式被证明为研究生阶段更专业的学习打下了良好的基础。爱德华·希尔斯是在早期就将欧洲思想引入这门课程的一位领袖人物。后来，最有影响的人物可能要属大卫·里斯曼（David Riesman）了，他引入了弗洛伊德思想，并帮助这门课围绕个性与文化这一主题，重新进行了调整。

里斯曼在这门课程中发挥的作用，体现了本科生院那些年里的另一个特点。因为他以前受的是律师训练，在加入芝加哥大学之前参加过一些战争工作；因此，他缺乏讲授社会科学课程的正规学术资历。本科生院许多其他教师的情况也与此类似。有两三个人具有记者的背景，有些人是艺术家和诗人；还有一些人是从中学里招来的，或者是在欧洲的大专学校（sub-university）开始教学生涯的。但是本科生院招聘的教师，不管是否拥有正规的学术资质——博士文凭，几乎全都是绝顶聪明、为人坦率而又有涵养的人。本科生院极大地得益于这些闯入学术圈的人，而那些受过传统的研究生教育、突然被要求讲授他们写博士论文时做梦也没有想到的内容的人，同样受益匪浅。一些来自芝大附属中学的老师——他们在本科生院成立初期被安排进来——不具有其他教职工那样的学术素养，因而造成了一些尴尬。但是除了这种特例，异常多样化的背景倒是个巨大的优势，因为正如我们已看到的那样，教师间强烈的互动确保了对洞察力的磨砺，而经历大不相同的人也为同一门课程带来了丰富的信息。

本科生院与此相关的一个特色是它对教学的公开保障。本科生院教师在受聘时就得到了承诺，他们在芝加哥大学的职业不会取决于科研与论文发表——对研究生院的教职工才有那样的期望。相反，作为对他们更繁重的教学任务（每学期三门课，而芝大其他部门通常是每学期两门）的回报，本科生院的教师完全根据教学业绩决定是否能保住职位和得到提拔。因此，年长些的教师没有写论文的压力；而我这种新毕业的博士也没有压力，不急于将学位论文打造成自己的第一本著作。恰恰相反，在某些学期里，撰写学术著作和论文被认为是不务正业，有背叛本科生院和通识教育理想的嫌疑。

在当时，所有一切都是新兴的，许多课程仍处在快速的演进 148
中，免除发表论文的压力是一大恩惠。它让年轻教师可以与不同的同事进行交流，利用不同本科生院课程中丰富的材料，继续拓展他们的精神领域。1947 年，大多数课程仍然在进行意义深远的修订。寻找一些新东西来替代被认为令人不满意的读物，说服同事它所具有的价值，很可能还要对它进行编辑或翻译以便登载在本科生院的特别出版物上——这几乎是一项与备课同样令人着迷的任务。它要求教师持续地探索新的可能性。遭到拒绝的可能性远高于被接受的可能性；但是那要求负责挑选工作的委员会成员进行初步的探索并作出评估。

总的来说，很难设想出更有利于学识增长的场景。从本科生院走出的杰出教授人数不少，特别是在与研究生院各系差距最小的社会科学方面。除了里斯曼之外，还包括丹尼尔·贝尔（Daniel Bell）、伯特·霍斯利兹（Bert Hoselitz）、巴林顿·穆尔（Barrington Moore）、爱德华·摩根（Edward Morgan）、爱德华·希尔斯、阿伦·辛普森（Alan Simpson）、米尔顿·辛格（Milton Singer）、西尔维娅·思拉普（Sylvia Thrupp）以及梅瑞狄斯·威尔逊（Meredith Wilson）等人。

它的局限性也是值得指出的。首先，当哈钦斯学院逐渐定型并达到巅峰时，从本质上说，也渐渐地失去了它在 1943—1948 年期间最初的新鲜感。随着本科生院教师年岁的增长，那些凭教学获得终身教职的人，也不可避免地发现自己在年复一年地重复同样的课程；而且随着越来越多的教员变成老手，他们教的课程也僵化成了几乎一成不变的老套。没过几年，本科生院的教师就将自己愿意学，也可以从彼此身上以及他们每年教的文本中学到的东西，全部学到了手。在这种情况下，那些“背叛”教学理想的写书人，发现可以比专事教学的人更容易保持学术活力、不负自己的青春壮志。这些人通常会离开本科生院；那些留下的人发现，不可能再保持在一切都还新鲜时曾普遍盛行的那种锐气和担当。

因此，像人类的所有事物一样，哈钦斯学院的繁荣在本质上是短暂的，它是由教师的年轻与无经验和学生的年轻与无经验两相作用产生的。只有将教师队伍解散，并在若干年（比如说 10 年）后从头来过，这项事业原来的特性才有可能恢复；[13] 而且那也行不通，因为第二代教职工在得到他们前辈命运的殷鉴，并预料到自己被解职的前景之后，也必定会相应地减弱自己在本科生
149 院中的投入。在 20 世纪 40 年代，我们没有这种顾虑。学术天地在拓展；本科生院也在扩张；哈钦斯在校内提供的疏远而善意的袒护，向我们承诺了一个年轻学者可以最大限度地要求或期望的安全感。这种状况既独特又不可再现。没有人预见到它本质上会如此短命，也没有人预料到，当与熟悉到不能再彼此激发灵感的同事，步调一致地开展教学时，要在这种生涯中维持学术活力会

有多困难。

哈钦斯学院的第二大缺陷，在于它只关注理性化的欧洲文化传统。对非西方的世界（包括古代东方和犹太教），几乎没有给予任何关注。回过头来看，不关注犹太教以及犹太人在欧洲社会中的作用可能显得奇怪，因为对不同民族的过去，进行具有爱心的发掘，已经是流传甚广的做法了。但是当哈钦斯学院处于全盛期时，在20世纪30年代大行其道的社会大同理想（assimilationist ideal）仍然普遍存在于师生们的意识之中。明理的人都对将人类团结在一起而不是分裂开来的东西感兴趣。在实际中，这个原则意味着，热情地探索从古希腊开始的那种西方理性、自由传统的丰富内涵。心照不宣的假设是，如果有机会，每个人都会一致地支持那个传统，抛开偏见，忽视外表的差异——在蒙昧的过去，这些东西曾被用来在人群中制造敌意。那是一个崇高的梦想，是一个不应被轻易抛弃的梦想，因为美国社会还没构建出另一个可以取得种族和平的基础。但是本科生院对它的首肯和体现，也意味着人类信仰和行为中没有阐释或不符合这些理想的方方面面都被排除在外了。那是为此付出的沉重代价，就像随后本科生院对非西方研究以及黑人与犹太人历史课程敞开大门时所证实的那样。

当其他一流院校在二战后开始清除为犹太人设置的障碍时，芝加哥大学在著名的私立院校中就不再具有独特的地位了。但是，即使在纳粹死亡集中营表明了反犹太主义可能引发怎样的恐怖之后，变化依然是逐渐发生的，结果芝加哥大学的犹太学生仍保持了众多的人数，而本科生院中犹太教师的表现比战前更突出。这保证了战前的社会大同理想得到某种延续——这种理想运用人类理性为公众与私人生活寻求共同的基础，并有意识地拒绝对宗教差异予以关注。

150 但是，这种信念和希望已经开始变得过时了。如果连德国的犹太人——他们在与所处国家同化方面，走得比其他犹太人群远——都遭到如此野蛮的攻击，如果非理性的动机真的像弗洛伊德等人宣扬的那样，在人类行为中起到了根本性的作用，那么还有什么希望通过阅读亚里士多德的作品，并对太阳底下的一切事物（或多或少地）进行理性的辩论，来永久性地消除犹太人与非犹太人之间历史悠久的隔阂呢？无疑，这种希望在芝加哥大学要比其他地方消退得慢一些。只有到了 1947 年后，当美国犹太团体对新建的以色列国认同的力度逐渐增强时，只有当 20 世纪 50 年代黑人对社会大同理想的拒绝变得更加明显时，以为理性会消融和化解社会歧视这一古老模式的自由主义信念才得到削弱。因此，只有在哈钦斯离职之后，芝大校园里才出现一种尊重民族关系与个人身份的新舆论氛围。随后出现的混乱状况，在 1950 年前就已埋下了种子，在回顾历史时很容易看出这一点，但是当时它们被有效地掩盖起来，因为本科生院坚持的欧洲自由主义传统，真的具有那么大的吸引力，有那么多的书可读，有那么多的思想可以探索。

亚洲、非洲和拉丁美洲研究也在考虑范围之外。像当时所有的美国高校一样，芝加哥大学几乎没有关注过占人类五分之四的这些人——随着欧洲殖民帝国在二战后土崩瓦解，他们刚刚开始在世界政治舞台上确立自己的地位。因此，人们可以很公正地抱怨说，芝加哥大学的学生没有做好充当新世界有效公民的准备——在这个世界里，具有形形色色文化背景的人，和欧洲人及其继承者同样重要。罗伯特·雷德菲尔德正在着手解决这个问题，他的方法还是像他在 20 世纪二三十年代在尤卡坦那样，从出于人类学志趣的乡村研究开始，自下而上地研究中国（直到 1949 年共产党执政后，国门被关闭为止）和印度。但是，从 1944 年开始，这项工作使他远离了校园，也远离了对正在形成的社会科学课程组的监管——此前他一直在实施这种监管。他甩在身后的那些人，还没有准备好从全球的角度进行思考。将英美思想与德国思想融合在一起，就够他们忙乎的了，他们不会想着将各种社会科学传统应用于非西方的文明与社会之中。[14]

哈钦斯学院最后的一个不足在于缺乏力度。哈钦斯个人所致力的通识教育的核心是一种激情：理性地理解世界，以便形成对公众和个人行为的实际判断。他的愿景经过各种变形，才抵达那些实际设计新课程的人的心中。许多人赞同哈钦斯对历史的怀 151

疑，因为它对获取永恒真理产生了干扰。的确，哈钦斯学院（至少在人文科学课程方面）的主要目标，看起来像是对19世纪的核心学术成就作出的一种反应，当时生物学、地质学、社会学特别是神学方面的进化论观点，被应用于它们面临的所有问题上，让那些试图以永恒的、意义明确的方式来阐释真理的哲学与宗教体系都威信扫地。

哈钦斯和他那一代的许多人都渴望获得学术确定性与道德指南——就像他父亲的长老会信仰以及关系紧密的奥伯林社区在他年轻时所提供的那种。因为已经不可能再信仰已揭示的真理，一种物化的、绝非神化的理性被召来替代了它的位置。这种万物随时间变动的观念——它是根本的、普适的且无可逃脱的——让那些取这种道德与学术姿态的人大感震惊。他们迫切需要逃脱不确定性，而历史研究是没法逃脱不确定性的。只有哲学以及哈钦斯早在1936年就说过的形而上学论证，才提供了逃进永恒、公正和真理王国的前景——或者说他们希望并相信如此。

柏拉图感觉到了类似的迫切性，要为道德与政治寻找一种超验的靠山；而亚里士多德将柏拉图的哲学神思——同时包括物理的和形而上学的——转变为一种专业化的完善体系，可以方便地对每个问题都给出答案。因此，亚里士多德在哈钦斯学院里成了一种受到狂热崇拜的偶像，就并非偶然。哈钦斯的寻求——不管它一直是多么地不系统和肤浅，都与柏拉图为给这个世界套上一个理性的秩序所作的终身努力类似。麦基翁的文艺批评方法，实际上主宰了本科生院课程计划中相当大一部分课程，它与亚里士多德对哲学进行的专业化改造类似，不过不是像亚里士多德那样提供方便的答案，而是为其他所有人的答案提供一种方便的分类方式。娴于麦基翁方法的老手们，陶醉在自己的小聪明之中，不觉得有责任直接而不含糊地回答哲学问题。他们不是对人和事物的世界进行排序，而是满足于对其他人关于人和事物的世界的学说进行剖析和分类。对这种技巧的掌握，让本科生院的师生们满足而忙碌。但是它没有实现哈钦斯的理想，没有回答重大的哲学问题，而是将它们打进了一个构造灵巧的方法论冷宫之中。

但是麦基翁的创造力和哈钦斯对确定性的渴望，并没有真正地让以历史与进化的眼光看待世界的观点变得不那么令人信服。让 19 世纪的思想家抛弃永恒真理，追求随着时间无限进化的真 152
理的那些证据并没有减少。事实上，自然科学的快速演进，给那种观点提供了持续的支持。随着原子理论的发展，曾经是永恒的星星也变成了有生有死的天体，还聚集在一起形成不同的世代。二战结束后不久，随着大爆炸证据的增加，宇宙本身及其所有组成部分，都被看作一种不稳定的、进化的物质与能量波动。

哈钦斯学院以一种奇怪的方式认可了科学的这一角色变化，因为正如我们已看到的那样，从 1943 年开始，约瑟夫·施瓦布冒天下之大不韪挑战了“现代科学真理”——研究生院各系中的许多教授仍认为它们永远正确，只需让本科生记牢它们最后的完美形式就可以了。但是通过采用一种受麦基翁主义影响的方式来分析文本，施瓦布对这种静态的科学观提出挑战，几乎就成了不可能的事，因为麦基翁主义的魅力就在于它将历史缩减为一种小步舞（minuet）——论述中基本术语间的关系会随着时间和文本的改变而改变，而这种改变所遵循的逻辑规则本身却是普遍的、超越时间的。

芝加哥大学主张历史与进化思想形式的部门，对本科生院在 1946 年前发生的一切都不怎么在意。但是在反对将施瓦布的课程组变成本科生学习科学的唯一途径的斗争中，科学家们为寻找盟军，从以前断绝了关系的教师那里得到了支持——这些人珍视（至少会尊敬）历史的眼光，并且觉得将它故意排除在本科生院之外是不可接受的。正如我们在前一章所看到的那样，这种联合在 1946 年盛极一时，他们还从有意在本科生院中安排更多外语学习的人那里，得到了进一步的支持。结果是，保留了一年制的老式生物与物理科学概论课，重塑了《人文科学 Ⅲ》以允许“语言选项”，而更具学术意义的是，还在课程计划中重新引入了历史课。

以这种方式产生的《西方文明史》课程，目的是对整个课程计划进行集成，与通常被大家称作 O.I.I.（《观察、阐述与集成》）

的这门课程所瞄准的目标——哲学综合，有异曲同工之妙。事实上，它代表了一种新的世界观，与本科生院其他地方流行的世界观很不相同，因为它普遍的假设，很接近激发谢维尔在战前创立人文科学课程的那些假设。它的核心概念是，因为事物在变化，有时是突变，有时是渐变，但不可避免地总是在变，所以与时间
很有关系。此外，《西方文明史》这门课程假设人类活动的所有 153
方面，都有在某个给定的时间和地点凑在一起的倾向，这样每个年代都有它自己的特点，只能用语言大致地描述出来，但是却遍布在思想、艺术、政治和其他各方面。因此，永恒的真理在历史上并没有彰显。相反，无尽的变化、为征服自然而积蓄的力量以及冲突的理想，在人类敌对群体间激发了无休止的争斗——至少可用于为它进行辩解。

不过，基调仍然是乐观的。得益于工业与民主革命，西方自由国家在现时代占了上风；讲授这门课程的那些人都以不同程度的热情对自由主义信念表示认同。历史让美国成了世界强国，成了我们乐于称为“自由世界”的那个阵营的领导者。法西斯主义已经被打败；共产主义因为斯大林在东欧采取强硬的政治手腕，而严重败坏了名声。人类的需求最好还是通过思想观念上的自由市场以及商品与服务的自由市场（或几乎自由的市场）来满足，这种思想似乎要远比 20 世纪 30 年代时有说服力了。

但是，这种对西方自由主义传统完全的一贯的支持，在麦

基翁最热心的追随者中引发了强烈的反对，他们最珍爱的诉求与这种观点显而易见的含义发生了冲突。因为如果像历史学家们顽固地坚持的那样，在几个世纪的时间里，观点会发生改变，真理的概念也会进化，那就说明由本科生院那些有哲学头脑的教师们，所阐释的麦基翁的批评性辩解，未必普遍适用。历史相对主义——就算与美国现有制度的确证相结合，在那些宣称批评方法普遍适用的批评方法运用者看来，还是不可接受的。通识教育的总目标就是获知真理——就算麦基翁的真理不再能直接地包罗万象，而是将其范围局限在文本分析领域。

历史学家们理直气壮地对这种论断的有效性表示了怀疑；但是他们自己也难免受到用词不严谨的责难。历史学家的批评者特别地攻击道：他们只是草草地扫视文本，寻找大家都能接受的模糊信息；他们几乎是随机地选取证据，以支持头脑中已预先存在的（或者至少是已有印象的）关于某时代特征的观念。因为不能以自己的术语来讨论文本，也不以此为自己的目标，所以他们撇开了事实的真相。相反，他们还滥用了自己的信息源，试图将它们变成神秘的（也许只是不可知的）社会环境上面一个个的窗口。

154 就这个问题开展的辩论是旷日持久的，因为《西方文明史》课程在 1947 年只是勉强获准进行试点，在成为文学士学位的必修课程之前，还需要得到整个本科生院教职工的批准。这是很难通过的，因为这门课在刚开始创建时，就没能让麦基翁的追随者满意。大人物自己都加入了这场争斗。为了纠正历史学家术语使用的不严谨，麦基翁发明了一种新型的“学科性历史”（disciplinary history）——对某种特别技术或思想在几个世纪里如何发展进行研究。他宣称，比如说，仔细地对讨论了时间和地点的文本进行审读，有可能产生精确的历史——消除了外部事件和环境如何影响有关思想这类未经证实的断言所造成的污染。

纯粹论者认为，这是唯一一种具有学术可敬性的历史类型，而对传统的具有松散包容性的历史思考进行辩护的人则认为，甚至连这种抽象的思想，也作为时空的概念在某种社会环境中进化，而在孤立考察时是无法理解正确的。折中方案最终占了上风，指望两种历史的缺陷在合成一门课时能相互抵消。相应地，本科生院的全体教职工在1949年，批准了一门投入不少于7周时间讲授学科性历史的课程，为包含适当比例历史题的综合考试作正式准备。但是因为学科性历史的倡导者不信任有坏习惯的历史学家，这门课的任课教师没有被宣布为“成熟的”，也没有给予他们负责这门课的全部和最终权力——这种状况持续了两年之后才改变。

作为本科生院历史教学组当时的主席，我深陷在这种争论之中。它的强度非同一般。最终作出达成妥协决定的本科生院教职工大会，持续了好几天，每天都占用3个下午和夜晚的教学时段。每个发言都很冗长，很抽象，有时也很有激情。我从来没有经历过这种语言的洪流——针对的还是与我密切相关的事情。虽然没有产生真正的思想交汇，但是这种经历肯定是经过了精心设计的，旨在将历史学家从由传统系科化训练导致的教条式沉睡中唤醒。在不得不进行自卫的情况下，我们被迫对思维习惯产生清醒的认识——这种习惯大多数情况下是在研究生院没头没脑地见习时养成的。因此，至少对本科生院的历史学家而言，在任课教师中盛行的这种交互，推广到了本科生院全体教职工之中，特别强烈地支持了对常规历史怀有最深敌意的那些人。在这种环境中学会保持自我，就像是参加一次严格的博士后考试，虽然双方耗费的言辞有时都到荒唐的边缘了。

155 也许可以公平地说，正是由于哈钦斯学院是如此精彩而有活力，它总是徘徊在荒唐的边缘——就算在它的巅峰时刻也如此。老兵与青少年——他们中有些人还没有高中文凭——最初的混合很不寻常。两组人都渴望尽快顺着教育阶梯向上爬，但老兵以年龄和阅历冲淡并设法遏制了，那些未完成高中学习就进入本科生院学习的人，在智力上的骄傲和在感情上的不成熟。在老兵离开后，本科生群体就令人痛惜地变得偏颇了。战前的课外活动在战争期间受到了严重的侵蚀。“黑披风剧社”和“镜子”(Mirror)之类的组织消失了；而兄弟会又禁止本科生院的学生参加。许多兄弟会和妇女俱乐部都没有熬过战争；那些熬过去了的，也不得不将会员限定为各学部的学生，这些人最关心的是找个便宜的住宿。因此，野心勃勃的兄弟会在战前为促使会员参加课外活动，而施加的那种真正的社交压力也消失了，与它一同消失的还有为保持对学生生活的轻松展示，而产生的大部分原动力——它们在20世纪20年代曾非常显眼。损失是切实可感的。哈钦斯学院成了一个由特异个体组成的群体，迫切需要以一种情感上满意的方式，来有效地表达他们的集体身份。光是争论还不够。它有孤立而不是团结的倾向。

尽管芝加哥大学体育方面的辉煌已经衰落，在战前，大学校际团体比赛仍然是巩固本科生群体关系的一条基本纽带。但是当芝加哥大学在1946年脱离十大盟校时，大多数大学校际比赛都停止了。一些个人项目——比如击剑，还在继续取得胜利，但那和作为一个整体的本科生院已经不相干了。校内运动会也替代不了。相反，对体育健将乃至体育锻炼的轻视也几乎成了义不容辞的事了，因为对运动能力的蔑视让芝加哥大学的学生，可以为他们自己和自己的学校辩护，对在公众中普遍存在的将体育成功与教育卓越划等号的谬误表示反对。

学术能力才是让本科生院获得身份的东西；因为在追求知识方面的成功完全由个人的表现来度量，互相攀比的做法有遍布整个群体的趋势。特别是综合考试，让每个人都以匿名的方式跟其他人竞争，更具有分裂和孤立的作用。学生们很快就注意到了这种不幸的后果。1950 年 6 月，15 个学生为了表示内心的不满，给从 1947 年开始接浮士德的班、执掌本科生院的年轻院长 F. 钱
156 皮恩·沃德（F. Champion Ward）写了一封备忘录。他们这样写道："敏锐的思想本身不足以促进群体和学识的进步；学术上的偏执、缺乏耐心以及对社团活动（因而还有学术活动）微妙之处的不敏感，与思想的闪光点共存。"他们进一步地评论说：本科生院的氛围强化了"有侵略性的批评"和"对创造性活动的疏离。"相反，本科生院需要的是"校园中更强的集体感"和一种"对学生非学术问题 [更积极] 的兴趣"。[15]

沃德院长对这份宣言很重视，在 9 月将它转给了哈钦斯，还建议说，也许本科生院应该模仿牛津和剑桥的模式，在校内运动会结束后，对包括橄榄球在内的每项运动，至少举行一场大学校际比赛。他提议，可以试着说服约翰·霍普金斯大学以此为基础，成为芝加哥大学的伙伴和对手。哈钦斯嘲弄地提议：不如举办一个以"上帝存在与原子弹控制"为主题的年会。在会议期间的周六下午，想去踢橄榄球的学生"可以为此休会，而其他人可以去划船或看场牛仔影星何帕龙·卡赛迪（Hopalong Cassidy）的电影。" 沃德院长机智地回应说：希望"我们的学生为某些毫无社会意义的事件进行集体庆祝，而不用为此相互警惕，这也许可以减少我们最好的学生……以如此幽默的方式抱怨时的那种'一本正经'"。[16]

《栗色日报》上经常充斥着刺耳而缺乏幽默感的派系争论。这份报纸在战前是每日出版的，而今却是每周出两期，而且不再试图严肃地报道校园里发生的所有事件。战前仿效市区报纸的做法所建立的招聘、训练与提拔系统，已经不可能恢复了。因为几乎每个人都以学业为重，工作人员长期匮乏。记者只在自己选定的时间工作，结果编辑人员随着季度和年度变化明显。因此，这份报纸一直有沦为由一小撮左翼狂热分子操纵的宣称工具的危险，这些人热切地想将自己的观点强加给公众。

难怪本科生院当局有时会对《栗色日报》向世人提供的关于校园生活的扭曲写照感到沮丧。因此，比如说，在受到严重挑衅后，教导主任在 1946 年将一位左翼编辑赶出了报社，而且没有激起校园言论自由捍卫者的任何反应；在 20 世纪 50 年代，当时刚被任命为董事会主席的莱尔德·贝尔向哈钦斯抱怨说："如果《栗色日报》真的代表了我们的产品，我们需要对课堂教学采取
些措施才是。"[17] 但是，《栗色日报》员工引发的政治风波并不代 157
表学生的意见。在 20 世纪 30 年代非常盛行的课外政治辩论，现在参加的人数也相对少了。

音乐演出、学生宿舍招待会与晚会，连同经常到访的演讲者，确实起到了纾解学业负担的作用；在不再充当体育观众之后，有些学生在一个精力和想象力特别旺盛的体操教练的协助下，将拉拉队活动变成了一种新型的戏剧表演。结果是，一台

名叫“杂技与戏剧组合演出”（Acrotheater）的节目，在曼德尔大礼堂连续上演了好几年。但是，这种花样翻新只是例外。除了“杂技和戏剧组合演出”之外，学生戏剧表演这项在战前耗费了大量课外精力的活动，也跌入了低谷，舞蹈和其他传统的社交娱乐同样如此。

相比之下，教职工中的业余戏剧活动却很红火，在1949年的方庭俱乐部狂欢中达到了特别显著的高潮——当时哈钦斯全副披挂，装扮成一个橄榄球英雄，参加了一台名叫《玫瑰碗布鲁斯》（The Rose Bowl Blues）的戏剧表演。他的体型是对这个讽刺剧的一种讽刺，因为他跟自己扮演的角色很像。他竟然参加这种逗乐活动，这让人们普遍感到吃惊，也让他苦笑着感到了几分尴尬（从他照片上的表情来判断），不过那时他与第二任妻子——一位热情而贤惠的女子结婚还只有两个月，而几乎从抵达中途公园那天开始，就给他的生活笼罩上一层阴影的家庭风暴，也被他安全地抛在了身后。

但是个人困难的解决，并没有让哈钦斯再次全身心地投入芝加哥大学的工作中。他肯定意识到了，本科生院的课程计划无法达到他将通识教育变成生活指南的期望。他对变革社会还没有死心，但是芝加哥大学看来不再是最合适达到这个目的的平台，一方面是因为时间太短，[18] 另一方面也因为新的规程使得他无法克服教职工对更极端变革的反对。

因此，哈钦斯继续将相当多的个人精力投入了校外活动中，比如1949年7月在科罗拉多州阿斯彭举行的歌德诞辰200周年纪念活动，以及因为这个活动而成立的阿斯彭人文科学研究所。[19]他继续与长期的朋友和知己莫蒂默·阿德勒合作，将大量的精力投入“伟大的书”计划中。在1944年到1946年期间，芝加哥大学市区学院充当了组织“伟大的书”讨论班的平台；但是尽管在拓展新客户方面取得了非凡的成功，阿德勒还是感觉受制于常规成人教育那种令人窒息的学术氛围。他和哈钦斯都有一种引人注 158
目的本事；因为其任务是快速变革思想和心灵，他们调动了自己的公关技巧，以保证收到立竿见影的效果。

因此，为了达到更有效地将其信息传遍整个美国的目的，他们在1947年7月，帮忙建立了一个新的法人团体——“伟大的书”基金会。1948年9月，该基金会在管弦乐大厅（Orchestra Hall）举行了公开聚会，在会上哈钦斯和阿德勒在大群听众面前进行了一次关于柏拉图《申辩篇》的示范讨论，从而拉开了这场运动的序幕。受到强烈的宣传和来自芝加哥市市长与伊利诺伊州州长的政治祝福——他们专门为此设立了“伟大的书”活动周——的刺激，它引起了非常热烈的反响，以致好几百人都只得不折不扣地被拒之门外。在这次轰轰烈烈的开幕之后，阿德勒进行了一次巡回宣讲之旅，以便让“伟大的书”课程班在全美国范围里都启动起来。《时代》杂志也很配合：它让哈钦斯登上了11月的封面，并对本科生院和“伟大的书”计划进行了颂扬——它宣称“伟大的书”构成了本科生院课程计划的75%。在这种宣传攻势的帮助下，“伟大的书”课程班的确开始在全国郊区中产阶级人群中如雨后春笋般地开设了起来，就像此前在芝加哥及其周边地区一样。[20]

已经不可能弄清阿德勒和哈钦斯是否真心相信，他们可以通过简单地让一代主事的成年人参加“伟大的书”课程班，来加速哈钦斯经常宣称的道德转变，即为了让人类逃脱原子弹毁灭的厄运，而必须进行的那种道德转变。但是它似乎值得尝试，因为教育年轻人花的时间肯定太长了。此外，阿德勒——也许还有哈钦斯——觉得跟富有的有权势的主事人交往，比试图让青年人思想觉悟更有吸引力。

尽管哈钦斯已经放弃了按自己理解的理性路线来塑造芝加哥大学，但他仍然可以宣称：芝加哥大学“不是非常好的大学，但在现有的大学中是最好的”。[21]战后，为了让它当得起这种夸口，他所作的努力在很大程度上集中在专业人士的任命上，因为正如他向《时代》杂志的记者解释的那样：“芝加哥大学之所以有现在这么好，是因为教职工素质非常高，而且他们彼此交流。”[22]

哈钦斯甘冒财务风险的最显著的事例是，上一章描述过的，在物理科学领域建立了三个新研究所。来自工业企业的支持从来

就抵不住开销；而总的来说，对原子能和平使用的开发，从来就 159
没能达到在1945年风行一时的乐观预期。我们现在可以看到，芝加哥大学忽视计算机——另一个战时研究的产物，实际上是押错了宝。一个也许是杜撰出来的故事或许可以解释其中的原因：据说费米在听到制造这种新机器的工作后，曾露骨地宣称，它们永远都不会管用，因为用来制造它们的真空管寿命太短。在当时，他也许是对的；但是他负面的判断，让他们没能发明可靠的硅芯片，而他对原子能和平用途的乐观估计，又没预计到安全与核废料处理方面的问题。[23]

但是，在大战结束后的岁月里，芝加哥大学的物理学家和化学家都处于原子能研究这一非常活跃的领域的最前沿。费米成了一群极出色的同事和学生公认的领军人物，这些人都是被他名不虚传的声望吸引过来的。原子能科学的英雄岁月已经淡出了人们的视野，但是物理学家和化学家们对原子过程日益牢固的掌握，也产生了重要而始料不及的副作用。比如，在药物中使用带放射性的微量元素，让比林斯医院（Billings Hospital）和其他地方的医生在对生理化学的理解方面达到了新的精度；而用于显示绝对年代的放射性碳14的发现，也深刻地影响了考古学。威拉德·F.利比（Willard F. Libby）用一些来自古埃及的木片测试这种令人惊叹的技术；为了确定它测出的精确年代是否正确，他转向东方研究院求助，最后在1948年5月6日宣布了正面的结果——误差落在有用的狭窄范围里。这是一种引人注目的新考古工具，利比在1960年因为这项发现而获得了诺贝尔奖。

数学是芝加哥大学在战后重铸辉煌的另一个领域。在这个方面，哈钦斯许诺马歇尔·H.斯通（Marshall H. Stone），可以放手让他重建数学系，从而将他从哈佛大学吸引了过来。相应地，斯通在1946年至1952年担任数学系主任期间，招聘了一批年轻人，而他们很快又吸引了一大群聪明的学生。这是一场国际盛会——来自法国的安德烈·韦伊（Andre Weil）、来自波兰的安东尼·赞格蒙（Antoni Zygmund）和来自中国的陈省身（S. S. Chern），与美国天才们相得益彰。据桑德斯·麦克莱恩（Saunders MacLane）——被斯通吸引到芝加哥大学来的一位杰出青年说，结果它“毫无疑问地成了在整个美国处于领先地位的数学系”。他是这样描述它的：“在这个阶段的芝加哥大学，受到新聚拢的教职工的刺激，产生了一种思想的骚动，这也反映在
160 来芝加哥大学学习的学生这个出色群体的形成上。这种令人兴奋的消息传到了其他大学；学生们经常在听到这种消息后慕名而来（我可以说出好几个这种例子）。这也再次证实了这样一个事实：之所以能发展出一个伟大的系，部分原因在于那里有出色的学生。”[24]

社会科学学部的研究生院系不像数学系那样大起大落。但是人类学、经济学和政治学都经历了战后的复兴阶段。在雷德菲尔

德的领导下，芝加哥大学的人类学家开始拓展他们的学科领域，考虑了农业社会是如何融入更大范围的城市文明之中，而舍伍德·沃什伯恩（Sherwood Washburn）将时间向后推移，研究了人类的进化，罗伯特·布雷德伍德（Robert Braidwood）使用新改良的考古方法，考察了古代近东地区向农业社会的转变过程。因此，芝加哥大学的人类学家，走在了许多其他社会科学系的前面，培养出了一种关于人类在地球上整个冒险经历的全局观。这想必对哈钦斯产生了吸引力，不过这个系的巅峰状态是在哈钦斯于 1950 年离开芝加哥大学之后才出现的，而且他从来没有像支持数学系的斯通那样，不加干涉地支持过雷德菲尔德。

同样的观察也适用于经济学和社会科学。哈钦斯在 1949 年将利奥·施特劳斯（Leo Strauss）挖到了芝加哥大学；[25] 他和研究国际关系的汉斯·摩根索（Hans Morgenthau）一道，将比查尔斯·梅里亚姆年代占主导地位的风格更理论化和德国化的传统引入了这个系。特别是，施特劳斯最终培养出了一批慕名而来的学生，他们对美国政治学的影响可媲美麦基翁对哲学的影响。至于经济学系，早在战争前很久，就因其在理论方面的严格性而出类拔萃了。虽然该系最杰出的一个成员——雅克布·维纳（Jacob Viner）在 1946 年辞职去了普林斯顿大学，但系里的元老弗兰克·奈特还很活跃，直到在 1951 年退休后依然如此，而年轻一辈——其中以西奥多·舒尔茨（Theodore Schultz）和米尔顿·弗里德曼（Milton Friedman）知名度最高——继续捍卫并探索市场的衍生物，一如他们的前辈从战前开始一直在做的那样。

和人类学家一样，芝加哥大学的经济学家也倾向于拓展他们的科学领域。比如，他们将经济演算应用于人力资本的形成——或更通俗地被称作培训与教育的领域，就收到了这种效果。最终，兵役和家庭关系也被纳入到经济学家的审查范围。但是和人类学家截然相反的是，芝加哥大学的经济学家对文化差异基本上
161 未给予关注，而是将精力集中在统计数据最为丰富和可靠的工业化社会。这样就产生了关于人类行为的一种相当狭隘的观点，但是惯于数学思维的经济学家和倾向于口头表达的人类学家，彼此之间并不经常交流。

在人文科学学部，英语系继续供养着一个独特的批评学派，尽管随着众人对发现（并认同）文学卓越性判别标准的希望消退，改革者的动力也开始减弱。在哲学方面，麦基翁个人的影响在本系和整个大学，都远远地超过了他写的全部文章所造成的影响。麦基翁的同事们彼此分歧很大，各持己见，众声喧哗，完全不像一个哲学学派。人文科学学部中的其他系大都江河日下，虽然继续坚持学术的历史和哲学传统，却将它们应用到了越来越琐碎的文本上。

东方研究院是个特例，一方面是因为本诺·兰德斯贝尔格（Benno Landsberger）之类德国难民的大量涌入，另一方面是因

为在亨利·法兰克福（Henri Frankfort）的领导下，埃及学家和亚述学家头一次开始进行了严肃的交谈。在20世纪40年代，法兰克福组织了一次卓有成效的教职工研讨会，将来自两门传统学科的人召集到一起。因此，甚至连埃及学家最终也被说服——美索不达米亚文明先于埃及文明而存在，并对它产生了影响，从而逆转了埃及更古老更发达这一长期存在的观念。[26]

在生物科学领域，没出现可以与之媲美的学术创新喷涌。也许应该算上休厄尔·赖特（Sewall Wright）终生研究的遗传学。他在此过程中找出了遗传漂变的数学理论和物种差异的机制；但是他是孤军奋战的，没有形成学派。查尔斯·哈金斯也基本如此，虽然他的癌症研究后来让他获得了诺贝尔奖。但是总体而言，生物科学在战后的芝加哥大学没有繁荣起来，而医院缺乏经费和员工的老大难问题，继续严重地消耗着这所大学的资源。

在各专业学院中，法学院得到了最强劲的战后复兴。在20世纪30年代末建立起来的扩充课程计划确实收到了效果，它让法学院为研究生提供了比战前更好的法理学、经济学和心理学训练。1949年，当哈钦斯选择爱德华·利维继威尔伯·卡茨的位，担任法学院院长时，他们达成了一项协议——与将马歇尔·斯通挖到数学系来的协议类似，因为利维接受任命的条件是，允许他作出不少于3个杰出教授新职位的任命。因此，通过任命阿利 162
森·邓纳姆（Allison Dunham）、卡尔·卢埃林（Karl Llewellyn）

和他妻子索以阿·门斯奇科夫（Soia Mentschikoff），利维得以让法学院继续保持卓越的水准。

神学院在院长伯纳德·卢默（Bernard Loomer，1945—1950）的领导下，试图进行使法学院恢复活力的那种课程改革。对于在战前主宰了神学院课程计划的宗教研究，否认其历史观是容易的，但是寻找一个满意的新基础，则被证明是不可能的。卢默在成为院长前，教过《宗教哲学》，他支持用系统神学作为显而易见的替代方案。但是，他不是外交官，他在神学和哲学基础上建立新课程计划的努力，马上就和另一个棘手的难题发生了冲突——这个难题困扰了在1943年结成联盟的这些神学院。根本的问题是，准备当牧师的学生发现，结盟后的神学教师所提供的训练缺乏吸引力。因此，公理会芝加哥神学院发现神学士学位的申请人数，从1943年的101人降低到了1948年的39人。其他神学院也经历了类似的萎缩，只是没有这么突出。[27]因此，问题变成了是否要像以前那样训练牧师，还是驱使他们转而以某种抽象和学术的方式学习宗教。卢默对解决这个死结无能为力。反而引发了针锋相对的争吵，并导致联盟在20世纪50年代瓦解。

图书馆学研究院和社会服务管理学院没有受到这种痛苦的困扰，但是当其他学校在战后启动类似的计划后，他们的入学人数受到了影响。在这种情况下，这两个学院无法再维持它此前享有的全国性地位了。因此，它们虽然像以前一样继续享有职业上的所有敬意，但在名气方面却有所下降。至于商学院，一直到20世纪50年代，它才在劳伦斯·金普顿（Lawrence Kimpton）更善意的庇护下，开始战后的繁荣。

哈钦斯在战后努力建设教师队伍，也意味着从整体上忽视了芝加哥大学面临的其他迫切问题。特别是，周边地区的衰败开始影响校园生活的方方面面，而在1949年，伊利诺伊州议会又发起了一次新的红色恐怖，对芝加哥大学和（新成立的）罗斯福大学进行特别调查。从1948年起，本科生院组建了一支招生队伍，这也许延缓了（但并没有遏止）从1946—1947学年开始出现的学生人数下降的趋势。同样的，哈钦斯在伊利诺伊州议会一个委员会前所作的证词，也不能阻止一阵不利的宣称攻势——这一次是针对学生激进分子，而不是像战前沃尔格林听证会那次一样针 163
对教职工。哈钦斯反驳道：“将具有共产主义倾向的学生排除在校门之外，是不符合公众利益的。如果我们这样做了，他们又怎么能学到好一些的东西呢？”但是，不管他的反驳在逻辑上多有说服力，都没能赢得多少支持。

更严重的是，通货膨胀扰乱了芝加哥大学的财务。教授们的反应是，他们中大多数人都为签署了的4E合同感到烦恼。根据4E合同，可提供更高的工资，但是要将赚得的所有外快上交给学校；当通货膨胀吞噬了增加的工资，而上交外快开始产生损失时，它看起来就不再是公平的了。学费的增长成了每年预算中的重头戏，总会在学生中引起半心半意却又可以预见的抗议。芝大社区中的另一个摩擦来源是，从医院开始，出现了员工的工会化，随之而来的是一些罢工。经费募集活动，虽然按战前的标准还算成功，但是赶不上开销的增长。结果就出现了亏空，到20世纪50年代时达到了非常严重的程度。

在这种情况下，哈钦斯接受邀请，担任新成立的福特基金会的一名领导，就不是很令人吃惊的事了。芝加哥大学曾经的学生和董事会成员保罗·霍夫曼（Paul Hoffman）是这个新基金会的负责人。它巨大的资源对美国学术界，实际上对整个美国社会，肯定都会产生重大影响。因此，哈钦斯希望并预期，通过为好的事业投入资金——而不是像他过去20多年一直在做的那样，为这种事业找经费——他可以比留在芝加哥大学，更有效地推进教育与社会改革。

在芝加哥大学，哈钦斯早就不安于现状了，这并不是什么秘密，但是当他在1950年12月19日宣布离职的决定时，还是令人震惊。理事会马上通过了一项决议，宣称："哈钦斯坚持辞职的决定，对芝加哥大学而言是最大的悲剧。"[28] 他在1951年1月19日举行的董事会年度职工晚宴上，发表了告别演说；尽管（或许也正因为）他言语中带着绝望，这次演说还是很有感染力的。他宣称，他的行政工作是一次道德失败，"没有为创造一个专有的社区作出任何令人瞩目的成就"。在离去时，"我将带走这

20年累积的罪孽”。在2月向学生们作告别演说时，他表现出更
多的奉承，评价他们“是我生活中的灵感，并让它变得有意义”。
但是，他也责备他们因为“顽固的坚持而变得神经质”，而实际
上，受过教育的人“在这个地球上的使命是改变环境，而不是适 164
应环境”。[29]

他说完那句具有挑衅性的话后，就离开了洛克菲勒小教堂——20余年前，他在这里以英雄的征服者形象举行了就职演说。此时的他已51岁，两鬓灰白，但仍然希望在新的职位上，可以实行他多年来一直在芝加哥大学倡导的教育和社会改革。但是后来的岁月变成了令人沮丧的虎头蛇尾，以致他在去世前不久，竟然宣称：“我的整个人生都是失败的。”[30]

这种评判没有考虑到他给芝加哥大学留下的印记。在担任校长期间，他将这所大学变成了一个生机勃勃的学术辩论场所，而且在本科生院这个层次上，培植了一种流传至今的关注通识教育的传统。他让这所大学变得跟其他高等院校不同，并让我们相信，芝加哥大学所做的一切比其他地方更纯、更好也更具真正的学术性——这是有些合理性的。其中也许有踌躇满志与自欺欺人的成分，正如我已努力指出的那样，在哈钦斯主政的年代，校园里传播的观点都有局限性。但是，在权衡了各种适当的保留意见之后，其中还是存有几分真相的。芝加哥大学是独特的。它是充满生机活力的。它是严肃的。而且，它在追求真理时，是干劲十

足的。

哈钦斯表述和体现的学术卓越的抱负，以及他对通识教育的强调，这一特定遗产至今仍然鲜活。因此，哈钦斯可以毫无愧色地作为让芝加哥大学在全美乃至全世界具有重要地位的标志性人物，和哈珀并肩而立。这样一种作用不应该被认为是“失败”。

但是，哈钦斯的失败又具有足够的真实性。它起因于对他自己以及周围的人，抱有过高的无法实现的期望。在一个世俗的都市环境中，他想仅凭学术的基础，建立一个和谐的道德社区，就像他在一战前成长的那个奥伯林社区一样。在他离开芝加哥大学前往福特基金会时，那个理想在这个大学社区以及外部世界，已经引不起大多数人的共鸣。从这个意义上说，哈钦斯是个堂·吉诃德式的人物，甚至在他风华正茂时就是如此。但是，几乎每一位与芝加哥大学发生过关系、被他夸张地称赞和持续地鞭策过的人，在念记他时都心怀敬畏、仰慕，事实上还有爱戴。他就是那样一种人：他主政的芝大之所以能在美国高等院校中占据一个独
165 特的位置，在很大程度上是因为他的公众形象，以及他对周围的人产生的个人影响。

在好多年里，芝加哥大学成了哈钦斯的大学，几乎就像它曾经是哈珀的大学一样；但是我希望我已经阐明，由于体制的惯性以及这所大学所处的城市、国家和国际环境，甚至连罗伯特·梅纳德·哈钦斯这样一个魅力四射的人物的影响力都受到了限制。

人、地和时代的交互，从来都是各地历史的实质。哈钦斯的大学的不寻常之处在于，弥漫在整个社区的思想的质量和特点、辩论的严肃性和激烈性，以及它为成千上万的学生和教职工提供的学术刺激。哈钦斯时代的芝加哥大学的伟大之处就在于此。他的成功应该以他激发和维持各种刺耳的声音的非凡方法来度量，这些声音构成了他主政之下的芝加哥大学。他没能在所有存在争议的事物（不管在回顾时显得有多大）上占据上风，而这正是他成功的条件，因为他为之奋斗的目标是一个辉煌的、闪亮的、精彩的却又无法实现的理想。

后 记

在 1951 年 4 月 13 日就任芝加哥大学总校长时，劳伦斯·金普顿接手的是一个烂摊子。他必须设法让不平衡的预算平衡下来，而当时入学人数在减少，意味着学费收入的减少，周边日益恶化的环境，也让海德公园地区的中产阶级生活方式出现了难以为继的危险。令人绝望的环境产生了一些不顾后果的提议，比如将本科教学转移到科罗拉多州的阿斯彭市，或者只是转到伊利诺伊州的卡罗尔山（Mt. Carroll）——此处的夏默学院（Shimer College）在 1950 年成了第一所（也是唯一一所）根据哈钦斯学院的模式，对自己进行了改造的院校，从而恢复了其早在哈珀年代就存在的隶属于芝加哥大学的关系。但是夏默学院进行的试验一直没取得真正的成功，而逃往某些郊区或小城镇，是解决芝加哥南部黑人与白人关系问题的一种懦夫式方案。 166

学校董事会成员和金普顿校长决定，对在哈钦斯主政时盛行的那些项目，调整优先级。首先，要让预算重新回到平衡状态。这要求进行大量的削减。从其他地方邀请来的拥有终身教职的教师，往往被劝退；因为加州大学系统当时正在急剧扩张，中途公园开始出现了大量的外迁。在资历较浅的层面上，大多数助理教授在合同到期后都被解职。这样一来，本科生院的大部分教师都各奔东西了。因为本科生院的学生人数以每年 12% 到 15% 的速率递减，对本科生院进行大规模的削减，在预算上是具有合理性的，但是对于那些留下的人而言，士气和锐气却大受打击。

平衡预算肯定造成了伤害，但是其目的是让芝加哥大学生存下去，最终还要让它在芝加哥南面再度繁荣起来。为了让那种前景有实现的可能，金普顿和学校董事会成员决定将相当一部分的
167 捐赠用于本地房地产投资。于是，芝加哥大学开始寻求管理这些资产的方式，以维持海德公园—健伍地区现有的中产阶级生活模式，并阻止贫民窟的入侵。显然还需要采取其他措施，包括动员各街区组织维护对本地区的信心，并将违反住房法规的行为通报给适当的执法机构。1952 年，为打击芝加哥大学社区的犯罪行为，成立了东南芝加哥委员会，并通过同时接受私人捐赠和芝加哥大学资助来维持。最终，联邦政府提供资金，用于市区复兴。实际上，这意味着对一些质量较差的房屋进行了拆除，代之以新的相当昂贵的连栋房屋。

事实上，确实实现了让种族混杂的邻近地区保持中产阶级生

活水准的目标。经常出现的情况是，住房法规的执行，的确剥夺了黑人房主从占有的多套家庭住房中所获得的利润；而打击犯罪的努力，也有让白人对抗黑人入侵者的势头。但是中产阶级的黑人家庭也希望有个安全的街区，而白人尽力避免了让他们捍卫邻里的行为演变成对黑人宣战。我觉得，美国真的没有第二个城市社区，通过让黑人和白人大致均衡地混杂，以及维持住中产阶级生活水准的方式，成功地遏阻住了黑人贫民窟的扩张。过了十年左右的时间，黑人在市内扩张的前锋转向了其他社区，海德公园—健伍地区在 20 世纪 50 年代受到的巨大压力随之减小。因此，芝加哥大学社区在一个种族混杂的基础上存活了下来——只在 20 世纪 90 年代受过一点小扰动。这种结果真是一大胜利，据我所知，在美国其他地方还找不出第二例。这种结果完全归功于金普顿和在那几年里帮他处理好社区关系的那些人。

不过，经济与心理上的代价都是很大的；在很长一段时间里，周边地区的问题使得教师招聘和学生招收工作都变困难了许多。在这种情况下，金普顿得出的结论是，本科生院的提前入学计划必须废止。父母们不愿将如此稚嫩的年轻人送到芝加哥去；而本科生院的文学士学位在其他院校得不到认可，也是一个严重的障碍。因此，委员会仔细斟酌了几个月之后，在 1953 年 5 月
8 日将这个问题提交到了理事会的面前，后者以 29 票赞成 16 票 168
反对的比例恢复了本科学习的标准模式——它完全面向高中毕业

生，前两年分配给通识教育，后两年则用于各系负责的更高等的学习。董事会马上批准了这个议案，以使芝加哥大学的本科生计划不再与规范不同——从1943年以来就一直不同。

沃德院长辞职以示抗议；他得益于哈钦斯的帮助，在福特基金会开启了一段新的职业生涯。本科生院的教师，以前几乎一致地对哈钦斯学院进行过不情愿的改造，如今不得不将一个四年制的课程计划压缩为两年。每位教师不仅不愿通过设计适合新情况的新课程，以迎接挑战，反而拒不让步，想尽力捍卫现有课程在压缩后的通识教育课程计划中保有一席之地。因为有14门课竞争8个空缺，由此产生的争斗往好里说也算得上不体面了。但是饭碗受到威胁，狭隘的自私自利压倒了对通识教育模式进行反思和更新的所有严肃努力。

最终，得力的招生工作恢复了学生人数，而本科生院的教师也通过更多地认识非西方世界，对熬过最初争斗的残缺课程计划进行了调整。在整个裁员最困难的时期，芝加哥大学还是对通识教育表示了坚定的支持，并继续实施。从这种意义来说，哈钦斯的遗产一直没有被抛弃，至今仍像20世纪30年代一样，是芝加哥大学的特色。

对整个芝加哥大学而言，金普顿的政策意味着生存，但是一种低水平的生存。到1957年时，一个多少有些客观的研究生院系排名，将芝加哥大学排到哈佛大学、加州大学、耶鲁大学、哥伦比亚大学和密歇根大学之后，在全美名列第 6。在 1925 年时，同样的比较方法，将芝加哥大学排在第 2 名，仅次于哈佛大学。生物学科下滑最厉害，在 1957 年时，芝加哥大学排全国第 15 名；社会科学下滑最小，仍然名列榜首。[1]

回顾起来可以很清楚地看到，芝加哥大学的衰落早在金普顿主政前很久就已开始。也许，最重要的拐点出现在哈钦斯为芝加哥市创建一所真正的综合性私立大学计划失败之时，当时他想通过与西北大学和刘易斯学院合并，在北面、南面和西面建立一系列的初级学院和技术学院，从而让这所大学能适应芝加哥市广泛的需求与远大的抱负。在 1934 年的合并谈判失败后，哈钦斯反过来越来越倾向于将这所大学变成学者们的一个专有社区，他们 169
共享的学术生活，以其激烈程度和超越实际事物的抽象性，跟市区环境以及美国社会主流相隔绝。

可以肯定的是，地理和社会环境使得芝加哥大学不可能无限期地保持领先其他院校的地位。当美国人开始意识到学术研究值得投入时，其他大学注定会跟上哈珀的开创性工作。当这个国家的其他地区经历了持续的经济增长之后，在一战前盛行于芝加哥和中西部的繁荣气象转移到了其他地方，而且很快就被用来支持一批了不起的大学在加利福利亚和得克萨斯的崛起，就像哈珀当年得以将芝加哥的繁荣气势和他的大学之崛起联系起来一样。此外，芝加哥大学在试图跟上常青藤盟校的精英时，也遭遇到了严重的障碍，因为一战后，全美国的富有家庭纷纷将子女送入这些精英院校，使它们的募款变得相对容易。与此形成鲜明对比的是，芝加哥大学在充当社会阶梯方面，是一个意义重大的全国楷模，不看种族或经济状况，只看个人才能，这是其他私立大学无法与之匹敌的。这过去是——现在也是——一个高尚的角色，但是它没有培养出太多的富有校友，并给募款以及招收只具有普通资质和抱负的学生增加了相当的难度。

在这些因素的影响下，看来芝加哥大学当然注定了要丧失它开始时在研究和研究生学习方面具有的龙头地位，不管它的校长们如何作为都无法逆转。哈钦斯推迟而不是加速了这所大学的式微，因为他的个人魅力和所吸引的大众关注，让这所大学在他主政期间一直处于公众关注之中。无疑，他在校园中产生了一种兴奋感。在本科生院里，不管是学生还是老师，都真心相信芝加哥大学的课程计划是全世界最好的。对他们而言，对许多被哈钦斯以某种方式吸引到芝加哥大学来的其他人而言，这所大学是个非常特别的地方。他们的加入有助于这种状况的出现；但是哈钦斯也以他高贵的仪态、激动人心的机智和夸张的修辞，让这所大学变得如此特别。

他也让那段历史成为一个非常特别的时期，而那些经历过它的人，都怀着敬畏将它牢记在心。当时我们心头都有一种伟大感或某种很像它的东西；到了适当的时候，在校长乔治·W. 比德尔（George W. Beadle，1960—1969）和爱德华·H. 利维（1968—1975) 主政期间，当扩张再度成为可能时，哈钦斯的遗产实现了自我复兴；而且它至今仍和哈珀的遗产一道，萦绕在芝加哥大学的校园里，激发人们的灵感。

注　释

第一章　1929年的芝加哥大学

1　韦克斯勒（Harold S. Wechsler）在《合格的学生：美国择优录取的 171
历史》（*The Qualified Student: A History of Selective Admission in America*, 纽约，1977 年）一书的第 133 页给出了详细情况。

2　1928 年，审计长估计，关闭初级学院（即一二年级）和放弃每年 \$520800 的学费收入，只能省出削减开销的一半，因此每年会为芝加哥大学带来 \$260400 的净损失（雷根斯坦图书馆，大学档案，校长文件，1925—1945 年，第 21 盒，第 9 文件夹）。

3　布尔默（Martin Bulmer）的《社会学的芝加哥学派：社会学研究的制度化、多样化和崛起》（*The Chicago School of Sociology: Institutionalization, Diversity, and the Rise of Sociological Research*, 芝加哥，1984 年）对这个主题给出了一种工匠式的描述。

4　参见小乔治·斯托金（George W. Stocking, Jr.）一本鞭辟入里的小册子——《芝加哥大学的人类学：传统、学科和系》(*Anthropology at Chicago: Tradition, Discipline, Department*)，雷根斯坦图书馆在 1979 年为纪念人类学系成立 50 周年而出版。

第二章　中途公园的蜜月期（1929—1931）

1　导致梅森辞职的真实原因可能是一次私人的家庭丑闻；不过也有可能是因为募款对他失去了吸引力。不管实际情况如何，他都去了街对面的洛克菲勒基金会当一把手（1929—1936 年），并开始给他人投资。

2　卡尔（Barry Karl）在《查尔斯·E. 里亚姆和政治学研究》（*Charles E. Merriam and the Study of Politics*, 芝加哥，1974）的第 157—162 页，提供了这些事件的一些内幕，其描述是基于两位教职工委员会委员梅里亚姆和历史学家多德（William E. Dodd）的论文。还可参见麦克阿瑟（Benjamin McArthur）的《趁着还年轻》（*Taking a Chance on Youth*），《芝加哥大学杂志》第 82 卷（1989 年秋），第 28—31 页。

3　阿什莫尔（Harry S. Ashmore）的《不合时宜的真理：罗伯特·梅纳德·哈钦斯的生平》（*Unseasonable Truths: The Life of Robert Maynard Hutchins*，波士顿，1989 年），第 59 页。

4　老大在中国当传教士和教师；老三子承父业，当了伯里亚学院（Berea College）的院长。因此，三个儿子都追随父亲进了教育界；尽管宗教观点与信仰存在分歧，他们都和父母保持了良好的关系。

172　5　参见阿什莫尔的《不合时宜的真理》，第 4—5 页。

6　同上书，第 89 页。

7　罗伯特·梅纳德·哈钦斯的《为自由的教育》（*Education for Freedom*，巴吞鲁日，1943 年），第 6—7 页。

8　雷根斯坦图书馆，大学档案，罗伯特·梅纳德·哈钦斯文件，第 19 盒，第 1 文件夹，一个题为《1928 年的耶鲁法学院》的演讲。

9　哈钦斯的就职演说在报纸上得到广泛的报道，但是这里引用的话摘自分发给芝加哥大学校友的一份打印稿，“并非因为它是一份划时代的文件，而是因为它简要地阐述了当前我们心目中芝加哥大学的发展计划。”

10　雷根斯坦图书馆，大学档案，罗伯特·梅纳德·哈钦斯文件，第

19 盒，第 1 文件夹，就职晚宴上的演讲。

11　雷根斯坦图书馆，大学档案，罗伯特·梅纳德·哈钦斯文件，第 19 盒，第 1 文件夹，1929 年 11 月 20 日在学生集会上发表的演讲。

12　雷根斯坦图书馆，大学档案，罗伯特·梅纳德·哈钦斯文件，第 19 盒，第 3 文件夹，1930 年 11 月 20 日向中学校领导所发表的哈钦斯演讲（RMH Speech）："他们请我谈谈芝加哥大学的重组，显然是因为他们觉得那至少是我可能有些了解的事。当然，真实情况绝非如此。大家都知道，大学校长将时间用于向高中校长的助理们演讲、观看橄榄球比赛，然后将他们的助理在他们离开时所做的一切都占为己有。在这方面，我也不例外。"

13　在我们这个经济学家几乎左右了公众智慧的时代，回忆起胡佛总统在经济萧条来袭时转向社会学家寻求指导，是件很有意思的事。结果是芝加哥大学社会学教授奥格本（William F. Ogburn）在 1933 年编辑了一本大型的美国社会调查《最近的社会趋势》(*Recent Social Trends*)。经验式信息——就算是精心地积累下来的——没法为该如何行动提供任何帮助，随着这项工作的推进，这一事实令人尴尬地变得显而易见了。托马斯和帕克最初创立的社会学，一直没有从这次失败中恢复元气；直到二战期间，当一种新式的宏观经济学表明理论、信息与行动可以怎样有效地结合在一起时，一个不同的社会科学分支才让社会学家恢复了丧失的名誉。

14　拉姆尔很快就离开了芝加哥大学，成了纽约梅西百货商店的一位领导，在那里他占据了一个不太可能达到的有全国重要性的制高点——他（几乎独力地）说服国会通过扣除部分工资来收取所得税。

15　莫蒂默·J. 阿德勒，《一个知识分子的自传：圈子外的哲学家》(*An Intellectual Autobiography: Philosopher at Large*，纽约，1977 年）第 107 页及下页对他们的首次相逢及其背景进行了生动的描述 。接下来的许多内容都取自这本书，以及我与阿德勒先生长时间的熟识和个人讨论。但是，他不同意我关于他、哈钦斯及他们对芝加哥大学的影响的许多观点。

16 在最初开始寻求已过去将近10年之后的1939年7月21日，哈钦斯给阿德勒写信说："我读了《政治学》(*Politics*)，它还是让我像初读时一样糊涂。"雷根斯坦图书馆，大学档案，罗伯特·梅纳德·哈钦斯文件，第4盒，第7文件夹。

173 17 直到1938年，阿德勒才承认自己是托马斯主义者，当他在1943年发现阿奎纳对上帝存在的证明中存在逻辑错误后，就跟罗马天主教哲学家分道扬镳了。不过，阿德勒在1930年抵达芝加哥大学时，深信亚里士多德主义，已经带着生机勃勃而富有同情心的兴趣，开始探索圣托马斯对亚里士多德主义的详细阐释。因此，他在自己还没有认同时，就被芝加哥大学那些惊讶且受到冒犯的教授斥为托马斯主义者。

18 当然，托马斯主义是天主教修道院的官方经典；但是这些机构跟美国新教（或前新教）大学几乎没有什么联系，因为它们的功能是训练捍卫信仰者免受美国生活（其中相当重要的一部分就是美国高等教育中的无神论）腐蚀的牧师。天主教大学中的哲学与宗教系跟世俗的哲学同等（或几乎同等）隔绝，基于同样的原因：它们负责捍卫官方经典，使之免受来自外界的侵蚀，因此基本上也是自成体系的。

19 雷根斯坦图书馆，大学档案，罗伯特·梅纳德·哈钦斯文件，第4盒，第7文件夹。1929年3月27日信件。该信结尾处写着："又及，我通过了所有的考试，现在是司法机构政务长（MJA）和博士了。"

20 阿德勒想创立一个哲学研究中心，以独立于哲学系的身份，纠正不同学科的错误；而这本身就需要重点纠正。但是当对聘任他两位朋友的反对意见变得很激烈时，这项计划首先就成了牺牲品；我不知道哈钦斯以前对这项计划的支持有多坚决。

21 哈钦斯寻求校外的建议，并在美国和国外的一批知名哲学家中散发了一个候选人名单。阿德勒的两位朋友没有得到高分，而麦基翁对这种偷偷摸摸地将他的名誉置于危险境地的做法感到愤慨。整个过程产生的效果是将芝加哥大学的争端公布给整个学术界。参加《阿德勒：圈子外的哲学家》，第 145—147 页。

22　同上书，第 134—135 页。

23　爱德华·希尔斯的《罗伯特·梅纳德·哈钦斯》，《美国学者》（*American Scholar*，1990 年冬），第 214—216 页，记录了他个人在这种情况下对阿德勒的所作所为产生的敌对反应，以及他面对辩驳他的那些人的无能感到无奈。这次研讨会是在 1933—1934 学年举行的。

24　这次讲座是拉姆尔院长组织的一系列社会科学公共讲座的一部分。1990 年 3 月，阿德勒先生好心地送给我一份他当时使用的笔记。

25　雷根斯坦图书馆，大学档案，罗伯特·梅纳德·哈钦斯文件，第 72 盒，第 1 文件夹，1936 年 9 月 30 日信件。雷德菲尔德在对哈钦斯最近出版的《美国高等教育》（*The Higher Learning in America*）一书作出反应时，写下了这些文字。

26　雷根斯坦图书馆，大学档案，罗伯特·梅纳德·哈钦斯文件，第 19 盒，第 1 文件夹。

第三章　大萧条时期的黑白照（1931—1936）

1　雷根斯坦图书馆，大学档案，校长文件，1925—1945 年，第 87 盒，第 4 文件夹。

2　奥托·斯特鲁维，《一个天文台的故事（耶基斯天文台五十周年纪 174
念）》，《大众天文学》（*Popular Astronomy*），第 55 卷，第 5 和第 6 期（1947 年 5 月和 6 月），第 18—21 页，提供了许多生动的细节。

3　雷根斯坦图书馆，大学档案，校长文件，1925—1945 年，第 74 盒，第 6 文件夹。

4　据《致董事会的校长报告，1935—1936 年》（*President's Report to the Board of Trustees*, 1935—36）记载，在 1930 年至 1936 年期间，有 57

名教授退休。我没有找到任何可与此类比的关于新教授任命的总指数，但是总人数肯定要小得多。

5 类似地，在1936年，学生报纸进行的一项教职工民意测验，也倾向于支持蓝登（Landon），而不是罗斯福，尽管当时的差别只有3.6个百分点。社会主义者仅获得了1.1%的教职工票数。

6 雷根斯坦图书馆，大学档案，罗伯特·梅纳德·哈钦斯文件，第20盒，第2文件夹。

7 根据教务长1944—1945学年的报告，学生入学人数如下

	本科生院	学部	专业学院	未归类	市区	总数
1929—30	2017	6466	3161	338	3824	14245
1930—31	1999	6300	2964	383	3654	13646
1931—32	1911	5662	2125	516	3425	12359
1932—33	1782	5056	2284	379	3760	11960
1933—34	1738	5063	2660	535	3894	13118
1934—35	1833	5324	3087	504	3206	13050
1935—36	1894	5120	3103	529	3106	12847
1936—37	1901	5228	2955	598	2734	12788

8 雷根斯坦图书馆，大学档案，校长文件，1925—1945年，第19a盒，第2文件夹。

9 雷根斯坦图书馆，大学档案，致董事会的校长报告，1930—1934年，油印报告，1935年2月1日。

10 雷根斯坦图书馆，大学档案，校长文件，1925—1945年，第75盒，第4文件夹。

11 雷根斯坦图书馆，大学档案，校长文件，1925—1945年，第67盒，

第 1 文件夹，克拉默（W. F. Cramer）在 1933 年 3 月 24 日致副校长菲尔比的信。

12　雷根斯坦图书馆，大学档案，校长文件，第 60a 盒，第 3 文件夹，1933 年 12 月 16 日致哈钦斯的备忘录。这份备忘录是受西北大学校长斯科特一次垂询刺激而产生的，它写在一封信的最后面，他在信中向哈钦斯索取这条信息："你的百分比应该是 99%。"显然，埃文斯顿（西北大学）的反犹太情绪，激发了对西北大学与芝加哥大学的合并提案的批判。

13　韦克斯勒（Harold S. Wechsler），《合格的学生：美国择优录取的历史》（纽约，1977 年）第 131 页及下页。

14　芝加哥大学也歧视犹太人，但是歧视程度比其他院校要轻得多。一份未标明日期、为副校长菲尔比准备的研究报告表明，1048 个非犹太人学申请者中有 115 名学生被拒绝，而 465 个犹太申请者中也有 115 名学生被拒绝。被拒绝的学生中，犹太学生的平均能力测试分数是 57 分，而非犹太学生是 32 分（雷根斯坦图书馆，大学档案，校长文件，1925—1945 年， 175
第 75 盒，第 4 文件夹）。

15　雷根斯坦图书馆，大学档案，校长文件，1925—1945 年，第 57 盒，第 4 文件夹。有一个例外。当芝加哥市在 20 世纪 30 年代初创立 4 个初级学院时，他们完全复制了芝加哥大学的概论课。有那么一两年时间，芝加哥大学的教师被定期地请到每一个初级学院，酬金是每堂课 20 美元。

16　雷根斯坦图书馆，大学档案，致董事会的校长报告，1930—1934 学年。

17　芝加哥大学的领先地位在很大程度上归功于一位年轻女性——朱迪思·韦勒（Judith Weller）的热情，她从芝加哥大学毕业后，成了 WMAQ 广播电台的一位实权人物。她发起了圆桌会议，帮助在中途公园播出的其他广播节目，并在更广泛的意义上成了在 NBC 力推严肃节目的领军人物。她在漫长的圆桌讨论历史中，一直是个特别的赞助人（和批评者）。

18　《阿德勒：圈子外的哲学家》第 163—167 页提供了这次事件的一

个生动描述，也许也可以通过在雷根斯坦图书馆查阅《栗色日报》微缩胶卷的页面，来对它进行追踪。

19 雷根斯坦图书馆，大学档案，校长文件，1925—1945年，第30盒，第9文件夹。这些惊人的数字是在1939年废除校际橄榄球比赛时收集的。它们表明，密歇根大学得过18次十大盟校冠军，芝加哥大学11次，伊利诺伊大学6次，印第安纳大学5次，明尼苏达大学和西北大学各三次，爱荷华大学2次，俄亥俄州立大学1次，而普度大学和威斯康星大学都没得过！据同一批数据显示，在1938—1939学年，芝加哥大学提供了82份运动员奖学金，而密歇根大学提供了17份；不过很多数据都被掩盖起来了，不管是芝加哥大学还是其他地方都如此。比如说，董事会主席哈罗德·斯威夫特在加州有个为芝加哥大学招募橄榄球运动员的朋友，大多数是从加州的初级学院毕业生中招募；在他们进入芝加哥大学之后，斯威夫特对这些“加州男孩”表现出了持续的关心与照顾（参见校长文件，1925—1945年，第78盒，第7文件夹）。斯威夫特具体用了什么诱人的经济条件，没有留下记录，但是向有价值的运动员赠送合适的私人礼物，在维持橄榄球运动员源源不断地从加州流向中途公园方面，也许发挥了一定的作用。

20 1934年2月24日，在一个标题为《芝加哥大学教授在共产主义集会上攻击美国》的报道中，哈钦斯被称为“莫斯科的顾问”。

21 哈钦斯当时的演讲稿被刊登在《栗色日报》（1935年4月19日）上，这里引用的话就是从那上面摘下来的。

22 海曼（Sidney Hyman）的《威廉·本顿的生平》（*The Lives of William Benton*，芝加哥，1969年），第3—6页、第160页及下页描述了本顿是怎样来到芝加哥大学的。

23 重印在R. M. 哈钦斯的《不友好的声音》（*No Friendly Voice*，芝加哥，1936年）中。他在生命行将结束，接受访谈时，将这次演讲评为自己的最佳演讲。戴尔（George W. Dell）在1975年1月6日进行的这次访谈的文字材料，可以在雷根斯坦图书馆的特藏部找到。

24 R. M. 哈钦斯的《美国高等教育》，第 97 页和第 105 页。

25 同上书，第 66 页和第 95 页。

26 R. M. 哈钦斯的《大学教育》，《耶鲁评论》（1936 年夏），第 665— 176
682 页。

27 哈里 · D. 吉第昂斯的《民主社会中的高等教育：对哈钦斯校长的美国大学批判的一个答复》（*The Higher Learning in a Democracy: A Reply to President Hutchins' Critique of the American University*，纽约，1937 年），第 33 页。

28 同上书，第 1 页和第 25 页。

29 M. J. 阿德勒的《圈子外的哲学家》，第 173—176 页，对这个插曲进行了克制的自辩式描述。至于一个更丰富多彩的版本——主要从布坎南的角度写的，可以参见阿什莫尔的《不合时宜的真理》，第 136—141 页。

第四章 逐渐卷入战争（1937—1941）

1 雷根斯坦图书馆，大学档案，罗伯特 · 梅纳德 · 哈钦斯文件，第 18 盒。

2 奥托 · 斯特鲁维的《一个天文台的故事，1947 年 3 月 25 日，在耶基斯天文台一次员工会议上宣读》，第 23—24 页，描述了哈钦斯在 1935 年是如何接近他，请他提名具有世界级能力的年轻天文学家（35 岁以下）。

3 大卫 · 戴希斯在《一个第三世界》（*A Third World*，苏塞克斯，1971 年）第 12—13 页，以一个功成名就的骚人墨客的优雅，描述了哈钦斯如何聘请他以及他如何到达芝加哥大学。

4 关于希尔斯与哈钦斯的个人联系的一些侧记，参见他的散文《罗伯特 · 梅纳德 · 哈钦斯》，《美国学人》（1990 年 1 月），第 211—235 页。

5 雷根斯坦图书馆，大学档案，罗伯特 · 梅纳德 · 哈钦斯文件，第 4

盒，阿德勒 1938 年 7 月 1 日致哈钦斯的信。在同一封信中，阿德勒指责麦基翁惧怕天主教。显然，阿德勒仍然感觉与他自己的观点不一致只能归结于愚蠢或存在道德瑕疵。

6 阿德勒的《圈子外的哲学家》，第 185—190 页；《栗色日报》，1940 年 11 月 14 日。

7 雷根斯坦图书馆，芝加哥大学档案，致董事会的校长报告。

8 同上。

9 据哈钦斯提交给董事会的报告记载，200 个正教授平均出席人数是 37。评议会大学政策委员会这一民选机构，使得被哈钦斯称作院系“差劲代表”的人，可以定期否决他的倡议。

10 雷根斯坦图书馆，大学档案，校长文件，1925—1945 年，第 36 盒，第 13 文件夹，关于《一个历史系的领域》的备忘录。克兰得出结论说，历史学家应该将自己限定在过去的政治方面，尽管为何他觉得是历史学家而不是政客（或政治学家）有资格充任这一角色还不清楚。

11 戴希斯的《一个第三世界》，第 12 页。

12 同上书，第 43 页和第 45 页。

13 收听者的统计数字的确令人印象深刻。1938 年 7 月的一次调查发现，所有国会议员中有 12% 的人习惯性地收听圆桌讨论；在 1938 年 6 月，全国所有的收音机中，有 8.5% 收听这档节目；在 1939 年 12 月，有 81 个电台转播圆桌讨论，与 18 个月前相比，增长了一倍。这些统计数字来自雷根斯坦图书馆，大学档案，校长文件，1925—1945 年，第 69 盒，第 20 文件夹。

177 14 参见海曼的《威廉·本顿的生平》，第 202—204 页和第 241—242 页。

15 除了芝加哥大学之外的所有十大盟校都在 1910 年与 1929 年之间设立了这种系，威斯康星大学在 1910 年始作俑，普度大学在 1929 年也跟进了。它们大多是在 20 世纪 20 年代初创建的。参见莱斯特（Robin Lester）的《芝加哥大学校际橄榄球运动的崛起、下滑与没落，1890—1940 年》，博士论文，芝加哥大学历史系，1974年，第310页。

16 同上，第261页。

17 同上，第234页。

18 同上，第270页。

19 《栗色日报》，1938年11月29日。熊队当时在谈判使用里格利运动场（Wrigley Field）时遇到了麻烦。

20 参见阿什莫尔的《不合时宜的真理》，第191—199页。

21 两篇演讲的原文都在雷根斯坦图书馆，大学档案，罗伯特·梅纳德·哈钦斯文件，第23盒，第1文件夹中。第二个演讲在1941年5月26日，在"城市空中会议"（*The Town Meeting of the Air*）节目中做了广播。关于哈钦斯很不情愿地介入这场争论的描述，参见阿什莫尔的《不合时宜的真理》，第210—219页。

22 这些引用同样也摘自那两篇演讲；一个"人性优先的委员会"在"城市空中会议"节目中得到了重申，而第二句出现在他早先的一次电台讲话中。

23 哈罗德·伊克斯在《哈罗德·L. 伊克斯的秘密日记III：低垂的云，1939—1941年》（*The Secret Diaries of Harold L. Ickes, III: The Lowering Clouds, 1939—1941*；纽约，1954年）的第472页，将哈钦斯对全国辩论的干预归因于"对行政班子对待他的方式产生的正当怨恨，再加上政治野心。"在同一卷第256页，伊克斯记录了1940年6月在芝加哥召开民主党大会时，哈钦斯对他的拜访，他试图推选自己为副总统候选人。因此，伊克斯有很好的理由相信，哈钦斯有政治野心。此外，在罗斯福清楚地表明要谋求第三个任期前，哈钦斯在1940年公开表示过要竞选总统。他许多的亲密朋友，被他非凡的个人魅力迷得神魂颠倒，长久以来都相信美国总统是唯一适合这样一个人的角色。1990年，像爱德华·利维这样一个聪明而富有经验的人，还在断言：如果哈钦斯不是受制于他妻子不负责任的行为举止，真的有可以成为一个有实力的美国总统候选人。

第五章　战争年代（1941—1946）

1　阿什莫尔的《不合时宜的真理》，第222—223页。

2　罗伯特·M. 哈钦斯，《芝加哥大学校情咨文：1938—1946年》中之《芝加哥大学现状：1944年》，1944年10月19日，1949年（公共关系办公室），芝加哥大学档案。

3　雷根斯坦图书馆，大学档案，校长文件，1925—1945年，第92盒，第6文件夹。

4　雷根斯坦图书馆，大学档案，校长文件，1925—1945年，第92盒，第5文件夹。

5　这个决定是在1941年12月18日作出的，当时珍珠港事件刚发生不久。参见亨利·史密斯（Henry De Wolf Smyth）的《用于军事目的的原子能：美国政府支持的原子弹研制官方报告，1940—1945年》（*Atomic*
178 *Energy for Military Purposes: The Official Report on the Development of the Atom Bomb under the Auspices of the United States Government, 1940—1945*，普林斯顿大学，1946年），第78页。这是一份由这项事业的资深参与者撰写的官方文件，我依靠它获取有关日期和细节，以及当这项战时工作向大众公开后，参与者的内心感受。

6　同上，第76—77页。

7　雷根斯坦图书馆，大学档案，校长文件，1925—1945年，第92盒，第5文件夹。

8　同上。

9　复制在史密斯的《用于军事目的的原子能》的第254页。

10　德格拉齐亚（Alfred DeGrazia）的《学生》，未发表的自传手稿，第374页。

11 弗洛丁（Reuben Frodin），《非常简单却很深入》，在《通识教育的思想与实践：现在与过去的教职工对芝加哥大学本科生院的描述》（芝加哥，1950 年）一书的第 67 页。弗洛丁对哈钦斯四年制学院产生的政治动荡过程的描述，是到目前为止最准确也最容易理解的记录，尽管他故意掩盖了教职工中争论的激烈程度。

12 雷根斯坦图书馆，大学档案，校长文件，1925—1945 年，第 86 盒，第 11 文件夹。1 个历史学家、3 个科学家和 1 位语言教师投票赞成保留现有的概论课。1 个生物学家和 1 个经济学家和 3 位英语教师（再加上 1 位我不知其领域的教职工），在委员会中打破了这个平衡。

13 雷根斯坦图书馆，大学档案，校长文件，1925—1945 年，第 86 盒，第 11 文件夹。哈钦斯在这件事情上得到了来自斯坦福、康奈尔和得克萨斯大学校长们的某种鼓励，但是在批判声浪大作之后，他们谁也没有采取措施去追随他。

14 雷根斯坦图书馆，大学档案，校长文件，1925—1945 年，第 22 盒，第 8—13 文件夹包含了许多关于公众对新文学士学位作出反应的材料。贾德（Charles H. Judd）是唯一一个对这一举动表示支持的教育家，但是他的观点很容易打折扣，因为他是芝加哥大学的教授。

15 在芝大评议会这样一个无定型的组织中，提前点票几乎是不可能的；哈钦斯事前也许没有意识到 1 月份获得的大部分票数有多容易流失。

16 作为一个律师，哈钦斯清楚自己的权利。因为是书面投票，他有投票权；但是大多数的教职工不熟悉罗伯特议事规则（Roberts' Rules of Order）这种专业知识，因此当消息传出后，落选方觉得他为了取胜，又以另一种方式欺骗了他们。

17 我拥有的一个未标日期的复印件，但是哈钦斯在 1944 年 7 月 19 日写的回信表明，它写于 1944 年 7 月。

18 罗伯特·M. 哈钦斯，《自由、教育和经费：文章与演讲，*1946—1956*》（*Freedom, Education and the Fund: Essays and Addresses*，*1946—*

1956；纽约，1956 年)，第 185—186 页。

19 雷根斯坦图书馆，大学档案，校长文件，1925—1945 年，第 87 盒，第 8 文件夹。

20 雷根斯坦图书馆，大学档案，校长文件，1925—1945 年，第 86 盒，
179 第 12 文件夹。这份备忘录是个引人注目的例证，证明哈钦斯可以写作强有力的法律简报，既简明扼要又具有修辞上的说服力。

21 雷根斯坦图书馆，大学档案，校长文件，1925—1945 年，第 87 盒，第 8 文件夹。

22 雷根斯坦图书馆，大学档案，校长文件，1925—1945 年，第 19 盒，第 1 文件夹。记录的场景是董事会为教职工举行的年度晚宴。

23 雷根斯坦图书馆，大学档案，校长文件，1925—1945 年，第 41 盒，第 2 文件夹。

24 同上。

25 约翰·内夫的《寻求意义》(*The Search for Meaning*，华盛顿特区，1973 年)是他在老年时写作的一组混乱的、让人越看越糊涂的自传性文章，为了解内夫的个性和兴趣，打开了一扇窗户——也许是扭曲的。

26 雷根斯坦图书馆，大学档案，哈钦斯文件附录，第 72 盒，第 2 文件夹。这个文件没有标明日期，也从来没有实施过；但是内夫对 1944 年 2 月的教职工备忘录——谴责了假想的人文科学研究所——所作出的反应，表明它应该产生于大致相同的时间——也许稍早点。

27 哈钦斯经常不得不取消掉安排好的市区夜间活动，因为他妻子反对他在一天的正常工作之后跑出她的视线之外。莫德以这样一些方式故意阻碍她丈夫的事业发展。参见阿什莫尔的《不合时宜的真理》，第 278—292 页。

28 柯甘 (Herman Kogan) 的《伟大的大英百科全书：大英百科全书的故事》(*The Great EB: The Story ofthe Encyclopedia Britannica*，芝加哥，1958 年)，第 254—259 页；以及海曼的《威廉·本顿的生平》(芝加哥，

1969），第245—262页给出了这次相当复杂的谈判及其决定的详情。

29 海曼的《威廉·本顿的生平》第286—289页以及柯甘的《伟大的大英百科全书》第260—267页。根据莫蒂默·阿德勒的记录，截至1990年，已售出763316套“伟大的书”，实现了出版人梦寐以求的目标。

30 雷根斯坦图书馆，大学档案，罗伯特·梅纳德·哈钦斯文件，第7盒，第6文件夹包含了详情。哈钦斯亲自选定了委员会的成员，但是却很难让他们就任何事情达成共识。

31 雷根斯坦图书馆，大学档案，罗伯特·梅纳德·哈钦斯文件，第12盒，第1文件夹给出了详情。阿德勒是帮助起草这份文件的人，但是他特立独行地在克利夫兰的一次演讲中宣称，“我们必须尽一切可能废除美利坚合众国”，造成了很大的争议。见国会记录，1945年11月1日兰金（John E. Rankin）的一个演讲。

32 雷根斯坦图书馆，大学档案，校长文件，1925—1945年，第92盒，第5文件夹。

33 雷根斯坦图书馆，大学档案，校长文件，1925—1945年，第1盒，第8文件夹。阿德勒想到了新的物理研究所，因为他明确地宣称，他和斯科特·布坎南“在哲学方面的表现，跟费米与冯·诺依曼等人在物理和数学方面的表现一样出色”，值得哈钦斯投下同样的信任票。

34 雷根斯坦图书馆，大学档案，校长文件，1945—1950年，第32盒，
第7文件夹。1948年，普罗布斯特建议说，芝加哥大学应该进入电视领
域——但是当时本顿已经离开，芝加哥大学也随之失去了在教育广播扮演 180
精彩角色的真正推手。因此，甚至在芝加哥市开通大众电视频道之后，也
没有采取任何动作。

35 斯密斯（Alice Kimball Smith）的《控制的政治：芝加哥大学科学家的作用》，选自萨克斯（Robert G. Sachs）编辑的《原子核链式反应问世40年之后》（*The Nuclear Chain Reaaion—Forty Years Later*，芝加哥，1984年）第54—65页中的第60页。

36　参见爱德华·利维的《回忆麦克马洪法案》，选自萨克斯编辑的《原子核链式反应问世四十年之后》第65—67页。原子能科学家中最活跃的政治领袖是那些了解美国大众生活关注焦点的欧洲避难者。西拉德和弗兰克之类的人，对德国法西斯记忆犹新，远没有康普顿之类的人那么信任美国政府和美国军方。和西拉德不同，费米从来就没有对国际控制寄予多高的期望。作为一位渴望回归和平时期正常工作的老派美国人，阿利森强烈而公开地反对军方在保守秘密方面作的努力，他将这种努力视为对进一步研究的阻碍。原子能科学家圈子里的观点差异非常强烈，一如局外人与政客中的差异，后者几乎全都想要将原子弹变成美国独有的技术，却不确定该如何做到这一点。

37　雷根斯坦图书馆，大学档案，校长文件，1925—1945年，第26盒，第3文件夹。这次非同凡响且具有煽动性的演讲，在阿什莫尔的《不合时宜的真理》中也被全文引用，第236—240页。

38　雷根斯坦图书馆，大学档案，罗伯特·梅纳德·哈钦斯文件，第16盒，第7文件夹。不过，这份备忘录在添加了这样一个修订："本备忘录不应该理解为校长有信心或缺乏信心的证据"之后，评议会才通过它。

39　雷根斯坦图书馆，大学档案，校长文件，1925—1945年，第41盒，第2文件夹。在这份备忘录中，内夫明显地将对哈钦斯的指责转移到了"某些教职工"（即麦基翁）身上，因为他们犯了试图将一种哲学思想强加给其他人的错误。

反备忘录事先就在教职工中流传，以吸引尽量多的签名者，这在教职工中产生了尖锐的对立。产生了一对古怪的伙伴：麦基翁与克兰。他与内夫的冲突实际上将他置于反哈钦斯的阵营，尽管他曾经也讨厌系科各自为政，是新本科生院课程计划的主要制定者。参见阿什莫尔的《不合时宜的真理》，第240—242页。

40　雷根斯坦图书馆，大学档案，校长文件，1925—1945年，第41盒，第2文件夹。

41　摘自《大学的组织与目的：哈钦斯向夏季学期师生员工发表的一篇演讲》，一本出版了的小册子，第 11—12 页。这本小册子可以在雷根斯坦图书馆，大学档案，罗伯特·梅纳德·哈钦斯文件，附录，第 10 盒中找到。

42　哈钦斯与莫德的关系恶化，肯定也是造成他焦躁的思想状态的一个原因。在受了无休止的挑衅之后，他在 1946 年的一个早上冲出家门，并再也没有回去过。离婚诉讼一直拖到 1948 年。

43　弗洛丁，《非常简单却很深入》，载《通识教育的思想与实践：现在与过去的教职工对芝加哥大学本科生院的描述》（*The Idea and Practice of*
General Education），第 79 页。这次投票本身就具有争议性，因为浮士德 181
院长从本科生院教师投票名单上，删除了几位来自学部的教授——他们只在本科生院兼职授课，主要还是忠于各自的系科。这种徇私舞弊引起了强烈的抗议，生物科学学部的一些系抗议得特别厉害。参见雷根斯坦图书馆，大学档案，校长文件，1925—1945 年，第 13 盒，第 3 文件夹。

44　劳伦斯·金普顿在 1946 年 8 月 22 日向哈钦斯报告说：浮士德“处于一种很奇怪的思想状态。他仍然很疲倦。他妻子身体不好，而且讨厌芝加哥；他还表示，他可能要完全离开这所学校”。雷根斯坦图书馆，大学档案，校长文件，1925—1945 年，第 12 盒，第 7 文件夹。

第六章　繁荣与衰落：一个时代的终结（1946—1950）

1　方庭俱乐部是私营的，尽管大多数成员也是芝大的教职工，该俱乐部为许多官方和半官方的大学招待会提供了场所。

在餐厅的 3 个大“圆桌”用午餐时的交谈，构成了形成和传播教职工关于普遍关注问题的大众观点的一个关键因素。上一章描述的全校范围的政治紧张程度，以及大学社区普遍的凝聚力，在一定程度上取决于方庭俱乐部午餐时非正规的排座模式所产生的交流。

2 爱德华·希尔斯的《罗伯特·梅纳德·哈钦斯》，《美国学者》(1990年春)，第232—233页，报告了他是怎样试图提醒哈钦斯周边地区的问题，却未获成功的。

3 同上。

4 雷根斯坦图书馆，大学档案，校长文件，1945—1950年，第41盒，第8文件夹。

5 这些数据摘自罗伯特·梅纳德·哈钦斯的《芝加哥大学校情咨文，1929—1949，包括了他主政的20年时间》，也许有所夸大，因为教务长给校长的报告——现存雷根斯坦图书馆，大学档案，校长文件，1925—1945年，第67盒，第1文件夹中——给出1946—1947年的总数只有12366.这一差距也许是因为计数产生的，后者没有计算“伟大的书”课程班。

6 雷根斯坦图书馆，大学档案，校长文件，1945—1950年，第12盒，第5文件夹。参见同上，第17盒，第8文件夹，此处的另一种计算方法表明，芝加哥大学在1940年至1948年期间，教师队伍的增长幅度，至少按比例算，要高于哥伦比亚大学、威斯康星大学、密歇根大学和伊利诺伊大学。

7 雷根斯坦图书馆，大学档案，校长文件，1945—1950年，第12盒，第3文件夹，记录了一次让新文学士学位合法化的努力结果，具体做法是让所有从新计划中毕业的学生，在1947年春参加标准化的研究生入学考试。在这个考试的通识教育部分，芝加哥大学学生的平均达到的百分点为92d；而在专业领域，芝加哥大学毕业生中14%的人达到或超过了平均成绩，尽管他们没有学过专业课程，而且在大多数情况下，都小比较对象两岁。

8 这段文字发表于1950年。

182 9 雷根斯坦图书馆，大学档案，校长文件，1945—1950年，第12盒，第5文件夹，佩奇（T. W. Page）的《物理科学的两年计划，1950》。

10 《通识教育的思想与实践》的第193—198页复制了这些课程在1949—1950学年指定的阅读书目。

11　约瑟夫·施瓦布的长篇文章《自然科学》，载《通识教育的思想与实践》的第149—198页，以其高度的复杂性，阐明了这些课程的长处和短处。

12　它的创始人诺思拉普（Eugene Northrup）指出它“在芝加哥和其他地方的同事中得到了好的反响”。见《通识教育的思想与实践》的第203页。

13　哈钦斯曾说过，应该每过25年就将大学烧毁一次，“以免他们墨守成规”（雷根斯坦图书馆，大学档案，罗伯特·梅纳德·哈钦斯文件，第16盒，第5文件夹）。

14　雷德菲尔德在1946—1947学年返回了学校，并成了《社会科学II》这门课的一位任课教师。在这个职位上，他开始诱导米尔顿·辛格和其他任课教师认真对待非西方社会的研究，但是有效的课程变革到大约10年之后才出现——创设了非西方文明的单独课程，完全独立于核心课程计划中幸存下来的社会科学课程。

15　雷根斯坦图书馆，大学档案，校长文件，1945—1950年，第12盒，第5文件夹。社会学教授、未来的本科生院院长列文（Donald Levine）是小组的领导。

16　同上。

17　雷根斯坦图书馆，大学档案，校长文件，1945—1950年，第25盒，第15文件夹。也许值得注意的是，后来成为华盛顿邮报杰出记者的布罗德（David Broder），在1948—1949学年是《栗色日报》的编辑。

18　1946年1月，哈钦斯在董事会主办的教职工年度晚宴上宣布，预计在原子能浩劫发生前，“只有5年好活了”。1950年9月，在那5年时间快到期时，他对进入本科生院的学生宣布：“如今，我们比过去5年更接近战争了……美国的城市和房屋都将被摧毁。”几乎所有哈钦斯演讲的文本，按时间先后次序，都可以在雷根斯坦图书馆，大学档案，罗伯特·梅纳德·哈钦斯文件中找到。这些引言就摘自那里。

19　艾伦（James S. Allen）的《商业与文化的罗曼史：资本主义、现代主义和芝加哥—阿斯彭对文化改革的圣战》（*The Romance of Commerce and Culture: Capitalism, Modernism, and the Chicago-Aspen Crusade for Cultural Reform*, 芝加哥，1983 年），带着同情与洞察，对这项事业以及人们对它抱持的高希望进行了描述。

20　艾伦评论说："在将这所大学置于成人教育和大众名声的通道上之后，看来……芝加哥大学的教育理念（Bildungsideal）也许终归还是对文化进行了革新。"同上，第 106 页。

21　《时代》杂志封面，1949 年 11 月 21 日。里面的故事在第 58—64 页，将这句引语说成是他"最近"说的。这句著名的话，完全代表了他一贯的自嘲机智，但是在我找到的其他场景下都没有出现过。

22　同上。

23　费米在 1945 年 9 月 14 日给哈钦斯写信说："毫无疑问，［原子能科学］在医学和物理学之外的其他科学中的应用，将得到迅速的发展"
183 （雷根斯坦图书馆，大学档案，罗伯特·梅纳德·哈钦斯文件，第 6 盒，第 3 文件夹）。

24　桑德斯·麦克莱恩的《芝加哥大学的数学家：一部简要的历史》，在《美国一个世纪的数学，第 2 部分》（*A Century of Mathematics in America, part II*；普罗维登斯，罗德岛）第 148 页。据麦克莱恩说："这个系继续以类似的活跃性发展，直到 1959 年左右，突然分裂了。"

25　爱德华·希尔斯的《罗伯特·梅纳德·哈钦斯》，《美国学者》（1990 年 1 月），第 223 页。

26　这次研讨会的另一个结果是亨利·法兰克福、约翰·威尔逊和克尔德·雅可布森（Thorkild Jacobsen）写作了一本极其优雅的著作《古人的智力冒险》（*The Intellectual Adventure of Ancient Man*，芝加哥，1946 年）。

27　雷根斯坦图书馆，大学档案，校长文件，1945—1950 年，第 17 盒，第 1 文件夹。

28　雷根斯坦图书馆，大学档案，罗伯特·梅纳德·哈钦斯文件，第16盒，第6文件夹。

29　雷根斯坦图书馆，大学档案，罗伯特·梅纳德·哈钦斯文件，演讲。

30　雷根斯坦图书馆，大学档案，乔治·W. 戴尔在1975年1月6日对罗伯特·梅纳德·哈钦斯进行的采访。

后　记

1　皮尔逊（George W. Pierson）的《美国教育界的领袖：美国学院与大学的贡献比较》（*The Education of American Leaders: Comparative Contributions of United States Colleges and Universities*，纽约，1969年），第199—203页。这些评级是基于学术管理者和各学科领域顶级教授所作的个人估计，列表算出来的。

索　引

（索引页码为原书页码，即本书边码）

附录：芝加哥大学的通识教育*

林孝信（《科学月刊》创办人）

本文转载自《科技报导》(1992年5月15日出版)第5版，作者林孝信早年投身《科学月刊》之创刊工作，其为科学教育奉献之热忱，素为国内科学界所敬重，此文将芝加哥大学通识教育之精神与实施情况，加以介绍。虽然谈的是制度，但娓娓道来，不觉一点枯燥。——编按

* 本文刊载于《台大通识教育通讯》1993年12月第1期。经作者授权，作为本书附录。——译注

通识教育成为台湾地区教育界关心的议题。最近笔者返台，注意到这个现象。这使笔者回想起 25 年前初到芝加哥大学求学时的一段往事。

核心课程属必修

1967 年笔者到芝大就读物理研究所，课忙之余，偶逛芝大书局，该书局有一专区，陈列各课目所用教材及参考书，发现多数科目用书约在 10 本左右，其中不乏西方思想的经典之作。如果要把这么多本书读过，不仅课业吃重，程度要求也高。回顾笔者大学所受教育，一门课只有一本教科书，篇幅有限，循序以进；对于经典名著，细看那些科目内容，主要包括六大部门：语言、数学、物理科学、生命科学、社会科学、西方文化与历史，后四者可说涵盖了知识的各主要方面。

芝大的“基本学院”（Division）有四：物理科学学院、生物科学学院、社会科学学院、人文学院，正相应了这四门主课。芝大另有一些和实用较相干的“职业学院”（Professional Schools），如法学院（Law School），商学院，医学院等等。但基本学院是芝大学术及研究的主轴。按这四大知识部门，芝大设计了大学的上述核心课程。而且每个核心课程连贯教授，不再细分，以求知识的整合。例如，不再有物理、化学等分门，而整合成物理科学。

芝大采学季制，一年分三个学季（暑期不算。芝大亦有“夏学季”，但课程开得少，学生在夏季多未注册），每门核心课程排成三学季的系列单元。每个大学生不分科系，入学后的前两年各门课各修一个系列。亦即，每个大学生要修两年的物理科学、两年的生物科学，两年的社会科学及两年的人文学，外加语言、数学及体育等。学生到大三才进入主修课程（Major，或叫专修Concentration Program）。

因此，每个大学生不管将来他主修什么专业，对人类知识的主要部门都要浸淫两年。这正是一种通识教育。配合课程的设计，大学部门的组织也是“整合”化。大学不分系别，分“系”是研究院的事。因此学生进入 大学，并不说他进入那一“系”，前两年甚至不分“学院”。当然，每个学生入大学后，在指导老师的辅导下，可以表示将来的兴趣及自己的专长，因此在修相关的“核心”课程时，可以选较深的系列。例如，我将来想主修物理，则大一、大二的“物理科学”系列，我便选较深的系列。芝大各核心课程均设有多个系列，例如物理科学系列，在 1990 年就有三个不同系列，分别供一般学生、绩优生（Honor）及基础不足的学生修习。大三、大四进入主修阶段。

芝大设有各种“学程”（Program），供学生选择。各学程类如研究院的系别，教员也多半由相关研究所兼任。亦有专任者，即不在研究所内，通常为专心教书不从事研究工作者。学程并不一整个学院。又如 Mathematical Sciences Program，由一些相关科系的部分教员组成。(芝大另有 Mathematics Program，此与研究院的数学系对应。) 人文方面既有一个的，叫学际的知识，避免知识被过分零细化，这也是通识教育的主要内涵之一。

经典巨著做教材

以上简单介绍了芝大大学通识教育的课程大要。上述的课程并非一成不变。事实上，芝大的教育体系不断在 实验中，大约每隔 10 至 15 年便有一个新的规划。不断地从事教育实验，正是芝大的特色之一。当然，每个规划并不是完全无中生有，而是总结前阶段的成果利弊再制定的。以 1990 年为例，社会科学减少为三学季（一个 系列单元）的课，人文方面，分为文化研究系列及历史——文学——哲学系列，另加艺术课（单学季的课，并非三学季的系列）。在主修课之外，再加上 8 门以上的选修课，这上使得主修课在实质上分量缩减，约占全部课程 的 30% 左右。其余的 70% 作为共同的核心课（50%）及选修课（20% 弱）。

徒法不足以自行。课程的设计必须配合适当的教材内容及够格且热心于教育事业的教员，方克有成。就教材而言，芝大的特色之一，不仅出现在通识教育，亦表现在研究院及其他职业性学院的教学与研究上。其他大学的通识教育有的较重实用，有的开大量各式各样课程，来对应今日复杂多元化社会的需要。芝大通识教育也开了不少课，包括核心课程在内，都有选择的余地。但相比起来，并不庞大繁杂。更重要的，贯穿在课程设计有一中心思想："大学教育要将人类文明最基本要素传授给学生，让他们有能力应付各种具体的问题，而不是直接灌输解决具体问题的处方；同时对人类文明的主要遗产有所体认，达到文明历史传承作用。"

当然，什么是"人类文明最基本要素"见仁见智，而且会代表一定的意识形态。另外，这种中心思想式的教育亦有相当的道德意味，并隐含"定于一尊"的思想垄断。这招来对芝大通识教育的批评与论战。芝大的通识课程，从古希腊到19世纪末的西方学术名著中挑选54册编成一套 World)。这些"巨著"便构成当时芝大通识教育教材的依据。到了20世纪50年代，这套"巨著"并正式由大英百科全书公司出版，形成美国社会教育的一个运动。然而，即使在芝大，这份教材并未完全被采用，因为这些巨著都是20世纪以前的著作，颇有复古味道。另外，哈钦斯在推动通识教育的强势作风，引来教授们的反弹。

然而，许多经典巨著还是被吸纳进去，课程的中心思想也多半传授这类思想名著。另外，所用课本也多采用原著，而不是使用第三者诠释的教科书。除了力求吸纳经典名著进入课程内容外，课程编排方式也全部更新。以往，课程的编排是由各科系教员们独立设计，各课之间的相关性常被忽略，每每发生内容跳跃或重复之处。这令笔者回想起在大学受教育的经验。

大一物理需要相当微积分的预备知识，但因微积分与物理并行教授，互不相干，常发生衔接不好或重复浪费的问题。又如大一化学一开始便介绍的原子理论，在大一物理课中却要到第二学期后期才介绍。这样的环节脱落到处可见。美国的大学教育也不例外。哈钦斯教育改革的重点之一，便是要避免这种各课自行其是的现象，每门课程都要经过精心编排，务求内容前后连贯，一气呵成。推动改革奠根基 要精心编排这些教程，便需要教授们投入相当多的心血。这在 20 世纪 30 年代的芝大，遭到相当的抵制。从 19 世纪末以来，美国的大学里便重视高深研究，芝大更是其中翘楚。自 1892 年创校起（今年刚满百年），芝大便致力知识的研究创新。她网罗了许多杰出学者，并制定适合于研究工作的硬件与软件设备。于是在创校不久，芝大便迅速蹿升，成为美国学术研究颇负盛名的学府。如此重视研究，教学难免成为教授次要的工作。教授们在研究压力下，凑合着开门课，已是相当勉强（芝大教授的教学要求其实不高，一学季能开一门课已是最高要求了。这种教学的低度要求正有利于教授们的研究工作），若要他们付出更多时间去从事课程的编排，当然不易得到教授们的支持了。

另外，在体制上，教授们拥有相当自主权。芝大属于相当高度的“教授治校”，学校的重大政策都要经过“教授议会”这一关。芝大的教授们又多属全国学术界顶尖人物，他们在各自“系”内独霸一方，拥有研究、教学、聘任、预算等等大权，于是各系仿佛独立王国，谁也奈何不了。这当然有其正面价值，即有利于学术研究的开拓及学术自由的保障，但其负面则是学者享有高度权利与自由，却受到较少的监督与制衡。即使我们信任学者不会擅用特权或乱混日子，然而在研究的方向及教育的理念方面往往见仁见智，每个教授各行其是，学校便成了一个大杂烩。这正是20世纪初美国大学的状况。更重要的是，如果有人想推动一些改革或实验，这些具有高度自主性的教授们便成为变革的一大阻力。

要克服这么大困难，推动人需要无比毅力以及高度使命感。哈钦斯正是这样一个人选，他能力强、精力过人、意志坚定，对西方文明把持宗教般信仰。在1929年地出任芝大校长时，年仅30岁，正属年轻冲劲大的时期。他网罗了一批有志大学教育改革的青年学者，强力推动着芝大大学部教育体制及内容的改革。这些人本身学养均过人，包括哈钦斯在内都亲自到大学部教课。他们不断提出各种改革方案，引发教授们不停地讨论与争辩。其间虽有种种曲折反复，但大学改革就这样逐步开展出来，通识教育的重要性也就渐渐成为全校的共识——虽然通识教育的具体内容及课程的详细方案依然争论不休。1951年哈钦斯辞去校长他就（辞职原因与强势推动教育改革引起的反弹有关），继任者废去许多改革措施，但通识教育的基本原则已不可能根除，芝大的通识教育继续成为美国大学通识教育的一个重要模式。

通识教育其来有自

谈到这里，不免要探究通识教育是什么东西。为什么她会成为一个美国重要学府无数人不妥协地争执20多年的对象？且让我们从历史背景来了解这个争执的意义。

职业性的教育。当时生产力低，社会单纯，一般人不需受过大学教育；农民的知识多来自家庭，百工及经商则来自师徒私相传授，不入正规大学教育行列。到了18、19世纪，科学的发展使得科学知识的传授成为一重大课题；同时工业化及资本主义化使得社会日益复杂，百行百业都需要更多的教育才能应付，职业教育日益重要。

教育的职业化及专精化侵袭进大学，往日的通识教育便日渐褪色。有些国家，如普鲁士，政府大力推动大学的科学教育，并推广一般的职业教育，有力地支持了德国科学的进步及工业化的开展，使德国国力迅速升高。1870年普法战争，普鲁士打败了法国拿破仑三世，并催生了德国的统一，有人便将之归功于德国教育改革成功。

更直接地，德国科学及其他学术部门急速成长，造就了大批的科学家及学者，取代了往日英、法在学术上的领先位置，德国大学制度便成了其他国家仿效的对象。教育的专精化（特别是科学知识方面）及职业化对通识教育造成巨大的冲击。大学教育的扩充及普及当然是必要的，但有些大学完全放弃了通识教育，以训练专业人才或职业训练为主；有些则设法将科学知识尽量融入通识教育，丰富通识教育的内涵；也有些大学，如英国牛津及剑桥，极力维护古典传统，保留原来通识教育的内容。总之，到了19世纪，高等教育严重质变，通识教育的内容，甚至存废，都成了问题。

德国的科学教育虽然获得丰硕成果，但也有其严重的负面效果。科学教育及职业教育虽然有助于德国经济成长，却同时将德国推到军国主义、对外侵略的方向。德国高等教育发展了新知识，却无法阻止世界大战的爆发及战争中的极不人道的杀戮及对文明的破坏。表面上，教育的目的在于丰富文明内容，却发生了残害文明的结果，这引起人文学者及教育家的反省。人们更进一步发现，德国的教育体系是相当不民主的。德国的初等教育是专科职业学校，升学学校则是为大学铺路的。从放牛学校到专科职业学校这一条线，其目的在训练熟练的工人或其他行业雇员，学生的兴趣培养，人格发展等等都列为次要。这样固然能够为德国的工业化有效率地训练出一些熟练工人来，但这些教育对象实质上是被当作生产工具来训练，而不是当作人来教育。

实验精神足以学习

这就涉及教育是手段还是目的这个根本性的问题了。德国的教育体制虽有惊人的效率，本质上却是把教育当工具，当作发展经济、扩充国力的工具。正是在这点上，教育家看到了职业教育或专精教育的不足，而宁愿回到通识教育的道路上。

当然，重回通识教育决不是复古到中世纪的拉丁文教育。新时代的通识教育一定要扩充科学的内容。科学知识可以有工具性的一面，也有人文面。这可以有两条路：一是在大学的通识教育中增加科学知识；一是在职业学校中加入通识教育的内容。这是就原则而论。如何具体落实，则是20世纪无数教育实验所要解决的问题。

正是在这个大背景下，芝大开展了她通识教育的革命。也是在这个背景下，还有更多美国大学正在探索通识教育的问题，芝大的教育改革因而受到其他学府的参考注目，具有更广泛的意义。

20世纪的美国大学教育曾发生过三次改革浪潮，通识教育总是改革议论的焦点。无数的学府投入这个通识教育改革的洪流。在这么大洪流中，1930年至1950年哈钦斯校长推动的芝大是最具争议性的，这不仅是因为改革尺度的革命性，还因为她把改革深入到教育哲学的层次，探索到文化深层的问题。然而，不论赞成不赞成改革的内容，芝大改革的实验精神却受到广泛的称许。教育就是要实验，学生不应当只是单向地被灌输知识，教与学应当要有高度辩证互动关系，受教育者是人而不是物，受教育者也应当是教育者，带动教育不断地改革、不断地实验。这也正是通识教育所要追求的境界。芝大通识教育的实验精神，使芝大的改革具有更深远意义。

台湾地区今日的社会条件，与 20 世纪初的美国有许多相似之处。笔者很高兴看到通识教育已提上台湾地区教育家的重要议程表上。中西文化有同有异，台湾地区的通识教育自然不能照抄芝大或美国的那套。不管我们怎样评价或取舍芝大通识教育的内容，但她的实验精神却是最值得我们学习的。

译后记

芝加哥大学是美国最负盛名的私立大学之一。自从 1891 年创建以来，该校在许多领域都作出了杰出的贡献，学术实力雄厚，其人类学、地球科学、经济学、地理学、历史学、语言学、统计学、社会学等学科专业，均在美国大学的相应领域排行榜中长期位居前十名，为美国和全世界培养了大批优秀人才。据不完全统计，芝加哥大学校友中有 81 位曾获诺贝尔奖（为全球之最，仅经济系就产生了 22 位诺贝尔奖得主）、2 位曾获 ACM 图灵奖、6 位曾获普利策奖、100 多位在全美各大学担任校长或教务长，有 14 位教授荣获过国家科学奖章，现任教授中有超过 60 位美国国家科学院、国家工程院和国家医学科学院院士。著名华裔学者李政道、杨振宁、崔琦和陈省身，以及国民党前主席连战等人都是该校校友。连美国现任总统奥巴马也曾在该校法学院执教十余年。

本书作者威廉·H. 麦克尼尔也是芝加哥大学一位非同凡响的校友。他在芝大完成了本科和硕士教育，后来又在长达40年的时间里执教于该校历史系。他专治世界史，是20世纪下半叶美国世界史学科的领军人物，被誉为美国“新世界历史运动的领军人物”和“世界历史的‘现代开创者’”，曾出任美国历史协会主席，并荣获过伊拉斯谟奖、国家图书奖和国家人文科学奖章（National Humanities Medal）等荣誉。麦克尼尔一生治学严谨，著述宏富，有《西方的兴起》、《瘟疫与人》、《权力竞逐》和《人类之网：鸟瞰世界历史》等著作20余种。他在对以往西方史学进行深刻反省的基础上，以全球性意识为主要取向，力图创建一种宏观、整体的世界史解释模式，并在文化交往传播、技术进步、军事变革、社会变迁和疾病影响以及生态变迁等众多领域进行了卓有成效的探索，影响深远。*

芝加哥大学之所以能取得如此辉煌的成就，当然是多方面的因素共同作用的结果。比如，石油大王约翰·D. 洛克菲勒在建校阶段，陆续向这所学校捐款3500万美元，为其发展奠定了坚实的经济基础。首任校长哈珀雄才大略，广纳贤才，采用先进的办学理念，以英国式的本科学院打底，建德国式的研究生院于其

* 译者序言《扬弃、探求与超越：威廉·麦克尼尔史学思想及成就述评》，载《人类之网：鸟瞰世界历史》（王晋新译，北京大学出版社，2011年7月）。

上，再辅以各种专业学院，建成一所向外扩展、对外界社会主动施加影响的新型大学，开创了美国式的现代化大学模式。对此，《美国大学史》作了这样的评价："芝加哥大学的创立对美国高等教育面貌和前景的塑造是那个年代任何其他事件都无法企及的，它的创立是美国历史上代表一个时代精神的事件之一。"

芝加哥大学校长罗伯特·锦穆尔（Robert J. Zimmer）在2008年来华访问并接受《中国教育报》采访时谈到："最重要的一点是始终确保大学一定要有非常开放的、严格的、高强度的学术环境。过去我们一直保持着这样的环境，如果有人愿意到一所研究学府里做难度最大的工作，我们希望他能够到芝加哥大学来。这包括积极参与对各种新设想的验证，或者帮助别人来验证他们的想法。我们希望成为这样一种学校，能够吸引那些最具创造力和创新精神的学者。我们也因此提供了这样的科研环境给这些特殊的人才……芝加哥大学教育的特点之一就是基础非常广泛、非常开放的文科和理科教育，我个人感觉，我们之所以能够取得这样的成就，是因为我们给学生这样一种教育，让学生学会怎样脱离课本内容进行创新的独立思维。给学生提供这样一种教育，能够从更高层面带来一种灵活性，更好地适应未来的变化。能够使学生学会提很多不同的问题，对不同的问题进行深入调查，不光了解历史，还要了解这个问题的现今情况，帮助他们形成在未来做工作、解决问题的能力。这不同于纯粹实用性的教学方式，不是为了解决一个具体问题而设置的。”*

在芝加哥大学，学生之间以埋头苦读为荣。许多学生的背心上印着这样一行文字：University of Chicago: Where Fun Comes To Die.（芝加哥大学：玩乐消亡之地），以此表明他们的课程有多难，在这里上学有多苦。而且教授们给分也非常吝啬，“给出C或D是家常便饭。”看来以名气深藏不露、课程繁重艰难、环境危险可怕、气候暴冷暴热为特点的芝加哥大学，确实算得上磨炼人的好地方！这不禁令我想起浙大叶航教授的那篇《到了哈佛，你就会知道中国高校的差距在哪里》**，想起中国科技大学少年班的宁铂写的那首励志诗：岂有天生削铁刀，重锤锻打炭中烧。三年痛须尽沥血，一旦松弛万事抛。

历史地看，芝加哥大学第五任校长罗伯特·梅纳德·哈钦斯承前启后，继往开来，居功至伟。哈钦斯就任校长期间（1929—1950），正是美国历史上的多事之秋，他刚上任就赶上了经济大萧条，接下来又是第二次世界大战。同时，这也是美国高等教育酝酿着大的突破，进而雄霸世界的关键时期。其他大学在这段时间里，大多小心翼翼，尽量避免内部摩擦和剧烈的变动。而少年得志的哈钦斯则不然。他一上任就大刀阔斧地开始了改革。他任

* 高靓，《81个诺贝尔奖得主是怎样‘炼成的’——访美国芝加哥大学校长罗伯特·锦穆尔》，载《中国教育报》2008年1月21日第8版。

** 详见 http://www.douban.com/group/topic/14457504/。

职期间，学校最大的特色就是学术机构不断进行调整和改革，大学各个部门间的学术交流日益广泛。他的通识教育试验、本科生院的编制、学术自由的维护、经典巨著的全民阅读活动都搞得有声有色，引起了全国的关注，成了20世纪上半叶美国最有影响力的大学校长——甚至连哈佛大学在寻找新校长时都向他讨主意，而他的整套改革也被认为是20世纪高等教育的第一次伟大的改革。[*]早在1932年底，他就预料到德国的海登堡总统必定在两个月内任命希特勒当总理，然后德国必定排犹，于是敞开大门将许多犹太学者请到了芝加哥大学，迅速提升了芝加哥大学乃至整个美国在多个学科方向的学术水平。尤其重要的是，他将1938年诺贝尔物理学奖获得者费米吸引到了芝加哥大学，让他在这里完成首次受控的链式反应，从而奠定了该校在原子能研究方面的崇高地位，并得以对二战的进程和战后美国内政外交政策的制定产生重大影响。尽管哈钦斯在高等教育改革上的一系列创举普遍受到人们高度的称颂，但是他的一些言行也遭到了人们的非议乃至抵制，后来越来越大的阻力致使他壮志难酬，最终在1951年辞去了芝加哥大学校长职务，前往福特基金会担任副总裁。虽然哈钦斯在晚年回首往事时觉得自己的一生是失败的，应该在35岁时死去，但他为芝加哥大学和美国高等教育作出的巨

* 张敏等，《世界著名学府：芝加哥大学》（湖南教育出版社，1996年10月）。

大贡献是不容抹杀的。*

本书是麦克尼尔教授为母校百周年校庆写作的一部作品。作者以其亲身经历和大量的校史资料为基础，满怀深情地回顾了芝加哥大学在哈钦斯校长主政下那段影响深远、波澜壮阔而又精彩纷呈的历史，指陈其得失，尤其值得当今正处于改革与转型期的中国高等教育借鉴。古人云：临渊羡鱼，不若退而结网。那么我们应该如何向芝加哥大学和美国高等教育学习先进经验，应该从哪里入手对我们已捉襟见肘、严重阻碍经济发展和国家腾飞的教育体制进行改革呢？其实，五四先贤们早就给出了完满的解答，并在老北大、老浙大和西南联大等一批精英大学的办学实践中取得了巨大的成功。

中国的教育体制改革，首要的一点无疑是给教育松绑，让它恢复自由之身——其他各项改革举措都得建立在这一点的基础上。蔡元培在《教育独立议》和《提议教育经费独立案》等文中提出，教育应超越政党政治而独立。他强调“教育事业当完全交与教育家，保持独立的资格，毫不受各派政党或各派教会影响”。何以要如此？因为“教育是要个性与群性平均发达的，政党是要制造一种特别的群性，抹杀个性……教育是求远效的，政党的政策是求近功的”。蔡元培主张教育的根本目的在于发展学生能力，完成学生人格，而不是要学生成为工具，以供人驱使。

* 舸昕，《从哈佛到斯坦福：美国大学今昔纵横谈》（东方出版社，1999 年）。

他认为隶属于政治的教育与超越于政治的教育，根本目的是不同的，前者使受教育者服从，易受政府驱使；而后者则是从受教育者着想，体验其在世界上、社会上有何等责任，应受何等教育*。胡适在《介绍我自己——〈胡适文选〉自序》中也说道："现在有人对你们说：'牺牲你们个人的自由，去求国家的自由！'我对你们说：'争你们个人的自由，便是为国家争自由！争你们自己的人格，便是为国家争人格！自由平等的国家不是一群奴才建造得起来的！'"这样一些光辉论断，在时隔几十年之后的今天不仅没有过时，而且还切中肯綮。芝加哥大学校园里也流传着这样一句名言："明辨之道在于辩论，而非顺从"，这是每一个身在其中的人都遵循的价值观。善于提问，敢于质疑，的确是每一个研究者的职责所在，也是教育卓越的必由之路！

大学要取得独立的地位，先得争取经济上的独立。这就要求我们彻底改变目前大学先将学费上交国家，再由国家以办学经费形式下拨的模式，转而学美国那样，以税收优惠等政策鼓励社会各界（尤其是校友、慈善机构和用人单位）捐资办学，发挥各个学校筹款的主动性。创建一批高水平的研究型私立大学，在我国是势在必行的。培养优秀的人才、开展高水平的研究，从来都是艰辛和昂贵的，但其回报更为巨大。摆脱"养鸡场式"的低水平

---

* 高增德，《且说北京大学的自由主义传统》，载《书屋》2000年第2期。

办学模式，一方面有助于吸引和保持一支优秀的教师队伍，另一方面也有助于让优秀人才脱颖而出。也只有这样才能让我们的高等教育走出恶性循环的轨道，并真正形成尊重知识、尊重人才的氛围。希望在不久的将来，中国的某些亿万富翁也会像洛克菲勒在夸赞芝加哥大学时那样，认识到为大学慷慨解囊是自己“一生中最好的投资”！

应该承认，现阶段是中国自近代以来，经济实力、国际地位和国民素质都处于最高水平的时期。若能以史为鉴，排除“左”的意识形态干扰，虚心学习西方先进经验，融入世界主流之中，不断增强民主、法治与科学意识，加强舆论监督，弱化新闻与出版管制，推动教育体制改革，我们是很有希望抓住机遇，实现中华民族伟大复兴的。当前形势确实不容乐观，但我不悲观，也愿意脚踏实地为这个国家的健康发展贡献自己的一份力量。正是出于这样一些考虑，我毅然重拾译笔，承担起这本书的翻译工作。我国著名的出版家、商务印书馆元老张元济的诗句“昌明教育平生愿，故向书林努力来”，正好可以表达我此时的心声。

作为一个爱书成癖、痛恨拙劣译本的人，我非常用心地翻译了这本书。我的三位研究生肖芸、仇昌琪和陈军分别帮我翻译了第一章、第二章、第三章和第五章的初稿，我自己一字一句地对所有章节进行了多轮重译、修改和润色，最后还请集美大学的杨光松老师进行了一遍认真而细致的全面校对。在初稿刚完成时，我老同学王凡的爱人沈阳女士恰好从芝加哥回杭州探亲。我得知她曾就读芝加哥大学医学院，毕业后一直在芝大附属医院工作，就趁机向她打听了芝加哥大学的一些情况。后来又通过电子邮件，向她讨教了好些与芝大相关的术语（比如，学生报纸 [*Maroon*]、学生组织 [the Order of Blackfriars] 和建筑物 [Fieldhouse]），她一一给出了详尽而权威的解答。有次，我在网上偶然看到芝加哥大学校友林孝信先生*的一篇文章——《芝加哥大学的通识教育》，觉得对理解本书非常有帮助，就辗转通过台湾弘光科技大学人文精神教育发展中心主任高士钦博士联系到了他，并有幸获得他的授权，将此文作为本书的一个附录。浙江大学出版社社长傅强先生和本书的策划编辑周运先生，对我给予了多方面的支持和关照。厦门大学中文系的谢泳教授在百忙中为本书作序，对我客串“文化苦力”角色的行为表示了赞许和勉励。在翻译本书和写作这篇译后记的过程中，我广泛查阅和参考了《芝加哥大学的理念》（威廉·墨菲等编，上海人民出版社，2007 年）、《世界著名学府：芝加哥大学》（张敏等编著，湖南教育出版社，1996 年）、《从

* 1970 年元旦，还在芝加哥大学物理学读博士的林孝信先生，与朋友一起在台湾地区创办了宗旨为“普及科学、介绍新知、启发民智、培养科学态度”的《科学月报》，希望能“让科学在故乡生根”。同年年底，因为参加保钓运动，并拒绝台湾当局要求“保钓减温”，被国民党列入黑名单，被迫放弃芝加哥大学物理学博士候选人资格。此后，他从自然科学转入政治经济学、科学史与哲学等社会科学领域，并长期关注通识教育，曾担任台湾地区通识教育学会理事、台湾弘光科技大学特聘教授。（参考维基百科）

哈佛到斯坦福：美国大学今昔纵横谈》（舸昕编著，东方出版社，1999年）和《美国高等教育》（罗伯特·M.赫钦斯著，浙江教育出版社，2001年）等多种图书资料，并据此为译文适当地添加了一些译注。在翻译过程中，帮助过译者的人还有很多，难以一一列举，在此一并致以深深的谢意。

应当指出，虽然译者始终本着对读者负责的态度认真地翻译本书，先后也得到了许多人的帮助，但是因为麦克尼尔这本书行文典雅、用词考究、句式繁复，涉及的知识面又非常广泛，加之本人才学有限，译文中难免出现纰漏乃至强作解人之处，恳请广大读者和专家学者不吝指正。

西方有句很世故的谚语：自己住玻璃房子，就别向人家扔石头。（Those who live in glass houses shouldn't throw stones.）我却偏偏喜欢给人家的译文挑刺，曾在豆瓣网上替东西文库翻译的凯文·凯利名著《失控：全人类的最终命运和结局》（*Out of Control: The New Biology of Machines, Social Systems, and the Economic World*）挑出上百条"比较严重的误译"[*]。我之所以愿意下这种得罪人的笨功夫，只是因为我非常痛恨不负责任或不合格的译者糟蹋好书、

---

* 详见 http://book.douban.com/review/4951557/。我在豆瓣网上对另外一些翻译质量问题突出的书也有批评。为了提起人们对翻译质量问题的重视，2010年6月29日我还在《大众科技报》上发表过一篇《何时能读到像样的IT书》：http://www.stdaily.com/other/dzkj/2010/0629/C6-1.htm。

糊弄读者的做法，希望他们记住西方古典学家吉尔伯特·海特（Gilbert Highet）的名言："一本写得很糟的书，只不过是一宗大错；而一本好书的拙劣翻译，则堪称犯罪。"（A badly written book is only a blunder. A bad translation of a good book is a crime.）我们的新闻媒体近年来经常对食品安全问题进行曝光，而对更为触目惊心的精神食粮的质量问题却披露较少，这是很不应该的。我相信，一个社会如果没有挑剔的读者，就产生不出高水平的读物，就会自甘堕落。鲁迅在《准风月谈》中一篇题为《由聋而哑》的文章中曾指出："用秕谷来养青年，是决不会壮大的，将来的成就，且要更渺小……甘为泥土的作者和译者的奋斗，是已经到了万不可缓的时候了，这就是竭力运输些切实的精神的粮食，放在青年们的周围，一面将那些聋哑的制造者送回黑洞和朱门里面去。"因此，我丝毫也不为自己的"愚行"感到悔恨，甚至还要再次欢迎大家向我这间并不防弹的玻璃房子扔石头！

译　者

2012年6月4日凌晨

于杭州瓢饮斋

图书在版编目（CIP）数据

哈钦斯的大学：芝加哥大学回忆录 1929~1950/（美）麦克尼尔著；肖明波，杨光松译 .-- 杭州：浙江大学出版社，2013.3

书名原文：Hutchins' University: A Memoir of the University of Chicago 1929 ~ 1950

ISBN 978-7-308-11003-7

Ⅰ. ①哈… Ⅱ. ①麦…②肖…③杨… Ⅲ. ①芝加哥大学－校史－1929～1950 Ⅳ. ①G649.712.8

中国版本图书馆 CIP 数据核字（2013）第 007304 号

哈钦斯的大学：芝加哥大学回忆录

[美] 威廉·H.麦克尼尔 著　肖明波　杨光松 译

策　　划　周　运
责任编辑　王志毅
装帧设计　罗　洪
出版发行　浙江大学出版社
（杭州天目山路 148 号　邮政编码 310007）
（网址：http:// www.zjupress.com）
制　　作　北京百川东汇文化传播有限公司
印　　刷　北京中科印刷有限公司
开　　本　880mm × 1230mm　1/32
印　　张　12.5
字　　数　235 千
版 印 次　2013年4月第1版　2013年4月第1次印刷
书　　号　ISBN 978-7-308-11003-7
定　　价　45.00元

浙江大学出版社发行部邮购电话（0571）88925591

浙江省版权局著作权合同登记图字：11-2013-9